마태복음 강해 I

A COMMENTARY ON THE GOSPEL OF MATTHEW I

BY

DR. YONGGI CHO

Printed in Republic of Korea
Seoul Logos Co., Inc.

마태복음 강해 I

조용기 목사 지음

서울말씀사

마태복음 강해 I

조용기 목사 지음

초판 1쇄 발행 2008년 5월 9일
초판 4쇄 발행 2013년 9월 25일

발행처 서울말씀사
편집인 김호성
등 록 제11-105호

서울 강서구 가양동 1487 가양테크노타운 306
Tel, 02-846-9222
Fax, 02-846-9225

머리말
Foreword

예수님이 이 땅에서 사역하신 3년 반의 공생애 기간은 제자들과 함께하신 시간이기도 했습니다. 제자들은 예수님과 함께하면서 예수님이 누구신지, 예수님이 하시는 일이 무엇인지, 또 자신들이 해야 할 일들이 무엇인지를 배웠습니다. 그러나 예수님의 십자가 죽음과 부활, 승천 사건을 목격하고 예수님의 약속대로 성령을 받기 전까지는 예수님에 대해서도, 자신들에 대해서도 확신이 없었습니다.

예수님의 약속대로 성령을 받은 이후 비로소 제자들은 큰 능력과 확신을 가지고 예수님의 복음을 전하는 증인들이 되었습니다. 복음은 예루살렘에서부터 시작하여 유대로, 사마리아로, 땅 끝으로 전파되었고, 복음이 전파되는 곳마다 교회가 섰습니다. 두세이 모이면 기도하고 복음을 전하여 예수님을 구주로 고백하는 자들의 공동체인 교회가 계속 생겨났습니다.

제자들은 예수님의 말씀과 생애의 일차 증인이었기 때문에 교회로부터 사도로서 신뢰와 존경을 받았습니다. 무서운 박해의 시기에 교회는 이들이 전하는 예수님의 이야기를 듣고 큰 용기와 확신을 가지고 신앙을 지켜나갈 수 있었습니다. 그러나 제자들은 이 땅에서 영원히 살 수 없으며, 사람의 기억력에도 한계가 있습니다. 또 말은 전달되는 과정에서 변질될 가능성이 있습니다. 그래서 마태, 마가, 누가, 요한은 예수님의 생애와 사역을 글로 적어 놓기로 하였습니다. 이들은 예수님에 대해 각자 자신들이 체험한 것을 기반으로 복음서를 썼습니다. 이것이 사복음서입니다. 사복음서는 모두 다 예수님의 생애와 사역과 죽음과 부활, 승천에 대하여 쓰고 있지만 각 복음서마다 독특한 면에서 예수님을 소개하고 있습니다.

우리는 마태복음에 기록된, 제자들에게 주신 예수님의 가르침과 교훈을 통해 예수님이 어떤 분이신지, 또 예수 믿는 제자들이 어떻게 살아야 할 것인지를 배울 수 있습니다. 또한 교회의 권위와 질서 그리고 성도의 사명에 대한 예수님의 말씀을 들을 수 있습니다.

저는 수요 예배 때마다 성경을 강해하는데, 본 강해서는 1997년 8월부터 1999년 10월까지 약 2년 2개월간 강해한 마태복음을 4권으로 편집한 것입니다. 본 강해서는 딱딱한 신학적 주해의 글이 아닙니다. 하나님이신 예수님이 성육신하시어 제자들의 삶 속에 들어와 함께하시며 구원과 치료와 천국을 주신 사실을 한 절 한 절 말씀을 상고하고 깨달음으로써 예수님의 가르침을 오늘날 우리의 삶 가운데 적용하고자 하였습니다.

그러므로 여러분, 본 강해서를 읽으시되 그 옛날 제자들이 예수님과 함께 모닥불 앞에 앉아 식사를 하며 이야기를 들었듯이, 갈릴리 해변을 거닐며 이야기를 들었듯이, 나병 환자가 낫고 맹인이 눈을 뜨고 죽은 자가 무덤에서 살아 나오는 기적의 현장에 있었던 것과 같은 현장감을 가지고 읽으시기를 바랍니다.

2008. 5.

여의도순복음교회

당회장 목사 조용기

목 차

Contents

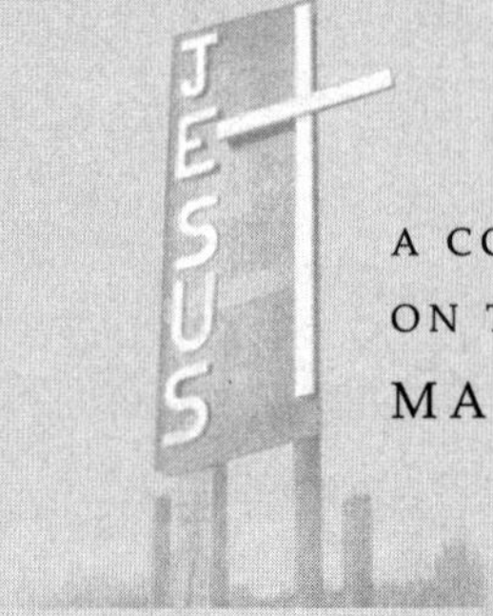

A COMMENTARY
ON THE GOSPEL OF
MATTHEW I

4 광야의 시험을 넘어 본격적인 사역으로

5 산 위에서 말씀을 주신 예수님

6 신앙의 이정표

7 신앙인의 바른 자세

서론

Preface

1. 기록 목적과 주제

1) 기록 목적

초대 교회 당시 유대교로부터 개종했던 수많은 기독교인들과 복음이 이방 세계로 전파되면서 개종한 이방인들이 예수 그리스도의 복음과 구약의 율법 사이에서 여러모로 혼란을 경험하고 있었습니다. 본 서는 이러한 혼란을 불식시키고, 구약의 모든 메시지가 예수 그리스도를 증거하고 있음을 그들에게 확실히 알려 주기 위해 기록된 것입니다. 그리고 이 책의 저자는 예수님의 공생애 기간 동안의 사건이 우리에게 주는 의미와 초대 교회가 직면한 다음의 세 가지 주요 문제에 대한 답을 제시해 주기 위해 본 서를 기록했습니다.

① 구약의 율법만 주장하는 유대인과 유대교 출신의 개종자(改宗者), 즉 유대계 기독교인이 예수님의 복음과 구약의 관계성에 대하여 제시하는 문제

② 이방 출신의 기독교인들이 그들에게 주셨던 유대인의 율법을 자신들의 믿음과 어떻게 조화시킬 것인가 하는 문제

③ 구약 시대 유대인들의 삶의 기준이 율법이라면, 새 시대를 주장하는 교회와 기독교인들의 삶의 기준은 무엇인가에 대한 문제

이와 같이 본 서는 유대교 출신의 개종자들에게는 구약과 신약의 관계성을 보여 주고, 이방 출신의 개종자들에게는 그들의 믿음과 구약의 율법과의 관계를 보여 줍니다. 또한 예수님은 율법의 파괴자가 아니라 완성자이고, 구약에서 예언된 메시아임을 강조함과 동시에 철저하게 유대인들의 불신앙을 책망하면서 회개를 촉구하고 있습니다. 따라서 본 서는 일차적으로는 유대인들을 대상으로 하지만 궁극적으로는 모든 인류를 향한 메시지임을 알 수 있습니다.

2) **주제**

본 서는 왕으로 오신 예수 그리스도에 대하여 기록하고 있습니다. 또한 본 서는 앞서 기록 목적에서 밝혔던 많은 문제에 직면한 초대 교회를 위해 몇 가지 주요 주제들을 제시하면서 구약과 신약의 과도기에서 혼란을 겪고 있는 교회 공동체와 기독교인들에게 바른 진리와 확실한 가르침을 제시하고 있습니다.

첫째, 본 서는 유대인들이 대망했던 메시아가 예수님이라는 사실을 특별히 강조하고 있습니다. 예수님은 참으로 메시아적인 왕이라는 사실을 깨닫

지 못하고 있는 유대인들에게 구약에서 예언한 약속들을 예수님께서 완성하셨음을 보여 주기 위하여 복음서 가운데 가장 많이(93회) 구약의 본문을 인용하고 있습니다.

둘째, 본 서는 예수님의 말씀이 교회 공동체를 위한 새로운 율법임을 강조하고 있습니다. 저자는 예수님을 율법의 수여자로 묘사함으로써 예수님이 모세보다도 더욱 위대하신 분임을 강조하였고, 예수님의 말씀은 율법의 문자적인 의미를 넘어서 하나님이 그러하시듯 내면의 순수함과 참된 사랑을 우리들에게 요구하고 있음을 설명하고 있습니다. 그러므로 본 서는 '율법에 대하여 여전히 복종해야 하는 것인가?' 에 대한 문제로 고민하고 있던 유대인들에게 예수님의 말씀을 순종하면 결과적으로 구약의 율법도 온전히 순종하는 것임을 가르치고 있습니다.

셋째, 본 서에서 기록된 예수님의 교훈을 볼 때, 천국은 이미(already) 주님과 함께 실체로 왔으나 아직(not yet) 완성된 것은 아니라고 말하고 있습니다. 주의 나라가 완전히 성취되는 것은 미래에 이루어질 일이며, 오직 예수 그리스도께서 마지막 날에 다시 오실 때에야 비로소 온전히 실현되는 것입니다.

이 밖에도 본 서에서는 새로운 신앙 공동체로서 교회의 존재 이유를 언급하면서(16:17-19) 교회의 올바른 역할에 대한 가르침을 제시하고 있습니다(18:15-20). 그러나 본 서 전체의 중심이 되는 것은 교회 자체가 아니라, 교회의 주인이 예수 그리스도라는 사실입니다. 따라서 마태복음을 처음으로 읽은 초대 교회의 신자들은 '그리스도인은 교회를 중심으로 주님께 순종하는 가운데 살아가야 한다.' 는 귀중한 교훈을 얻을 수 있었던 것입니다.

2. 기록자 및 수신자

1) 기록자

본 서는 기록자에 대해서 직접 언급하지 않고 있습니다. 그럼에도 불구하고 초대 교회의 대부분의 기록들은 이 책을 예수님의 열두 제자 중 한 사람이었던 알패오의 아들 마태가 집필하였다고 밝히고 있습니다. 공관복음은 한목소리로 그가 가버나움에 있었던 세리였으며, 그가 유대인들로부터 죄인으로 낙인찍힌 소외 계층의 일원이었다는 사실을 밝혀 줍니다. 한편 그의 이름은 본 서에서만 마태로 기록되어 있고, 다른 복음서에서는 레위로 기록되어 있습니다(막 2:14; 눅 5:27).

마태는 신약에 기록된 예수님의 열두 제자 가운데 특별히 뛰어난 인물은 아니었습니다. 그는 탁월한 사도로서의 카리스마가 있어서가 아니라, 유대인으로부터 소외받던 자를 부르셔서 제자로 삼으시는 예수님의 지극한 은혜로 소명을 받았습니다. 그 결과 유대인들로부터 가장 멸시받던 세리 마태가 오히려 그 유대인들을 향하여 구원의 메시지를 선포하게 되었습니다.

2) 수신자

본 서의 수신자는 예수님을 메시아로 인정하지 않는 유대계 기독교인들입니다. 기록 목적에서도 언급하였듯이 본 서의 기록자는 예수님의 메시아되심을 부인하는 유대인들에게 예수님께서 구약의 예언대로 메시아적 직무를 완수하셨음을 보여 주기 위하여 본 서를 기록하였습니다. 또한 본 서를 통해 구약의 율법만 주장하는 유대인들을 향하여 예수님을 율법의 수여자로 묘사함으로써 예수님의 교훈에 순종하면 구약의 율법에도 온전히 순종하는 것임을 깨닫게 해 주고, 교회는 구약을 계승하며 이방인까지 포함된 새로운 신앙 공동체라는 것을 가르쳐 주고 있습니다.

3. 기록 연대

본 서의 기록 연대는 다른 복음서와 마찬가지로 확정하기 어렵습니다. 그러나 사도 시대 이후부터 성경은 다른 관계 문헌에 빈번하게 언급되고 있어서 상대적인 저작 연대를 객관적으로 추정할 수 있고, 본문 자체가 언급하고 있는 역사적 사건을 통해서도 그 연대를 추정할 수 있습니다.

본 서는 이미 주후 1세기 말에 기록된 열두 사도의 교훈집인 「디다케」(διδαχή)에 언급되어 있는 것으로 보아 그 이전에 기록된 것이 분명합니다. 마태복음에는 예루살렘 멸망(주후 70년)에 대하여 예언의 형태로만 기록되어 있으므로 이 책의 기록 연대를 주후 70년 이전으로 보는 주장도 있습니다.

그러나 그것은 예수님께서 말씀하실 때의 시제(時制)를 저자가 그대로 기록했을 뿐, 기록할 당시 예루살렘이 멸망했는지의 여부에 대해서는 정확히 알 수 없습니다.

그러므로 본 서의 직접적 집필 동기가 구약 문화에 젖어 있던 유대계 기독교인들과 이방의 개종자들에게 구약과 예수 그리스도와의 관계성에 대해 강조하기 위함이었다는 사실을 고려해 볼 때, 본 서는 주후 70년 전후에 기록된 것으로 추정됩니다.

4. 특징

본 서는 유대인이었던 마태가 유대인들을 위하여 유대인 중 한 사람이었던 예수님에 대해 기록한 것으로, 지극히 유대적 성향이 강한 복음서입니다. 본 서는 예수님의 복음과 구약의 계시가 서로 연속성을 가진 진리임을 강조하고 있으며, 이로 인하여 파생된 특징들이 있는데 그것은 다음과 같습니다.

먼저, 마태복음은 왕으로 오신 메시아에 대한 강조와 구약 성경의 잦은 인용으로 인해 구약의 색채가 짙게 묻어나 있습니다. 즉, 예수님을 유대인의 왕으로 묘사하며, 왕으로 오신 예수님의 지위를 강조하고 있는 것입니다. 마태복음은 신약 성경 중에서 가장 먼저 기록된 책이 아닙니다. 그럼에도 신약 성경의 맨 첫머리에 놓인 것은 본 서가 예수님을 구약에 약속된 메시아로 강조하여 구약과 신약을 가장 잘 연결하고 있기 때문입니다.

따라서 본 서는 구약에서 예언한 말씀의 성취를 보여 주는 신약의 도입부 역할을 하고 있는 것입니다. 또 그러한 특징 때문에 본 서는 신약 성경 중에서 히브리서와 함께 가장 구약적인 책으로 분류됩니다. 특히 마태복음은 구약의 선지자들에 의해 계시되어 온 메시아, 즉 그리스도(기름 부음을 받은 사)를 갈망하는 유대인들을 대상으로 기록한 것일 뿐만 아니라, 구약과 가장 밀접하게 연관되어 구약의 인용을 가장 많이 하고 있기 때문에 가장 유대적인 책으로 평가되고 있습니다.

마지막으로, 본 서는 구조와 내용면에 있어서도 조직적, 체계적으로 구성되어 있고 신학적인 내용(교회론, 종말론)을 다루고 있으며 교훈적이며 질서정연한 문장 구조를 가진 것이 특징이라 할 수 있습니다.

제 1 장

메시아의 족보와 탄생

예수 그리스도의 계보 1:1-17

예수님의 탄생 1:18-25

A COMMENTARY
ON THE GOSPEL OF
MATTHEW I

구약과 신약을 잇는 다리의 위치에 있는 본 장은 신약의 첫 권인 마태복음의 첫 장으로서 중요한 의미가 있습니다. 구약 성경이 장차 이 세상에 구세주요, 왕으로 오실 메시아를 예언하고 있다면, 신약 성경은 예수 그리스도의 성육신으로 구약의 예언이 성취되었음을 기록하고 있습니다. 이와 같은 구약과 신약 사이에 위치한 본 장은 구약의 예언대로 오신 예수 그리스도를 소개하고 있습니다.

예수님께서는 다윗 왕의 후손으로서, 동정녀 마리아의 몸에 성령으로 잉태되어 탄생하신 하나님의 아들이십니다.

1. 예수 그리스도의 계보(1:1-17)

1. 아브라함과 다윗의 자손 예수 그리스도의 계보라 2. 아브라함이
이삭을 낳고 이삭은 야곱을 낳고 야곱은 유다와 그의 형제들을 낳고
3. 유다는 다말에게서 베레스와 세라를 낳고 베레스는 헤스론을 낳
고 헤스론은 람을 낳고 4. 람은 아미나답을 낳고 아미나답은 나손을
낳고 나손은 살몬을 낳고 5. 살몬은 라합에게서 보아스를 낳고 보아
스는 룻에게서 오벳을 낳고 오벳은 이새를 낳고 6. 이새는 다윗 왕
을 낳으니라 다윗은 우리야의 아내에게서 솔로몬을 낳고 7. 솔로몬
은 르호보암을 낳고 르호보암은 아비야를 낳고 아비야는 아사를 낳
고 8. 아사는 여호사밧을 낳고 여호사밧은 요람을 낳고 요람은 웃시
야를 낳고 9. 웃시야는 요담을 낳고 요담은 아하스를 낳고 아하스는
히스기야를 낳고 10. 히스기야는 므낫세를 낳고 므낫세는 아몬을 낳
고 아몬은 요시야를 낳고 11. 바벨론으로 사로잡혀 갈 때에 요시야
는 여고냐와 그의 형제들을 낳으니라 12. 바벨론으로 사로잡혀 간
후에 여고냐는 스알디엘을 낳고 스알디엘은 스룹바벨을 낳고 13.
스룹바벨은 아비훗을 낳고 아비훗은 엘리아김을 낳고 엘리아김은

아소르를 낳고 14. 아소르는 사독을 낳고 사독은 아킴를 낳고 아킴
은 엘리웃을 낳고 15. 엘리웃은 엘르아살을 낳고 엘르아살은 맛단을
낳고 맛단은 야곱을 낳고 16. 야곱은 마리아의 남편 요셉을 낳았으
니 마리아에게서 그리스도라 칭하는 예수가 나시니라 17. 그런즉 모
든 대 수가 아브라함부터 다윗까지 열네 대요 다윗부터 바벨론으로
사로잡혀 갈 때까지 열네 대요 바벨론으로 사로잡혀 간 후부터 그리
스도까지 열네 대더라

1절 아브라함과 다윗의 자손 예수 그리스도의 계보라

마태복음은 "아브라함과 다윗의 자손 예수 그리스도의 계보라"는 말로 시작되고 있습니다. 마태는 왜 예수 그리스도에 대한 소개를 할 때 '아브라함과 다윗의 자손' 이라고 기록했을까요?

하나님께서는 일찍이 아브라함의 씨에서 메시아가 나올 것을 약속하셨으며, 또 다윗의 혈통에서 영원한 왕이 나올 것을 언약하셨습니다. 이와 같은 하나님의 약속이 있었기에 유대인들은 대대로 아브라함과 다윗의 후손으로 오실 메시아를 대망해 왔습니다. 그러므로 마태는 예수님이 우연히 메시아가 된 것이 아니라 하나님이 약속하신 뿌리를 통해서 오신 메시아라는 사실을 증명한 것입니다.

예수님의 뿌리는 아담과 하와가 타락했을 때부터 벌써 내려진 것이었습니다. 하나님께서는 '여자의 후손' 이 뱀의 머리를 깨뜨릴 것이라고 하셨는데(창 3:15), 이 말씀은 동정녀를 통하여 태어나신 '여자의 후손' 이 사탄의 권세를 깨뜨릴 것임을 예고한 것입니다. 이후로 메시아에 대한 하나님의 예언은 줄기차게 구약 성경 전체를 통해서 뻗어 나갑니다. 먼

저 하나님께서는 아브라함과의 언약을 통해 "네 씨로 말미암아 천하 만민이 복을 받으리니"(창 22:18)라고 하심으로 메시아가 아브라함의 후손으로 나실 것을 예언하셨습니다. 또한 하나님께서는 다윗과의 언약을 통해 "네 집과 네 나라가 내 앞에서 영원히 보전되고 네 왕위가 영원히 견고하리라"(삼하 7:16)고 하심으로 다윗의 뿌리에서 영원한 메시아 왕국을 다스리실 왕이 나실 것을 예언하셨습니다. 이와 같이 메시아에 대한 약속은 아담과 하와 때부터 시작하여 아브라함을 거치고 다윗을 거치며 수천 년의 세월을 통하여 예언되었고, 예언의 결과로서 예수님께서 태어나신 것입니다.

세상에서 유대 민족만큼 족보를 많이 따지는 민족은 없을 것입니다. 유대인들은 어떤 사람을 볼 때 개인을 보는 것이 아니라 그 집안의 족보를 봅니다. 예를 들어, "조용기입니다."라고 말하면, "조용기로 말하자면, 그는 조두천의 아들이요, 조승장의 손자요, 또 누구의 증손자요, 누구의 고손자요……."라는 식으로 뿌리를 캐고 들어갑니다. 그런데 유대 민족 다음으로 족보를 많이 따지는 민족이 우리 한민족입니다. 족보를 왜 따집니까? 족보는 우리 개개인의 뿌리이기 때문입니다. '뭐, 그까짓 족보 없어도 사는 데 아무 지장 없다!' 라고 생각하는 사람들이 있을지 모릅니다. 그러나 그렇지 않습니다. 아버지를 알고, 할아버지를 알고, 조상들이 있다는 것을 알기 때문에 나의 정체를 알 수 있는 것입니다.

한번은 불란서에서 집회를 하는데 한국계 불란서 여대생이 나를 찾아왔습니다. 그 학생은 어렸을 때 불란서 사람에게 입양되어 그곳에서 자랐기 때문에 자기가 불란서 사람인 줄 알았습니다. 그런데 대학생이 되면서 자기가 다른 사람들과 다르다는 것을 알게 되었습니다. 머리가 노랗고 눈이 파란 사람들 사이에서 자신만이 까만 머리에 갈색 눈을 가진 동양인 특유의 외모를 하고 있음을 발견하고 불안과 공포에 싸였습니다.

'나는 누구인가? 다른 사람들이 나를 한국 사람이라고 하는데, 그렇다면 나의 뿌리는 무엇인가? 나의 아버지는 누구이고 나의 어머니는 누구인가? 내 형제는 있는가?'

그 학생은 수없이 생각하고 고뇌하였습니다. 그러던 중 마침 한국 목사가 와서 집회를 한다는 소식을 듣고 나를 찾아온 것입니다. 그 학생은 아침 일찍 호텔로 찾아와 울면서 나에게 간청했습니다.

"목사님, 내 뿌리를 좀 찾아 주세요. 내 부모와 가족들을 찾아 주세요. 내 뿌리를 모르니까 내가 누군지 알 수가 없습니다. 나는 떠돌이 인생입니다. 내 마음은 어디에도 안주할 수가 없습니다. 그러니 제발 나를 찾을 수 있게 도와주세요."

"그렇다면 입양될 때 이름이 무엇이었는지 압니까?"

"어렸을 때 입양된 후 얻은 지금의 불란서 이름밖에 모릅니다."

참 답답한 노릇이었습니다. 자신의 원래 이름도 모르니 찾을 수 있는 근거가 없습니다. 그래서 그 학생에게 말했습니다.

"학생을 입양시킨 기관에 찾아가서 그 당시의 이름을 알아내고 한국의 어느 기관을 통해서 왔는지 알아보십시오. 그러면 내가 그것을 근거로 하여 신문사를 통해서 학생의 뿌리를 찾아보겠습니다."

그런 일이 있은 후 한참 만에 그 여대생이 내게 녹음테이프를 보내왔습니다. 그 테이프에는 이런 말이 녹음되어 있었습니다.

"목사님, 아무리 찾아봐도 입양 기관도 모르겠고, 누가 나를 불란서에 데려왔는지도 모르겠습니다. 내가 한국에 갈 테니까 나의 사진을 신문에 내서 부모를 찾게 도와주십시오."

그래서 내가 그 학생에게 이런 말을 전했습니다.

"학생의 생각은 얼토당토않습니다. 세월이 얼마나 흘렀는데 어릴 때 헤어진 부모가 학생의 사진을 보고 자기 자식이라고 알아보겠습니까? 그런 방법으로는 불가능합니다."

나는 그 여대생이 참 가련했습니다. 자신의 뿌리가 어디 있는지 몰라 자기 정체를 잃어버렸으니 얼마나 안됐습니까!

사람은 자신의 뿌리를 알아야 비로소 분명한 자기 정체성을 가질 수 있습니다. 1970년대 말에 텔레비전을 통해 방영되어 선풍적인 인기를 모았던 「뿌리」(Roots)를 보면, 이러한 사실을 쉽게 공감할 수 있습니다. 이 작품의 핵심적인 주제는 뿌리를 찾는 것입니다. 주인공 쿤타킨테가 노예 상인들에게 잡혀 미국으로 끌려가서 노예로 팔렸습니다. 아프리카에서 자유롭게 살던 그는 노예로 길들여지며 여자 노예와 결혼하여 자식들을 낳았습니다. 그의 자손들은 대대로 노예 생활을 하였습니다. 그러던 중 남북 전쟁이 일어나 북군이 승리를 거둠에 따라 노예들이 해방되었습니다. 자유인이 된 쿤타킨테의 후손들은 자신들의 조상과 뿌리를 찾기 위해 아프리카로 건너가서 결국 뿌리를 찾고 자신들의 정체성을 갖게 됩니다.

자기 정체를 알기 위해서는 자기 뿌리를 알아야 합니다. 그러므로 족보를 따지는 것은 나쁘지 않습니다. 족보를 확실히 알면 자기 뿌리를 확실히 압니다. 족보는 혈통을 말하지 않습니까? 어떤 사람들은 혈통을 대수롭지 않게 생각합니다. 그러나 오늘날 과학이 발달함에 따라 혈통의 중요성도 점차 새롭게 인식되고 있습니다.

사람들은 누구나 DNA 유전자를 가지고 있는데, 그 속에는 아버지 쪽 조상들과 어머니 쪽 조상들의 유전 정보가 다 들어 있습니다. 그래서 부모의 유전 형질을 그대로 물려받은 자식이 태어나게 됩니다. 따라서 눈에 보이는 외모만 부모를 닮는 것이 아니라, 체질과 병력(病歷)도 닮습니다. 아버지나 어머니가 고혈압이면 나도 고혈압이 될 가능성이 많고, 내 자식도 고혈압이 되기 쉽습니다. 집안에 암 환자가 있으면 정기적으로 암 검사를 받는 것이 좋습니다. 부모에게서 물려받은 유전자로 인해 암이 발생할 가능성이 높기 때문입니다. 알코올 중독자의 자손은 알코올 중독자가 되기 쉽고, 조상이 범죄자이면 그 자손도 범죄자가 될 가능성이 많습니다.

미국에서 동시대를 살았던 두 사람의 가문에 대한 가계 조사가 발표된 일이 있습니다. 조사의 대상이 된 가문은 미국에서 큰 부흥 운동을 일으킨 조나단 에드워드 목사의 가문과 흉악범의 가문이었습니다. 이 두 가문의 후손들을 몇 대에 걸쳐 조사해 본 결과, 조나단 에드워드의 후손들은 대부분 대통령, 장관, 상원 의원, 목사, 판사, 교수 등 사회에 공헌하는 훌륭한 인물들로 드러났습니다. 반면 흉악범의 후손들은 알코올 중독자, 도박꾼, 강도 등 죄수들이 수두룩한 것으로 나타났습니다.

가계 조사를 통해서도 알 수 있듯이 혈통과 가문은 중요합니다. 옛날에는 결혼할 때 부모들이 가문을 보았기 때문에, 옛날 사람들은 결혼을 하면 끝까지 잘 살았습니다. 그런데 요새는 결혼해서 오륙 개월 정도만 되면 벌써 흔들흔들하다가 이삼 년 내에 갈라서는 부부가 얼마나 많습니까? 뼈대를 보지 않고 서로 눈만 맞으면 결혼했다가 실망하여 갈라섭니다. 이러한 상황이 된 것은 뿌리 없이 인생을 살려고 하기 때문입니다. 뿌리가 깊어야 아무리 바람이 불어도 흔들리지 않습니다. 뿌리가 없으면 바람에 다 날아가 버리고 맙니다. 결혼 생활도 뿌리가 깊으면 여간한 시험과 환난이 다가와도 흔들리지 않습니다. 그래서 족보를 따져 볼 필요가 있는 것입니다.

2-17절 아브라함이 이삭을 낳고 이삭은 야곱을 낳고 야곱은 유다와 그의 형제들을 낳고 유다는 다말에게서 베레스와 세라를 낳고 베레스는 헤스론을 낳고 헤스론은 람을 낳고 람은 아미나답을 낳고 아미나답은 나손을 낳고 나손은 살몬을 낳고 살몬은 라합에게서 보아스를 낳고 보아스는 룻에게서 오벳을 낳고 오벳은 이새를 낳고 이새는 다윗 왕을 낳으니라 다윗은 우리야의 아내에게서 솔로몬을 낳고 솔로몬은 르호보암을 낳고 르호보암은 아비야를 낳고 아비야는 아사를 낳고 아사는 여호사밧을 낳고 여호사밧은 요람을 낳고 요람은 웃시야를 낳고 웃시야는 요담을 낳고 요담은 아하스를 낳고 아하스는 히스기야를 낳고 히스기야는 므낫세를 낳고 므낫세는 아몬을 낳고 아몬은 요시야를 낳고 바벨론으로 사로잡혀 갈 때에 요시야는 여고냐와 그의 형제들을 낳으니라 바벨론으로 사로잡혀 간 후에 여고냐는 스알디엘을 낳고 스알디엘은 스룹바벨을 낳고 스룹바벨은 아비훗을 낳고 아비훗은 엘리아김을 낳고 엘리아김은 아소르를 낳고 아소르는 사독을 낳고 사독은 아킴를 낳고 아킴은 엘리웃을 낳고 엘리웃은 엘르아살을 낳고 엘르아살은 맛단을 낳고 맛단은 야곱을 낳고 야곱은 마리아의 남편 요셉을 낳았으니 마리아에게

서 그리스도라 칭하는 예수가 나시니라 그런즉 모든 대 수가 아브라함부터 다윗까지 열네 대요 다윗부터 바벨론으로 사로잡혀 갈 때까지 열네 대요 바벨론으로 사로잡혀 간 후부터 그리스도까지 열네 대더라

마태는 예수님의 족보를 아브라함으로부터 시작해서 다윗 왕까지 14대, 다윗 왕으로부터 시작해서 바벨론으로 잡혀 갈 때까지 14대, 바벨론으로 이거한 후 예수 그리스도까지 14대, 이렇게 14대씩 42대로 딱 맞추어 기록하였습니다. 사실은 정확하게 14대가 아닌데 마태가 어떤 것은 족보를 두세 대(代) 뛰어넘어서 맞추어 놓았는데, 이것은 유대인의 독특한 방식입니다. 그러므로 우리는 이에 대하여 논쟁할 필요가 없습니다.

예수님의 족보를 보면, 성경의 다른 곳에 기록된 다른 많은 족보들과 한 가지 공통점이 있다는 것을 발견할 수 있습니다. 그것은 바로 '낳고'라는 말이 계속 열거되어 있다는 점입니다. 사람이 한평생을 살면서 삶 속에 많은 희로애락이 있겠지만, 성경은 사람의 일생을 '낳고 죽었다.'라는 한 마디로 표현합니다. 우리 삶의 마지막 날이 아직은 새까맣게 먼 것같이 느껴지지만 우리의 인생은 한순간에 지나가고 맙니다. 부모에게서 태어나 자라나서 결혼하여 자식을 낳고 늙어 죽으면 그다음 세대가 또 자식을 낳고서 죽고, 이렇게 한 세대는 가고 다음 한 세대는 오는 일이 계속 되풀이됩니다. 인류의 역사가 시작된 이래 이러한 순환은 끊임없이 이어지고 있는 것을 보면서 우리는 인생이 잠깐 보이다가 없어지는 안개와 같다는 것을 느낄 수 있습니다. 그 삶 속에 희로애락이 없었겠습니까? 그러나 그런 것들은 예수님의 족보에 기록되어 있지 않습니다. '태어났

다', '죽었다' 그것밖에 없습니다. 인생 중에 있는 모든 슬픔과 기쁨, 좋지 않은 것과 좋은 것들은 다 안개와 같이 사라져 버리는 것입니다. 그저 태어났다가 죽는 것, 이것이 인생입니다.

예수님의 족보를 자세히 살펴보면, 상당히 놀라운 사실을 발견할 수 있습니다. 예수님을 요셉의 아들로 기록하지 않고 "마리아에게서 그리스도라 칭하는 예수가 나시니라"(16절)고 기록한 사실입니다. 이것은 예수님이 마리아에게 성령으로 잉태된 하나님의 아들이라는 것을 보여 주기 위한 것입니다. 그러나 요셉이 마리아의 남편이고 마리아의 몸에서 예수님이 태어나셨기 때문에 요셉은 예수님의 양아버지가 되었고, 요셉의 족보에 예수님의 이름이 오른 것입니다. 이러므로 예수님의 족보는 결국 예수 그리스도가 아브라함과 다윗의 혈통을 통하여 다윗의 후손인 요셉을 양아버지로 삼고 마리아의 몸에서 태어나셨음을 보여 주고 있는 것입니다.

2. 예수님의 탄생(1:18-25)

18. 예수 그리스도의 나심은 이러하니라 그의 어머니 마리아가 요셉과 약혼하고 동거하기 전에 성령으로 잉태된 것이 나타났더니 19. 그의 남편 요셉은 의로운 사람이라 그를 드러내지 아니하고 가만히

끊고자 하여 20. 이 일을 생각할 때에 주의 사자가 현몽하여 이르되
다윗의 자손 요셉아 네 아내 마리아 데려오기를 무서워하지 말라 그
에게 잉태된 자는 성령으로 된 것이라 21. 아들을 낳으리니 이름을
예수라 하라 이는 그가 자기 백성을 그들의 죄에서 구원할 자이심이
라 하니라 22. 이 모든 일이 된 것은 주께서 선지자로 하신 말씀을 이
루려 하심이니 이르시되 23. 보라 처녀가 잉태하여 아들을 낳을 것
이요 그의 이름은 임마누엘이라 하리라 하셨으니 이를 번역한즉 하
나님이 우리와 함께 계시다 함이라 24. 요셉이 잠에서 깨어 일어나
주의 사자의 분부대로 행하여 그의 아내를 데려왔으나 25. 아들을
낳기까지 동침하지 아니하더니 낳으매 이름을 예수라 하니라

18절 예수 그리스도의 나심은 이러하니라 그의 어머니 마리아가 요셉과 약혼하고 동거하기 전에 성령으로 잉태된 것이 나타났더니

'성령으로 잉태된다는 것이 과연 가능한가?' 이 문제는 믿음이 없이는 도저히 받아들이기 어려운 난제입니다. 불신자들은 예수님께서 동정녀의 몸에 성령으로 잉태되어 태어나셨다는 사실을 믿지 못합니다. 서대문에서 목회하던 시절에 나는 이 문제 때문에 엄청나게 공격을 받은 적이 있습니다.

그 당시 굉장한 인텔리이며 사회적으로도 성공한 상 박사라는 분이 있었습니다. 그런데 그는 술을 너무 좋아하다가 결국 중풍으로 쓰러져 반신불수가 되고 말았습니다. 그의 부인은 한국은행 총재의 딸로 굉장한 미인이었는데, 그는 자신이 불구자가 되자 의처증이 생겨 매일 아내를 괴롭혔습니다. 비가 오는 수요일, 매우 젊고 아름다운 상 박사의 부인이 수심에 꽉 들어찬 얼굴로 우리 교회에 왔습니다. 그 부인은 예배를 마치

고 나서 신앙 상담을 요청하더니 남편에 대하여 말하기 시작했습니다.

"남편이 밤마다 칼을 들이대고 오늘은 어느 놈을 만났느냐고 어찌나 닦달하는지 제가 죽을 지경이에요. 너무 불안하고 무서워서 이젠 더 이상 살 수가 없어요."

그래서 나는 "그것은 다 사탄이 하는 일입니다. 그러니 열심히 교회에 나와서 예수님을 믿고, 남편도 교회로 데리고 나오십시오."라고 말한 다음 기도해 주고 보냈습니다.

그다음 주일에 그 부인이 우리 교회에 또 왔는데 남편인 상 박사도 따라왔습니다. 그런데 상 박사는 예배 시간 내내 나만 뚫어지게 보고 있더니만 예배를 마치고 나서 그 부인과 함께 내 방으로 찾아와서 나를 협박하였습니다.

"조 목사, 내 마누라에게 한눈팔면 내 칼에 찔려 죽을 줄 알아!"

어떻게 대학교수에 의사라는 사람이 그토록 저속한 말을 하는지 너무 기가 막혀서 나도 이렇게 한마디 했습니다.

"당신 마누라만 예쁜 줄 아는데, 내 마누라도 양귀비 뺨칠 만큼 예쁩니다."

"잔소리 마! 좌우간 설교할 때 내 마누라를 쳐다보면 가만두지 않을 줄 알아!"

"좋소, 쳐다보지 않겠소."

그때부터 나는 설교할 때 언제나 상 박사가 부인과 함께 앉아 있는 자리를 피해 반대편만 보고 설교했습니다.

그렇게 여섯 달이 지나는 동안 부인은 구원받고 변화를 받아서 하나님의 은혜로 충만하게 되었지만 상 박사는 여전히 의심스러운 눈으로 앉아 있었습니다.

그러던 어느 날 상 박사가 내 사무실에 오더니만 가방을 탁 내려놓고 기가 막힌다는 표정으로 나를 물끄러미 쳐다보면서 이렇게 말하는 것이었습니다.

"조 목사, 그런 거짓말 하지 말고 올바른 직장 구해서 정직하게 밥 벌어먹고 사시오. 하나님이 어디 있소? 보이지도 않는데. 예수님이 동정녀에게서 태어났다는데, 그것이 어디 가당키나 한 말이오? 내가 의사 아니오? 나는 생화학 박사에 의학 박사요. 그런 내 앞에서 말도 안 되는 거짓말을 하다니, 당신 제정신이오? 세상에 아버지 없이 자식을 낳는 법이 어디 있어? 그런 무식한 말로 이 무지한 대중을 꾀어 헌금 받아먹고 사는 비참한 생활 그만 하시오. 그럼 내가 직장 하나 구해 줄 테니. 당신 머리가 반짝반짝 빛나는 걸 보니까 머리가 나쁜 사람 같지는 않은데 왜 거짓말로 먹고살아? 참 인생이 불쌍해!"

그러면서 혀를 찹니다.

나도 나대로 너무너무 기가 막히고 그 사람이 불쌍했습니다. 너무나 완악해서 눈이 있어도 보지 못하고, 귀가 있어도 듣지 못하고, 마음에 깨닫지 못하니 얼마나 불쌍합니까!

그런 일이 있은 후 크리스마스가 되었는데, 크리스마스에는 동정녀 마리아에게서 태어난 예수 그리스도에 대하여 말씀을 전하지 않습니까? 그날도 상 박사가 자리에 앉아 있었습니다. 그래서 나는 속으로 '또 나를 불쌍하다고 하겠구나!' 라고 생각했습니다. 그런데 설교 중간쯤 되었는데 상 박사가 손수건을 꺼내 가지고 자꾸 눈물을 닦는 것이었습니다. 그래서 나는 '부인하고 싸웠구나!' 라고 생각했습니다. 왜냐하면 그는 부인하고 싸우면 우는 버릇이 있다는 것을 알고 있었기 때문입니다.

예배를 마친 후 또 상 박사가 내 사무실에 찾아왔기에 내가 물었습니다.

"상 박사, 왜 크리스마스에 부인과 싸웠습니까?"

"안 싸웠어."

"그러면 왜 울었어요?"

"당신이 나를 울렸잖아!"

"내가 언제 당신을 울렸어요?"

그러니까 상 박사가 내게 이렇게 말하는 것이었습니다.

"나 이제 미쳐 버렸어. 내 마누라 지키려고 여기에 일 년 동안 다니면서 당신이 하는 그 바보 같은 말을 자꾸 듣다가 세뇌가 되어 버렸어. 오늘 당신이 예수 그리스도가 동정녀한테서 태어났다고 할 때, '저 바보 같은 소리 또 한다!' 고 생각하는데 갑자기 마음이 뜨거워지더니만 눈물이 자꾸 나지 뭐야? 이것은 의학적으로 말하면 정신 분열 증상이야. 내가 당신에게 와서 자꾸 바보 같은 소리를 들었더니 오늘 정신 분열 증상이 생겨서 내 마음이 이상하게 뜨거워지고 눈물이 난 거라고."

완악하기 짝이 없던 상 박사에게 드디어 변화가 일어난 것이었습니다. 그래서 내가 상 박사에게 말했습니다.

"정신 분열증 잘 걸렸습니다. 그런데 그 정신 분열증을 고치는 특효약이 있습니다."

"무슨 약이오?"

"신약입니다. 신약 성경 마태복음부터 요한계시록까지 한 번 읽으면 그 정신 분열증이 깨끗이 낫습니다."

그는 단순한 사람이었습니다. 일단 변화를 받으니까 그토록 적대적이었던 사람이 식사 초대를 했습니다. 그는 삼각산 밑에 있는 자기 집으로 초대하여 음식을 대접하고 웃으면서 나에게 말했습니다.

"목사님, 신약 성경을 다 읽었습니다."

"그래, 신약 성경을 다 읽어 보니 어떻습디까?"

"예수님이 하나님의 아들인 것이 틀림없습니다!"

그 이후로 그는 아침마다 교회에 와서 다리를 절룩거리면서 교회 앞에 물을 뿌리고 빗자루로 바닥을 쓸었습니다. 은혜를 받으니까 그 불편한 반신불수의 몸으로 열심히 교회 청소를 하는 것이었습니다. 상 박사 부부는 열심히 신앙생활을 하였습니다.

그런데 어느 추운 겨울날이었습니다. 사무실에 불을 피우고 있는데 갑자기 상 박사가 가방을 들고 들어왔습니다.

"상 박사, 이 시간에 웬일입니까? 추운데 여기 앉으십시오."

상 박사는 의자에 앉더니만 씩씩대면서 울분을 터뜨렸습니다.

"이놈의 새끼들 다 죽여 버려야 해! 나 오늘 교수들 다 죽이려다가 말았어요."

"사람을 죽이면 어떻게 합니까?"

"아 글쎄, 오늘 내가 점심시간에 교수들에게 예수님이 구주라고 전도하지 않았겠습니까? 그랬더니 나더러 바보라면서 어떻게 생화학자가 어리석게 그런 것을 믿느냐고 그러잖아요? 아무것도 모르면서……. 어찌나 화가 나던지 그 새끼들 죽여 버리려다가 말았다고요."

그래서 순간적으로 '참, 개구리 올챙이 적 모른다더니!' 라는 마음도 들었지만, 상 박사의 말에 감동을 느꼈습니다. 상 박사는 이렇게 열변을 토했습니다.

“목사님, 왜 처녀가 아기를 못 낳습니까? 과학적으로 얼마든지 가능한 일입니다.”

“어떻게요?”

“양서류는 수컷이 없어도 알에 전기 자극을 주면 새끼가 깨어 나옵니다. 이것은 생화학적으로 증명된 사실이에요. 이미 전 세계적으로 증명이 되었습니다. 그러니 동정녀 마리아의 몸에 성령의 쇼크가 들어왔는데 아들을 낳지 못할 일이 어디 있겠습니까? 전능하신 하나님께서 성령의 능력으로 마리아의 몸에 임하여서 전기 쇼크를 주셨으니 마리아가 잉태할 수밖에 없지 않았겠습니까? 그런데 그 나쁜 놈들이 믿지 않고 나를 바보라고 하니, 내가 화나지 않게 생겼습니까?”

그 후 상 박사 부부는 독실한 성도가 되어 열심히 전도하다가 미국으로 이민 가서 그곳에서 세상을 떠났습니다.

내가 상 박사를 처음 만났던 것이 수십 년 전 일인데, 지금도 동정녀 마리아 탄생 이야기만 하면 상 박사가 생각납니다. “바보 같은 짓 하지 말고 올바른 직장 얻어 살아. 어떻게 처녀가 아들을 낳아?”라고 고함치던 사람이 예수님을 믿게 되니까 예수님이 처녀의 몸에서 왜 못 태어나느냐고, 그것을 증명한다고 야단이던 모습이 지금도 눈에 선합니다.

불신앙의 문제는 지식이 많기 때문에 생기는 것이 아닙니다. 마음에 믿어지지 않으면 머리의 지식을 가지고 복음을 반박하는 데 쓰다가, 마음으로 믿어지면 그 똑같은 지식을 가지고 예수님이 구주이심을 증명하는 데 사용합니다. 사람의 마음이 변화되면 지식도 변화된 대로 사용되는 것입니다. 그렇기 때문에 마음이 변하는 것이 가장 중요합니다.

동정녀 마리아가 성령의 능력으로 말미암아 예수 그리스도를 낳는 것은 얼마든지 가능한 일입니다. 그것은 과학적으로도 증명된 것입니다. 이러므로 우리는 예수 그리스도께서 보통 사람들과 달리 성령으로 잉태되셨다는 것을 알아야 합니다. 예수님이 아담의 후손으로 잉태되셨다면 타락한 피가 그 몸에 흐르기 때문에 절대로 구주가 될 수 없습니다. 예수님은 성령으로 잉태되셨기 때문에 죄가 하나도 없으시고, 또 그렇기 때문에 그 피로써 우리의 죄를 속하실 수 있는 것입니다.

19절 그의 남편 요셉은 의로운 사람이라 그를 드러내지 아니하고 가만히 끊고자 하여

누가복음 1장 26절부터 56절까지 보면, 마리아의 수태고지에 관한 내용이 자세히 설명되어 있습니다. 예수 그리스도를 잉태할 당시 마리아는 요셉과 약혼만 하고 결혼은 하지 않은 상태였습니다. 그런데 요셉이 보니 약혼녀 마리아가 임신하여 배가 불러 오기 시작했습니다. 요즈음은 속도위반을 하는 사람들이 굉장히 많아서 이런 일이 큰 문제가 되지 않지만, 옛날에는 이렇게 되면 보통 문제가 아닙니다. 특히 유대에서는 결혼하기 전에 이런 일이 드러나면 돌로 쳐 죽였습니다.

구약에서는 약혼을 결혼과 똑같이 취급합니다. 그렇기 때문에 유대에서는 약혼을 하면 부부로 간주합니다. 그래서 본문을 보면 아직 결혼을 하지 않았는데도 불구하고 요셉을 '남편' 이라고 하지 않습니까? 유대인들은 약혼과 결혼에 대하여 굉장히 엄격합니다. 약혼했으면 반드시 결혼을 하여야 합니다. 간음한 경우 외에는 이혼도 할 수 없습니다. 그런데 결혼하기 전에 약혼녀가 잉태를 하였다면 그것은 상식적으로 생각해도 간

음을 했다고 볼 수밖에 없습니다. 이러한 경우, 신랑은 신부의 아버지에게 배상을 요구하고 공개적으로 사람들이 보는 앞에서 그 신부를 끌어내어서 돌로 쳐 죽입니다. 그러니 마리아가 천사의 음성을 듣고 "주의 여종이오니 말씀대로 내게 이루어지이다"(눅 1:38)라고 순종한 것은 죽음을 각오하지 않고는 할 수 없는 믿음의 결단이었습니다.

그런데 요셉 역시 보통 남자가 아닙니다. 약혼까지 했다면 둘이 서로 사랑하는 사이 아닙니까? 그런데 사랑하는 약혼녀가 자기 몰래 간음을 해서 임신하여 배가 자꾸 불러 오는 것을 보고 가만있겠습니까? 보통 남자 같으면 당장 장인을 찾아가서 보상하라고 달려들고, "나의 약혼녀가 부정을 행했으니 죽여야 된다."고 온 동네에 떠들어 소문을 퍼뜨리지 않았겠습니까? 그러나 요셉은 참 사려 깊고 점잖은 인격자였습니다. 그는 마리아가 임신한 것을 보고 조용히 파혼하려고 했습니다. 그저 자신과의 약혼을 파기하고 마리아가 좋아하는 남자와 결혼할 수 있도록 조용히 물러나 주려 했던 것입니다.

20절 이 일을 생각할 때에 주의 사자가 현몽하여 이르되 다윗의 자손 요셉아 네 아내 마리아 데려오기를 무서워하지 말라 그에게 잉태된 자는 성령으로 된 것이라

요셉이 마리아와 조용히 파혼을 하려고 하는데, 요셉의 꿈에 하나님의 사자가 나타나서 놀라운 말을 했습니다. "다윗의 자손 요셉아, 네 아내 마리아 데려오기를 무서워 말라. 그에게 잉태된 자는 성령으로 된 것이라." 이러한 계시를 받는 순간 요셉의 마음속에 깨달음이 왔습니다.

'마리아가 임신한 것은 성령의 기적으로 된 것이구나!'

이것은 믿음이 아니고는 절대로 받아들일 수 없습니다. 요셉은 하나님의 사자의 말을 조금도 의심하지 않고 그대로 믿었습니다.

오늘날도 하나님께서 가장 중요한 사실을 계시하실 때에는 꿈을 사용하십니다. 하나님께서는 환상이나 묵시나 음성 등 여러 가지 방법을 사용하여 계시하시는데, 가장 확실한 계시의 방법은 꿈입니다. 하나님께서 주시는 꿈은 현실처럼 너무나 생생합니다. 개꿈은 자고 나면 잊어버리지만, 성령님이 우리에게 주시는 꿈은 마음에 인을 친 것처럼 선명하게 새겨져서 평생 잊혀지지 않습니다. 그 꿈이 마음속에 늘 살아 있습니다. 그렇기 때문에 하나님께서는 중요한 것을 계시하실 때 꿈을 사용하십니다.

성경을 보면 그러한 예가 많이 나옵니다. 우리가 잘 아는 바와 같이 요셉은 두 번의 꿈을 꾼 후 그 꿈을 마음속에 간직하고 있다가 애굽의 국무총리가 되었습니다(창 37:1-11; 41:37-45). 애굽 왕 바로는 애굽에 칠 년 대풍년과 칠 년 대흉년이 다가올 것을 꿈으로 계시받았습니다(창 41:1-36). 바벨론 왕 느부갓네살은 유럽의 역사와 자신의 신상에 관한 일을 꿈으로 계시받았습니다(단 2장; 4장).

꿈은 하나님이 사용하시는 중요한 계시의 수단입니다. 이제까지 수많은 사람들이 꿈을 통해 하나님의 계시를 받았고, 오늘날도 꿈을 통한 하나님의 계시는 계속 주어지고 있습니다. 그러므로 인생을 살면서 중대한 일을 만나면 하나님의 인도를 받기 위해서 많이 기도하고, 마음을 정하게 하고, 주님을 기다리십시오. 그러면 주님께서 여러분의 기도에 꿈으로 응답해 주시는 것을 체험할 수 있을 것입니다.

21절 아들을 낳으리니 이름을 예수라 하라 이는 그가 자기 백성을 그

들의 죄에서 구원할 자이심이라 하니라

요셉의 꿈에 나타난 하나님의 사자는 마리아가 아들을 낳을 터이니, 그 아기의 이름을 '예수' 라 하라고 말했습니다. '예수' 는 '구원자' 라는 뜻의 헬라어로, 히브리어 '여호수아' 에서 나온 말입니다. 주님은 태어나시기 전에 이미 하나님으로부터 '예수', 즉 '구원자' 라는 이름을 받으셨습니다. 하나님의 사자는 예수님께서 자기 백성을 그들의 죄에서 구원하실 분이라고 계시했는데, 이는 장차 예수님께서 십자가에 못 박혀서 피 흘려 죽으심으로 그를 구주로 믿는 백성들의 죄를 사하시고 구원하실 것임을 예고한 것이었습니다. 예수님은 우리를 구원하여 하늘나라로 인도해 들이시는 우리의 '여호수아' 이십니다.

22-23절 이 모든 일이 된 것은 주께서 선지자로 하신 말씀을 이루려 하심이니 이르시되 보라 처녀가 잉태하여 아들을 낳을 것이요 그의 이름은 임마누엘이라 하리라 하셨으니 이를 번역한즉 하나님이 우리와 함께 계시다 함이라

마태는 일어난 사건마다 구약의 예언이 이루어진 것임을 증명했습니다. 그 이유는 유대인들에게 복음을 전하기 위해서입니다. 유대인들은 구약 성경을 철저히 믿었습니다. 그렇기 때문에 마태는 이사야 7장 14절의 예언을 인용하여 예수 그리스도께서 그 예언대로 오신 메시아이심을 증명한 것입니다.

이사야 선지자는 예수님이 태어나시기 약 7백 년 전에 메시아께서 처녀를 통해 태어나실 것을 예언했습니다. 그런데 예수님이 동정녀 마리

아의 몸에서 태어나심으로 그 예언을 성취시키신 것입니다.

이사야의 예언에는 예수님의 이름이 '임마누엘' 로 되어 있습니다. '임마누엘' 은 '하나님이 우리와 함께 계시다.' 라는 말로, 예수님이 완전한 사람으로 우리 가운데 오신 하나님이심을 의미합니다. 예수 그리스도는 제2위이신 성자 하나님으로서 친히 사람으로 이 땅에 오셔서 사람들과 함께 생활하셨습니다. 이 얼마나 놀라운 일입니까? 하나님이 이 땅에 직접 찾아오셔서 하나님의 그 큰 뜻을 다 보여 주신 것입니다.

예수님이 바로 하나님이십니다. 그렇기 때문에 예수님은 이와 같이 말씀하셨습니다.

"나를 믿는 자는 나를 믿는 것이 아니요 나를 보내신 이를 믿는 것이며 나를 보는 자는 나를 보내신 이를 보는 것이니라"(요 12:44-45).

또한 하나님을 보여 달라는 빌립에게 이렇게 말씀하셨습니다.

"빌립아 내가 이렇게 오래 너희와 함께 있으되 네가 나를 알지 못하느냐 나를 본 자는 아버지를 보았거늘 어찌하여 아버지를 보이라 하느냐" (요 14:9).

그러므로 예수님을 만나 구주로 모신 사람은 하나님을 보지 못했다고 부인할 수 없습니다. 눈에 보이지 않던 하나님이 눈에 보이는 하나님으로 우리에게 찾아오신 것입니다. 2천 년 전에 동정녀를 통해 친히 이 땅에 인간의 몸으로 오신 임마누엘 하나님께서는 오늘날도 성령으로 우리 가운데 함께 계시며 그의 택하신 백성들을 찾아 부르시고 구원하십니다.

24-25절 요셉이 잠에서 깨어 일어나 주의 사자의 분부대로 행하여

> 그의 아내를 데려왔으나 아들을 낳기까지 동침하지 아니하더니 낳으매 이름을 예수라 하니라

깊은 꿈속에 하나님께서 요셉에게 말씀해 주셨는데, 요셉이 잠에서 깨어나 보니 현실입니다. 오늘날도 하나님은 꿈을 통해 우리에게 말씀하십니다. 꿈에 하나님이 나타나시는 이유는, 꿈속에서는 우리가 세상 일을 쉬고 하나님 앞에 마음 문을 열어 놓을 수 있기 때문입니다.

우리가 현실 세계에서 보고 듣고 말하며 살다 보면 우리의 마음이 복잡하게 됩니다. 그러므로 하나님이 우리에게 말씀하실 여유가 없습니다. 하나님이 아무리 말씀하셔도 세상일로 너무 바쁘고 복잡하게 사니 그 말씀이 들리겠습니까? 눈 감고 귀 닫고 입 다물고 현실 세계의 문을 닫았을 때, 비로소 하나님의 신령한 세계가 열려서 하나님이 우리에게 말씀하실 기회가 있게 되는 것입니다. 기도 처소에 가서 기도 많이 하고 하나님 앞에 고요하게 엎드려 있으면 우리에게 잠잠히 말씀하시는 하나님의 음성을 들을 수가 있습니다. 그러므로 우리는 이 세상의 온갖 잡다한 소리들을 뒤로 하고, 하나님께 일방적으로 내 말만 하는 것을 그쳐야 합니다. 그리고 하나님이 우리에게 말씀하시도록 엎드려 기다려야 합니다. 그럴 때 하나님께서 우리에게 말씀하여 주시는 것입니다.

요셉은 믿음의 사람이요, 순종하는 사람이었습니다. 그는 하나님의 계시를 받은 후 믿음으로 순종하여 마리아를 아내로 맞아들였습니다. 그러나 하나님의 거룩한 사역이 이루어질 때까지는 마리아와 부부 생활을 하지 않았습니다. 예수님이 태어난 후에야 비로소 그는 마리아와 동침하여 자녀들을 낳았습니다. 가톨릭에서는 “마리아는 영원한 동정녀

였다. 마리아는 예수 그리스도만 낳았다." 라고 가르칩니다. 그러나 성경에 의하면 그렇지 않습니다. 마리아는 예수 그리스도를 낳은 후 요셉과의 사이에서 많은 자녀를 낳았습니다(13:55-56).

제 2 장

동방박사들의 경배와 애굽 피난

A COMMENTARY
ON THE GOSPEL OF
MATTHEW I

유대 땅 베들레헴에서 유대인들이 그토록 기다리던 메시아가 탄생하셨습니다. 그런데 이 소식을 가장 먼저 알았던 사람들은 동방박사들이었습니다. 그들은 범상치 않은 별의 움직임을 좇아 유대 땅까지 찾아와 헤롯 궁전을 방문했습니다.

이들의 출현으로 궁전에서는 큰 소란이 일어나고 당시 왕이었던 헤롯은 왕위를 빼앗길까 하는 두려움에 동방박사들에게 메시아를 경배한 후 다시 왕궁에 들러 달라고 부탁했습니다. 그러나 동방박사들은 아기 예수를 찾아가 황금과 몰약과 유향의 예물을 바친 후, 꿈에 헤롯 궁에 돌아가지 말라는 경고를 받고 왕궁에 들르지 않고 자신들의 땅으로 돌아갔습니다.

한편 헤롯은 궁에서 아무리 기다려도 동방박사들이 오지 않자 자신이 그들에게 속았음을 깨달았습니다. 그는 부랴부랴 전문가들을 불러 예언자들의 말을 근거로 메시아의 출생지를 찾기 시작했습니다. 그곳이 유대 땅 베들레헴으로 밝혀지자 헤롯은 베들레헴 인근 일대의 유아들을 학살하고 명령했습니다. 동방박사의 방문을 기점으로 두 살 미만의 사내아이를 모두 죽이라고 명령한 것입니다. 그러나 하나님께서는 헤롯의 이런 행동을 미리 아시고 예수님의 아버지였던 요셉의 꿈에 나타나셔서 다른 곳으로 피신하라고 명령하셨습니다. 이때 요셉과 가족이 피신한 곳이 갈릴리입니다. 이로 인하여 예수님은 '갈릴리 사람' 이라는 별칭을 갖게 되셨습니다.

1. 동방박사들의 경배(2:1-12)

1. 헤롯 왕 때에 예수께서 유대 베들레헴에서 나시매 동방으로부터
박사들이 예루살렘에 이르러 말하되 2. 유대인의 왕으로 나신 이가
어디 계시냐 우리가 동방에서 그의 별을 보고 그에게 경배하러 왔노
라 하니 3. 헤롯 왕과 온 예루살렘이 듣고 소동한지라 4. 왕이 모든
대제사장과 백성의 서기관들을 모아 그리스도가 어디서 나겠느냐 물
으니 5. 이르되 유대 베들레헴이오니 이는 선지자로 이렇게 기록된
바 6. 또 유대 땅 베들레헴아 너는 유대 고을 중에서 가장 작지 아니
하도다 네게서 한 다스리는 자가 나와서 내 백성 이스라엘의 목자가
되리라 하였음이니이다 7. 이에 헤롯이 가만히 박사들을 불러 별이
나타난 때를 자세히 묻고 8. 베들레헴으로 보내며 이르되 가서 아기
에 대하여 자세히 알아보고 찾거든 내게 고하여 나도 가서 그에게 경
배하게 하라 9. 박사들이 왕의 말을 듣고 갈새 동방에서 보던 그 별
이 문득 앞서 인도하여 가다가 아기 있는 곳 위에 머물러 서 있는지라
10. 그들이 별을 보고 매우 크게 기뻐하고 기뻐하더라 11. 집에 들어
가 아기와 그의 어머니 마리아가 함께 있는 것을 보고 엎드려 아기께

경배하고 보배합을 열어 황금과 유향과 몰약을 예물로 드리니라 12. 그들은 꿈에 헤롯에게로 돌아가지 말라 지시하심을 받아 다른 길로 고국에 돌아가니라

1-8절 헤롯 왕 때에 예수께서 유대 베들레헴에서 나시매 동방으로부터 박사들이 예루살렘에 이르러 말하되 유대인의 왕으로 나신 이가 어디 계시냐 우리가 동방에서 그의 별을 보고 그에게 경배하러 왔노라 하니 헤롯 왕과 온 예루살렘이 듣고 소동한지라 왕이 모든 대제사장과 백성의 서기관들을 모아 그리스도가 어디서 나겠느냐 물으니 이르되 유대 베들레헴이오니 이는 선지자로 이렇게 기록된바 또 유대 땅 베들레헴아 너는 유대 고을 중에서 가장 작지 아니하도다 네게서 한 다스리는 자가 나와서 내 백성 이스라엘의 목자가 되리라 하였음이니이다 이에 헤롯이 가만히 박사들을 불러 별이 나타난 때를 자세히 묻고 베들레헴으로 보내며 이르되 가서 아기에 대하여 자세히 알아보고 찾거든 내게 고하여 나도 가서 그에게 경배하게 하라

예수께서 베들레헴에서 태어나시자 동방으로부터 박사들이 예수님을 만나기 위해 예루살렘으로 왔습니다. 이 동방박사들은 오늘날처럼 공부를 해서 학위를 받는 박사가 아니라 별자리를 관찰하여 개인이나 국가의 운명을 알아보는 점성술사들이었습니다. 그들은 범상치 않은 별을 보고 동방에서부터 별을 따라왔습니다. 이 '동방' 은 현재 이란이나 이라크 지역으로 추정되기 때문에 그들이 별을 보고 예루살렘까지 걸어오는 데는 적어도 3, 4개월이 소요되었을 것입니다.

사실 별자리를 보고 사람의 운명을 판단하는 것은 바람직하지 않습니다. 믿는 자들은 기도하고 성령의 인도를 받아 하나님의 말씀으로 갈 길을 분별합니다. 그러나 하나님을 모르는 사람들은 한 치 앞도 예측할 수 없기 때문에 예로부터 인간의 운명을 알아보려는 많은 노력이 있어 왔습니다. 귀신들은 이러한 인간의 마음을 이용해 참말은 조금 섞고 거짓말을 많이 섞어 사람들을 미혹하게 합니다. 점치는 사람들은 사람의 과거를 기가 막히게 집어내기 때문에 일명 '족집게' 라고도 불립니다. 그러나 아무리 과거의 일을 족집게같이 집어내도 미래에 대해서는 거짓말투성이입니다. 그렇기 때문에 과거를 맞힌다고 해서 귀신의 말에 귀를 기울였다가는 큰 낭패를 당합니다. 미래는 하나님의 비밀에 속하기 때문에 귀신들이 알 수 없는 것입니다.

예전에 내가 불광동에서 목회할 때, 육군 사관학교에서 학생들을 가르치는 교수 한 분이 있었습니다. 그분은 아주 똑똑하고 교육을 많이 받은 사람으로 일제 시대에 일본 미쓰비시 회사의 비행기 테스트 파일럿이었습니다. 그런데 이분이 술만 마시면 손금을 봅니다. 부인은 우리 교회에 열심히 출석하는 성도였는데, 이분은 자기 부인이 교회 가는 걸 어찌나 싫어했던지 교회에 와서 부인을 강제로 끌고 갈 정도였습니다.

그러던 어느 날 그분이 나를 찾아와서 말하기를 "나는 예수를 안 믿어도 술만 먹으면 희한한 힘이 내게 임하고 눈이 열려서 손금을 보고 운명과 팔자를 봅니다."라는 것이었습니다. 그래서 내가 물어보았습니다.

"그러면 당신 팔자는 어떻습니까? 당신 팔자는 좋을 것으로 나옵니까, 아니면 나쁠 것으로 나옵니까?"

그러자 우물쭈물하며 답변을 하지 못했습니다. 나는 그에게 말했습니다.

"팔자는 예수 믿고 하나님께 나와야 고쳐지는 것이지, 손금 보고 팔자를 고치는 것이 아닙니다."

"그러면 예수 믿으면 돈을 잘 벌 수 있습니까?"

"예수 믿고 구원받으면 하나님이 물질의 복도 주시지 않겠습니까?"

그러자 그분이 교회에 나와서 나중에는 우리 교회 장로까지 되었습니다.

요즘에는 손금도 통계학적인 것이라고 하지만, 그 배후에는 귀신이 있습니다. 과거를 맞추면서 사람들을 유혹하는 것입니다.

사주팔자도 마찬가지입니다. 한번은 내가 건강이 좋지 않을 때, 친구가 나를 끌고 사주 보는 곳에 데리고 간 적이 있습니다. 그곳에서는 나를 보고 서른 살을 넘기지 못한다고 했습니다. 그 말을 들으니 '서른 살이 되기 전에 내가 죽는다! 그러면 끝장나지 않는가?' 하는 생각이 들어 아무것도 보이지 않았습니다. 그러나 예수 그리스도를 구주로 믿고 나니까 운명이고 사주고 팔자고 다 날아가 버리고 말았습니다. 서른도 되기 전에 죽는다던 사람이 지금까지 건강하게 살아 있지 않습니까?

성경에는 "그런즉 누구든지 그리스도 안에 있으면 새로운 피조물이라 이전 것은 지나갔으니 보라 새것이 되었도다"(고후 5:17)라고 기록되어 있습니다. 우리의 옛사람인 육의 사람이 예수 그리스도의 십자가에서 못 박혀 죽고 장사 지낸 바 되었기 때문에 이전에 말하던 손금이니 관상이니 팔자니 하는 것들이 다 지나가 버린 것입니다. 우리는 예수 그리스도 안에서 새로운 피조물이 되었습니다. 하나님의 자녀가 되었습니다. 그러므로 이제 우리의 운명은 오직 하나님의 손에 달려 있습니다. 우리가 마음을 다하고 뜻을 다하고 목숨을 다하여 하나님을 섬기면 하나님께서 우리를 돌보아 주십니다. 출애굽기 23장 25절부터 26절에 "네 하나님 야훼를 섬기라 그리하면 야훼가 너희의 양식과 물에 복을 내리고 너희 중에서 병을 제하리니 네 나라에 낙태하는 자가 없고 임신하지 못하는 자가 없을 것이라 내가 너의 날수를 채우리라" 고 말씀하셨습니다. 하나님이 함께 계셔서 우리에게 복을 주시고 날수를 채우시기 때문에 그리스도 안에서 우리의 운명이 달라지는 것입니다. 그러므로 예수 믿는 사람은 미신이나 점과 같은 허탄한 소리에 좌우되지 말아야 합니다.

하나님은 우리의 일생을 하나님의 책에 다 기록해 놓으셨습니다. 시편 139편 16절은 "내 형질이 이루어지기 전에 주의 눈이 보셨으며 나를 위하여 정한 날이 하루도 되기 전에 주의 책에 다 기록이 되었나이다" 라고 말씀합니다. 우리가 태어나서 하루가 되기 전에 이미 우리 일생이 하나님의 책에 기록된 것입니다. 그러므로 우리는 하나님께 모든 것을 맡겨야 합니다. "주여, 살든지 죽든지, 흥하든지 망하든지, 성하든지 쇠하든지 주님 뜻대로 따라 살겠습니다. 주님만 순종하고 믿고 따르겠습니다. 나를 책임져 주시옵소서." 하고 나의 일생을 하나님께 맡기면, 목자이신 하나님께서 나의 일생을 이끌어 주시는 것입니다.

동방박사들이 따라온 별은 하나님께서 특별히 준비하신 별일 것입니다. 이들은 예물을 준비하여 동방에서 출발하여 예루살렘까지 왔습니다. 삼사 개월을 걸어 예루살렘에 도착한 동방박사들은 사람들에게 예수님께서 나신 곳을 물었습니다.

"유대인의 왕으로 나신 이가 어디 계시냐 우리가 동방에서 그의 별을 보고 그에게 경배하러 왔노라"(2절).

동방박사들의 이 말로 인하여 예루살렘에서는 큰 소동이 일어났습니다. 누구보다도 가장 놀란 사람은 헤롯 왕이었습니다. 당시 유대는 로마의 식민지로 로마에서 임명한 분봉 왕의 통치를 받았습니다. 헤롯 왕은 로마에서 임명한 유대의 분봉 왕이었습니다. 그런데 헤롯이 들어 보니 동방박사들의 말이 사실이면 태어난 유대인의 왕이 이스라엘을 회복할 것이요, 자신은 분봉 왕의 지위를 잃어버릴 것이 뻔했습니다. 그의 마음은 왕권이 흔들릴지도 모른다는 위기감으로 조급했습니다. 왕위를 지키기 위해서는 한시라도 빨리 유대인의 왕으로 태어난 아기를 찾아 죽여야 했습니다. 헤롯 왕은 대제사장들과 서기관들을 모아 놓고 "메시아가 어디에서 태어난다고 예언되었느냐?" 고 물었습니다. 이에 대제사장들과 서기관들이 미가 5장 2절의 "베들레헴 에브라다야 너는 유다 족속 중에 작을지라도 이스라엘을 다스릴 자가 네게서 내게로 나올 것이라 그의 근본은 상고에, 영원에 있느니라" 는 말씀을 인용해서 '베들레헴' 이라고 대답했습니다. 이 말을 들은 헤롯은 즉시 동방박사들에게 "베들레헴에 가서 그 아기를 찾거든 내게 고하라. 나도 가서 경배하리라." 고 말하였습니다. 본심을 숨기고 거짓말을 한 것입니다.

대개 왕이나 정치가들은 거짓말을 잘합니다. 어떤 면에서 볼 때 '능력 있는 정치가' 라는 말을 뒤집어 보면 '거짓말을 잘하는 사람' 이라고 해도 틀리지 않은 것 같습니다.

사람이 거짓말을 전혀 하지 않고 산다는 것은 거짓입니다. 사람들은 대개 이런저런 이유로 거짓말을 합니다. 가정에서도 자녀들을 교육하기 위해 하얀 거짓말을 할 때가 종종 있습니다. 하얀 거짓말은 선한 의도에서 나온 거짓말입니다. 어머니가 아이들이 잘못할 때 "너 이렇게 하는 것

아버지가 다 알고 계셔. 너 혼날 줄 알아."라고 말하면, 아이들이 금방 돌이키지 않습니까? 어머니보다는 아버지가 엄하기 때문에 아버지가 혼내신다고 하면 아이들이 겁을 집어먹고 돌이킵니다. 사실은 아버지가 전혀 모르는데도 아이들 잘 되라고 거짓말로 겁을 주는 것입니다. 하얀 거짓말입니다.

나는 목사임에도 불구하고 하얀 거짓말을 할 때가 많습니다. 대개 성도들 간에, 목사님들 간에, 장로님들 간에 마찰이 발생할 때 하얀 거짓말을 합니다. 내 편에서 보면 사랑하는 제자들이요, 성도들이기 때문에 어느 누구의 편도 들 수가 없습니다. 양편에 다 좋게 말해서 서로 감정을 풀고 화해하게 만듭니다.

"그 사람이 목사님 찾아왔지요? 와서 나를 욕하죠?"라고 물으면, 전혀 아닌 것처럼 "찾아오긴 했는데, 아주 좋게 말하던데요."라고 대답해 줍니다.

"그럴 리가 있나요?"

"정말입니다. 당신에 대해서 아주 좋게 말하더라고요."

사실은 나쁘게 말했지만 좋게 말했다고 하얀 거짓말을 합니다. 그러면 찾아온 사람의 표정이 싹 달라집니다.

"정말입니까? 그 사람이 그럴 리가 없는데……."

"진짜 그랬다니까요!"

진짜라는 말도 거짓말입니다. 그러나 그렇게 하면 화해가 됩니다. 만일 내가 참말을 하는 것이 옳다고 그대로 말하면 어떻게 되겠습니까? 불붙은 데 기름을 끼얹는 격입니다.

성경에도 하얀 거짓말을 해서 축복받은 사람이 있습니다. 기생 라합을 보십시오. 기생 라합은 이스라엘의 두 정탐꾼을 지붕 위에 벌여 놓은 삼대 속에 숨겼습니다. 여리고의 군사들이 와서 이스라엘의 정탐꾼이 오지 않았느냐고 묻자, 그녀는 "예, 오기는 왔습니다. 그러나 성문을 닫기 전에 성 밖으로 나갔습니다."라고 거짓말을 해서 군사들을 밖으로 내보냈습니다. 그리고 해가 지기까지 기다렸다가 두 정탐꾼을 성 밖으로 안전하게 도피시켰습니다. 그녀는 하얀 거짓말로 두 정탐꾼의 목숨을 구해 주었기 때문에, 나중에 믿음의 조상의 반열에까지 들어갈 수 있었던 것입니다. 만일 라합이 여리고 군사들에게 "예, 여기 숨어 있어요."라고 했더라면 그녀는 물론이고 가족까지 모두 다 멸망받고 말았을 것입니다. 인생을 살다 보면 이처럼 하얀 거짓말은 해야 할 때도 있는 것입니다.

반대로 빨간 거짓말이 있습니다. 빨간 거짓말은 남을 해치기 위해서 하는 거짓말입니다. 빨간 거짓말은 하나님 앞에 큰 범죄입니다. 성경의 헤롯 왕이 동방박사들에게 한 거짓말이 바로 빨간 거짓말입니다. 그는 "베들레헴에 가서 자세히 살펴보고 왕이 난 것을 발견하거든 내게 고하라. 나도 가서 경배하리라."고 말했습니다. 실은 경배가 아니라 찾아서 죽이려고 했던 것입니다. 이런 거짓말이 빨간 거짓말입니다.

동방박사들은 헤롯의 거짓말이 빨간 거짓말인 줄도 모르고 그의 제안을 수락하고 별의 인도를 따라갔습니다. 그런데 갑자기 별이 베들레헴의 한 집 위에 멈추더니 더 환하게 비추었습니다. 그곳은 아기 예수님이 계신 곳이었습니다.

여러분, 동방박사들의 열심을 보십시오. 그들이 별을 따라오기 위해서는 낮에는 잠을 자고 날이 저물면 밤하늘의 별을 보며 걸어야 했습니다. 올빼미처럼 낮과 밤을 바꾸어 살면서 무려 석 달이 넘는 기간을 별을 따라와서 결국 예수 그리스도를 만나게 된 것입니다. 동방박사들이 별의 인도를 받았다면, 현재 우리는 우리 속에 와 계신 성령님의 인도를 받습니다. 우리가 성령님을 인정하고 환영하고 모셔 들이고 의지하고 성령님께 내어 맡기면, 성령님이 우리를 인도해 주시는 것입니다.

구약의 출애굽 당시 하나님은 이스라엘 백성을 구름 기둥과 불기둥으로 인도하셨습니다. 동방박사들은 별로 인도하셨습니다. 현재는 성령님이 우리를 인도하십니다. 이와 같이 시대와 사람에 따라서 하나님이 인도하시는 방법이 달라집니다.

그렇다면 우리가 성령님의 인도를 받기 위해서는 어떻게 해야 할까요? 무엇보다 기도를 많이 해야 합니다. 성령님의 인도를 받기 위하여 부르짖어 기도하면, 성령님께서 우리 마음속에 생각의 구름 기둥과 불기둥을 띄워 주십니다. 우리 마음속에 구름 기둥처럼 피어오르고 불기둥처럼 피어오르는 생각을 통해서 우리를 인도해 주십니다. 하나님의 생각을 받아들이기 위해 회개하고 깨어져서 부르짖으면 우리 마음속에 생각의 구름 기둥과 불 기둥을 세워 주시는 것입니다.

동방박사들은 석 달이 넘는 기간을 밤낮을 바꿔 가며 열심히 별을 따라온 결과 예수님을 만나게 되었습니다. 그 기쁨이 얼마나 큰지 말로 다 할 수가 없습니다. 성령의 인도로 일이 이루어지면 우리 마음에 큰 기쁨이 다가오는 것과 같습니다.

9–12절 박사들이 왕의 말을 듣고 갈새 동방에서 보던 그 별이 문득 앞서 인도하여 가다가 아기 있는 곳 위에 머물러 서 있는지라 그들이 별을 보고 매우 크게 기뻐하고 기뻐하더라 집에 들어가 아

> 기와 그의 어머니 마리아가 함께 있는 것을 보고 엎드려 아기께 경배하고 보배합을 열어 황금과 유향과 몰약을 예물로 드리니라 그들은 꿈에 헤롯에게로 돌아가지 말라 지시하심을 받아 다른 길로 고국에 돌아가니라

하나님의 인도하심을 받으면 기쁨이 넘치게 됩니다. 영으로 인도함을 받는 자들은 곧 하나님의 자녀라고 했으니 내가 구원받은 확신이 확고하게 서고 기쁨이 오는 것입니다. 동방박사들도 별을 통해 하나님의 인도를 받은 것을 알고 크게 기뻐하고 기뻐했습니다.

동방박사들은 기쁜 마음으로 그 집에 들어갔습니다. 그곳에는 아기 예수님과 마리아가 있었습니다. 동방박사들은 그 자리에 엎드려서 아기 예수님께 경배하고 보배합을 열어 황금과 유향과 몰약을 예물로 드렸습니다. 이 예물들은 각기 매우 상징적이고 예언적인 의미를 지니고 있습니다.

먼저 황금은 모든 금속 중 최고로, 왕의 황금의(衣)와 왕관을 만드는데 사용된다고 해서 왕권을 의미합니다. 예수님이 만왕의 왕이요, 만주의 주라는 것을 의미하는 것입니다. 두 번째로 유향은 치료제입니다. 예레미야 8장 22절에 "길르앗에는 유향이 있지 아니한가 그곳에는 의사가 있지 아니한가 딸 내 백성이 치료를 받지 못함은 어찌 됨인고" 라고 기록되어 있습니다. 옛날에는 병들었을 때 유향을 발라 치료했습니다. 그러므로 유향은 예수님이 치료자라는 것을 의미합니다. 세 번째로 몰약은 시체가 썩는 것을 방지하기 위해 바르는 방부제로서, 예수님이 죽었다가 부활하실 것을 상징합니다. 이 세 가지 예물은 예수님이 만왕의 왕으

로 오셔서 인간의 육체의 질병뿐만 아니라 영혼과 마음을 치료하시고 죽으셨다가 부활하실 것을 상징하고 예언한 것입니다.

이 외에도 하나님께서 동방박사들을 보내서 예물을 드리게 하신 데에는 또 다른 이유가 있습니다. 그들이 가져온 황금과 유향과 몰약은 하나같이 아주 값비싼 물건들입니다. 조금 있으면 왕권의 위협을 느낀 헤롯이 유아 학살 명령을 내릴 것을 미리 아시고 예수님 일가가 애굽 땅으로 피신하여 생활할 비용을 주신 것입니다. 요셉은 애굽으로 피신한 이후 이 예물들을 팔아 어려움 없이 살 수 있었습니다. 우리 하나님은 때에 따라 모든 것을 다 예비해 주시는 좋으신 하나님이십니다.

또한 하나님은 우리에게 꿈으로 계시를 주십니다. 대개 사람들은 평소에 생각이 많습니다. 여러 가지 생각으로 마음이 복잡하게 흐트러져 있기 때문에 쉽게 하나님의 음성을 들을 수가 없습니다. 그러나 잘 때에는 마음이 쉬기 때문에 하나님께서 쉽게 말씀하실 수가 있습니다.

하나님께서는 꿈을 통하여 요셉에게 예수님의 탄생을 계시하셨고, 꿈을 통하여 동방박사들에게 헤롯에게 돌아가지 말 것을 계시하셨습니다. 동방박사들은 별을 보고 운명을 점치는 사람들이었기 때문에 초월적인 힘의 존재를 인정했습니다. 그래서 꿈에 계시를 받은 대로 헤롯을 만나지 않고 다른 길로 귀국했습니다. 하나님의 지시에 즉각적으로 순종했던 것입니다.

2. 애굽 피난(2:13-18)

13. 그들이 떠난 후에 주의 사자가 요셉에게 현몽하여 이르되 헤롯이
아기를 찾아 죽이려 하니 일어나 아기와 그의 어머니를 데리고 애굽
으로 피하여 내가 네게 이르기까지 거기 있으라 하시니 14. 요셉이
일어나서 밤에 아기와 그의 어머니를 데리고 애굽으로 떠나가 15. 헤
롯이 죽기까지 거기 있었으니 이는 주께서 선지자를 통하여 말씀하
신 바 애굽으로부터 내 아들을 불렀다 함을 이루려 하심이라 16. 이
에 헤롯이 박사들에게 속은 줄 알고 심히 노하여 사람을 보내어 베들
레헴과 그 모든 지경 안에 있는 사내아이를 박사들에게 자세히 알아
본 그때를 기준하여 두 살부터 그 아래로 다 죽이니 17. 이에 선지자
예레미야를 통하여 말씀하신바 18. 라마에서 슬퍼하며 크게 통곡하
는 소리가 들리니 라헬이 그 자식을 위하여 애곡하는 것이라 그가 자
식이 없으므로 위로받기를 거절하였도다 함이 이루어졌느니라

13절 그들이 떠난 후에 주의 사자가 요셉에게 현몽하여 이르되 헤롯이 아기를 찾아 죽이려 하니 일어나 아기와 그의 어머니를 데리고 애굽으로 피하여 내게 네가 이르기까지 거기 있으라 하시니

동방박사들이 떠나간 후에 요셉의 꿈에 주의 사자가 다시 한 번 나타나 하나님의 뜻을 계시하였습니다. 하나님께서는 요셉에게 "헤롯이 아기를 찾아 죽이려 하니 일어나 아기와 그의 어머니를 데리고 애굽으로

피하 내가 네게 이르기까지 거기 있으라" 고 지시하셨습니다.

여러분, 우리가 평상시에 꾸는 꿈은 자고 일어나면 금방 잊혀집니다. 그러나 하나님께서 주시는 꿈은 정확하고 분명하여 깨어나서도 잊혀지지 않습니다. 하나님의 분명한 메시지가 담긴 꿈은 세월이 아무리 흘러가도 잊혀지지 않는 것입니다.

꿈에서 깨어나자마자 요셉은 급히 서둘러 그 밤에 아내와 아기를 데리고 애굽으로 떠났습니다.

나는 가끔 이런 생각을 합니다.

'왜 하나님은 헤롯이 많은 아이들을 죽이도록 내버려 두셨을까? 전지전능, 무소부재하신 하나님께서 헤롯이 아기를 죽이지 못하도록 그를 심판하셨으면 좋겠는데, 왜 헤롯을 가만두고 오히려 예수님을 피난시키셨는가?'

그러나 하나님이 원해서 그렇게 하셨는데 우리가 무슨 말을 하겠습니까? 절대 주권자가 그렇게 하시기로 작정을 하셨는데, 우리가 "왜 이랬습니까? 왜 저랬습니까?" 하고 감히 질문할 수 없지요. 하나님은 절대 주권자이시기 때문에 당신이 가장 선하다고 생각하시는 대로 결정해서 집행하십니다. 그러므로 우리는 하나님의 뜻대로만 따라갈 따름입니다. 하나님의 뜻을 따라가는 것이 우리에게 최선의 길인 것입니다.

14-15절 요셉이 일어나서 밤에 아기와 그의 어머니를 데리고 애굽으로 떠나가 헤롯이 죽기까지 거기 있었으니 이는 주께서 선지자를 통하여 말씀하신 바 애굽으로부터 내 아들을 불렀다 함을 이루려 하심이라

무사히 애굽 땅에 이른 요셉은 동방박사들이 가져왔던 예물들을 팔아서 집을 얻고 가족들을 돌보며 헤롯이 죽기까지 애굽에서 넉넉한 생활을 할 수 있었습니다.

이처럼 예수님 일가가 애굽에서 한동안 살았던 표면적 이유는 헤롯의 유아 살해 명령으로부터 아기 예수님의 목숨을 지키기 위한 것이었습니다. 그러나 또 다른 측면에서 볼 때 이 일은 구약의 예언을 이루는 하나의 과정입니다. 일찍이 호세아 선지자는 "이스라엘이 어렸을 때에 내가 사랑하여 내 아들을 애굽에서 불러냈거늘"(호 11:1)이라고 예언하였습니다. 여기서 '내 아들을 애굽에서 불러냈다'는 말은 이중적인 의미를 가지고 있습니다. 이 말은 하나님께서 애굽에서 430년 동안 종살이하던 이스라엘 백성을 불러내신 출애굽 사건을 가리키는 것으로 볼 수도 있지만, 또 한편으로는 하나님의 아들 예수 그리스도께서 애굽으로 내려가셨다가 하나님의 부르심을 받고 나사렛 땅으로 올라오실 것을 예언한 것입니다. 이처럼 한 예언이 여러 사건을 내포하는 경우가 있습니다.

마태가 이 예언을 인용한 것은 유대인들에게 복음 전파를 하고자 이 복음서를 기록하였기 때문입니다.

16-18절 이에 헤롯이 박사들에게 속은 줄 알고 심히 노하여 사람을 보내어 베들레헴과 그 모든 지경 안에 있는 사내아이를 박사들에게 자세히 알아본 그때를 기준하여 두 살부터 그 아래로 다 죽이니 이에 선지자 예레미야를 통하여 말씀하신바 라마에서 슬퍼하며 크게 통곡하는 소리가 들리니 라헬이 그 자식을 위하여 애곡하는 것이라 그가 자식이 없으므로 위로받기를 거절하

였도다 함이 이루어졌느니라

헤롯은 동방박사들을 베들레헴으로 보낸 후 그들을 기다렸으나 오지 않자 비로소 자신이 속은 것을 알게 되었습니다. 분노한 헤롯은 군사들을 베들레헴과 그 인근에 보내어 두 살 이하의 사내아이들을 무자비하게 학살하였습니다.

이 비극적인 사건으로 또 하나의 예언이 성취되었습니다. 일찍이 예레미야 선지자를 통하여 "라마에서 슬퍼하며 통곡하는 소리가 들리니 라헬이 그 자식 때문에 애곡하는 것이라 그가 자식이 없어져서 위로받기를 거절하는도다"(렘 31:15)라고 하신 예언의 말씀이 성취된 것입니다. '라마'는 베들레헴 부근에 위치한 베냐민 지파의 성읍으로, 그곳에는 베냐민을 낳으면서 죽은 야곱의 아내 라헬의 무덤이 있습니다. 라헬은 해산하면서 아들의 이름을 '베노니', 곧 슬픔의 아들이라고 불렀는데, 살해당한 아이들의 어머니의 슬픔을 '라헬의 애곡하는 소리'라고 표현하고 있는 것입니다.

어떤 학자들은 베들레헴 주민들이 슬픔을 당한 이유는 그들이 하나님의 아들의 탄생 소식을 기이하게 여길 뿐 기쁨으로 환영하지 않았기 때문이라고 봅니다. 어찌 됐든 우리는 하나님께서 이 일을 허락하신 것을 불의라고 말할 수 없습니다.

하나님께서 범죄한 사람들을 멸하시는 것이 쉽게 이해되지 않을 때도 있습니다. 그러나 이스라엘 백성이 애굽에서 나와 가나안 땅으로 들어갈 때를 보십시오. 가나안 일곱 족속을 남녀노소 할 것 없이 다 잡아 죽이도록 하시지 않았습니까? 하나님께서 이스라엘에게 아말렉을 쳐서 진멸하되 어린아이까지 다 죽이라고 하셨기 때문입니다. 우리 하나님은 한없는 사랑과 자비의 하나님이시지만, 한없이 무서운 하나님이시기도 합니다. 그러므로 우리가 하나님의 부르심과 택하심을 입고 지극한 사랑을 받는다는 것을 생각할 때 감사하고, 또 감사하고, 무한히 감사해야 하는 것입니다.

하나님께서는 요셉과 마리아로 하여금 아기 예수님을 데리고 애굽으로 피신하게 하심으로 택하신 자들을 구원해 주셨습니다. 이처럼 하나님께서는 믿고 순종하는 사람에게 사랑과 자비를 베푸십니다. 하지만 불순종하고 거역하는 사람에게까지 끝없는 사랑을 베푸시지는 않습니다. 그렇기 때문에 하나님께서는 심판 날 예수님을 믿는 사람은 영원한 영광에 들여보내시지만 예수님을 믿지 않는 사람은 불과 유황으로 타는 못에 던지시는 것입니다. 어떤 사람들은 "하나님은 자비와 사랑의 하나님이시기 때문에 나중에는 지옥도 없애 버리고 지옥에 있는 사람들까지 다 구출해 내실 것이다."라고 말합니다. 그러나 그것은 인간의 생각이고, 하나님은 그렇게 말씀하시지 않았습니다. 하나님은 믿는 자는 영생에, 믿지 않는 자는 영벌에 들여보내십니다(25:46). 하나님은 절대 주권자이시기 때문에 하나님께서 주권으로 행하시는 일에 대해 우리가 왈가왈부할 수 없습니다. 믿고 순종하는 길만이 우리가 사는 길입니다.

3. 나사렛으로의 귀환(2:19-23)

19. 헤롯이 죽은 후에 주의 사자가 애굽에서 요셉에게 현몽하여 이르
되 20. 일어나 아기와 그의 어머니를 데리고 이스라엘 땅으로 가라
아기의 목숨을 찾던 자들이 죽었느니라 하시니 21. 요셉이 일어나
아기와 그의 어머니를 데리고 이스라엘 땅으로 들어가니라 22. 그러
나 아켈라오가 그의 아버지 헤롯을 이어 유대의 임금 됨을 듣고 거기
로 가기를 무서워하더니 꿈에 지시하심을 받아 갈릴리 지방으로 떠
나가 23. 나사렛이란 동네에 가서 사니 이는 선지자로 하신 말씀에
나사렛 사람이라 칭하리라 하심을 이루려 함이러라

19-23절 헤롯이 죽은 후에 주의 사자가 애굽에서 요셉에게 현몽하여 이르되 일어나 아기와 그의 어머니를 데리고 이스라엘 땅으로 가라 아기의 목숨을 찾던 자들이 죽었느니라 하시니 요셉이 일어나 아기와 그의 어머니를 데리고 이스라엘 땅으로 들어가니라 그러나 아켈라오가 그의 아버지 헤롯을 이어 유대의 임금 됨을 듣고 거기로 가기를 무서워하더니 꿈에 지시하심을 받아 갈릴리 지방으로 떠나가 나사렛이란 동네에 가서 사니 이는 선지자로 하신 말씀에 나사렛 사람이라 칭하리라 하심을 이루려 함이러라

어느 날 요셉의 꿈에 하나님의 사자가 나타나서 말하였습니다.

"일어나 아기와 그의 어머니를 데리고 이스라엘 땅으로 가라 아기의 목숨을 찾던 자들이 죽었느니라"(20절).

이 말을 들은 요셉은 즉시 순종하여 가족을 이끌고 이스라엘 땅으로 떠났습니다. 그러나 아직은 안심할 수 있는 때가 아니었습니다. 왜냐하면 예수님을 죽이려던 헤롯은 죽었지만 그의 아들인 아켈라오가 왕이 되었기 때문입니다. 요셉은 유다의 새로운 분봉 왕이 된 아켈라오가 아버지의 뒤를 이어 악한 일을 할지 몰라 두려웠습니다. 그러자 하나님께서 또다시 꿈을 통해 "갈릴리로 가라."고 지시해 주셨습니다. 이에 요셉은 가족들과 함께 갈릴리 지방의 나사렛이라는 작은 동네로 가서 정착했습니다. 이것이 바로 하나님이 우리를 인도하시는 방법입니다.

여러분, 주님은 우리의 앞날을 인도하기를 원하십니다. 성경은 "무릇 하나님의 영으로 인도함을 받는 사람은 곧 하나님의 아들이라"(롬 8:14)고 말씀하고 있습니다. 우리가 하나님의 아들이 되면 주께서 하나님의 성령으로 우리를 인도하시는 것입니다. 우리가 하나님의 뜻을 받고 그 인도하심을 간절히 바라고 믿고 기도하면 주님께서 모든 일에 우리를 인도하여 주실 것입니다. 본문을 보십시오. 요셉과 마리아가 예수님을 품에 품고 있으므로 하나님께서 그들을 애굽으로 내려가도록 인도하시고 이제는 또 이스라엘 땅으로 들어가도록 인도하시지 않습니까? 여러분도 예수님을 품고 있으면 주님이 인도해 주십니다. 그리스도의 영광을 위해서 하나님이 인도해 주시는 것입니다.

하나님의 성령께서 인도하시면 두려울 것이 없습니다. 그래서 요셉과 마리아는 안심하고 이스라엘 땅으로 돌아올 수 있었습니다. 그때는 오늘날처럼 라디오나 텔레비전이나 신문이 있던 때가 아니었으므로 헤롯이 죽었는지 살았는지 알 길이 없었습니다. 그러나 꿈에 천사가 나타나서 정보를 제공해 주었기 때문에 안심하고 돌아올 수 있었던 것입니다. 이와 같이 하나님께서는 우리가 알지 못하는 정보를 모두 알고 계십니다. 그렇기 때문에 우리가 기도하면 하나님께서 우리에게 정보를 주시고 우리를 인도해 주십니다.

요셉이 새로운 분봉 왕 아켈라오가 헤롯처럼 악한 일을 할지 몰라서 유대로 돌아가기를 두려워할 때 하나님이 어떻게 하셨습니까? 하나님께서 그의 꿈을 통해 "유대 땅으로 가지 말고 갈릴리로 가라." 고 지시하여 인도해 주셨습니다. 얼마나 자상하시고 세심하신 하나님이십니까? 하나님께서는 우리의 일어서고 앉는 것과 우리의 머리털까지 세시는 분이시므로 우리는 하나님을 전적으로 의지해야 합니다. 성경은 이에 대하여 "네 길을 야훼께 맡기라 그를 의지하면 그가 이루시고 네 의를 빛같이 나타내시며 네 공의를 정오의 빛같이 하시리로다"(시 37:5-6)라고 말씀하고 있으며, 또 "너는 범사에 그를 인정하라 그리하면 네 길을 지도하시리라"(잠 3:6) 고 가르치고 있습니다.

하나님의 인도하심으로 요셉과 마리아는 예수님을 데리고 갈릴리 나사렛으로 와서 살았습니다. 이로 인해 예수님은 '나사렛 사람' 으로 불리셨는데, 나사렛 사람은 나실인을 의미합니다. 나실인은 머리에 삭도를 대지 않고, 포도주와 독주를 마시지 않고, 시체를 멀리하여 부정하게 되지 않도록 하며 온전히 주님께 헌신한 사람입니다. 예수님은 일생을 온전히 하나님께 바친 나실인으로 사셨습니다.

제 3장

침례를 받으신 예수님

A COMMENTARY
ON THE GOSPEL OF
MATTHEW I

회개는 후회가 아니라 죄에서 돌이켜 근본적으로 마음과 생각과 행동이 변화되는 것입니다. 이러한 회개의 열매를 맺는 사람만이 하늘나라에 들어갈 수 있습니다. "회개하라, 천국이 가까이 왔느니라!"고 선포하면서 출현한 요한은 주님의 길을 준비하는 선발대로서 예수님보다 6개월 먼저 와서 회개의 물 침례를 베풀어 사람들로 하여금 예수님의 복음을 받아들일 수 있도록 준비시켰습니다.

예수님께서도 요한에게서 물 침례를 받으셨습니다. 그런데 예수님이 요한에게 침례를 받고 물에서 올라오실 때 하늘이 열리고, 그 위에 성령이 비둘기같이 내려 임하고, 하늘에서 “이는 내 사랑하는 아들이요, 내 기뻐하는 자라.”는 하나님의 음성이 들려 왔습니다. 물침례와 동시에 성령 침례가 이루어졌고, 삼위 하나님께서 동시에 현현(顯現)하시는 거룩한 사건이 일어난 것입니다. 이처럼 성부와 성자와 성령 하나님, 즉 삼위일체의 하나님은 각각 다른 인격이면서 절대로 분리되지 않는 한 분 하나님이십니다.

1. 침례 요한의 출현(3:1-4)

1. 그때에 침례 요한이 이르러 유대 광야에서 전파하여 말하되 2. 회개하라 천국이 가까이 왔느니라 하였으니 3. 그는 선지자 이사야를 통하여 말씀하신 자라 일렀으되 광야에 외치는 자의 소리가 있어 이르되 너희는 주의 길을 준비하라 그가 오실 길을 곧게 하라 하였느니라 4. 이 요한은 낙타털 옷을 입고 허리에 가죽 띠를 띠고 음식은 메뚜기와 석청이었더라

1절 그때에 침례 요한이 이르러 유대 광야에서 전파하여 말하되

침례 요한은 예수님보다 여섯 달 먼저 제사장 사가랴와 그 아내 엘리사벳 사이에서 태어났습니다. 사가랴 부부는 슬하에 자식이 하나도 없었습니다. 그런데 너무 늙어서 도저히 자식 낳기를 바랄 수도 없는 노부부에게 마치 아브라함과 사라에게 그러셨듯이 하나님께서 자식을 주셨습

니다. 그리하여 침례 요한은 기적으로 잉태되어서 예수님보다 여섯 달 먼저 세상에 태어난 것입니다(눅 1:26). 침례 요한은 잉태되기 전부터 평생 나실인으로 택함받았으며(눅 1:15-17), 하나님의 아들 예수 그리스도보다 먼저 와서 주님의 길을 예비하는 사명을 받았습니다. 즉, 사람들로 하여금 죄를 회개하고 예수님의 복음을 받아들일 준비를 시키는 선발대의 사명을 받은 것입니다.

오늘날에도 그리스도의 복음을 전도할 때 선발대가 먼저 준비 작업을 하고 잘 정비해 놓으면 효과적으로 전도할 수 있습니다. 내가 부흥회에 가 보아도 그렇습니다. 내가 가기 전에 우리 교회의 선교회 임원들이 먼저 가서 성회 장소로부터 시작해서 성회 준비 상황을 모두 살펴보고 잘 정비해 놓으면 내가 들어가서 복음을 전하기가 아주 쉽습니다. 그러나 선발대가 잘 준비해 놓지 않으면 여러 가지 어려움을 겪게 됩니다. 호텔 예약이 되지 않아서 숙소를 구하느라고 우왕좌왕하게 되고, 성회 장소도 잘 준비되어 있지 않고 광고도 잘못되어 당황하게 됩니다. 이처럼 준비가 안 된 상황에서 복음을 전하려면 무척 힘이 듭니다. 이러므로 준비하는 사람이 따로 있고 본격적으로 사역하는 사람이 따로 있어야 하는 것입니다.

하나님께서는 예수님의 선발대인 침례 요한에게 성령을 부어 주셔서 유대 광야에서 회개와 천국의 메시지를 선포하고 요단 강에서 회개의 침례를 줌으로써 사람들이 회개하고 마음을 가다듬어 그리스도의 복음을 들을 수 있도록 준비시키셨습니다.

2-3절 회개하라 천국이 가까이 왔느니라 하였으니 그는 선지자 이

사야를 통하여 말씀하신 자라 일렀으되 광야에 외치는 자의 소리가 있어 이르되 너희는 주의 길을 준비하라 그가 오실 길을 곧게 하라 하였느니라

우리가 사는 나라는 천국이 아닙니다. 세상 나라에서 살고 있습니다. 아담과 하와가 타락하고 난 다음에 마귀가 이 세상의 임금이 되었습니다. 세상 임금 마귀는 더러운 귀신, 악한 귀신, 거짓말하는 귀신, 점치는 귀신, 연약하게 하는 귀신, 병들게 하는 귀신 등 각종 귀신들을 거느리고 이 세상을 하나님 모르는 세상, 예수님 없는 세상으로 만들어 놓았습니다. 그래서 정치하는 사람들도 그 마음속에 예수님을 모시지 않고서 정치를 하고, 사업하는 사람들도 그 마음속에 예수님을 모시지 않고 사업을 합니다.

이 세상 대다수의 사람들이 예수님 없이 살아가고 있습니다. 그들의 관심 속에서 예수님을 완전히 내쫓고 육신의 정욕과 안목의 정욕과 이생의 자랑만 따라서 삽니다. 그러다가 급기야 죽음이 다가오면 취생몽사(醉生夢死)로, 취해서 살다가 꿈같이 죽어 영원한 지옥에 떨어져 버리고 마는 것입니다. 떨어지고 보니 지옥입니다. 그제야 '인간은 잠시 살다가 죽는 것이 아니라 영원히 사는 존재로구나!' 라고 깨닫는 것입니다. 마귀가 얼마나 철저히 이 세계를 붙잡았던지, 사람들은 이 세상 관심사에서 예수님을 내쫓아 버렸습니다. 이 세상의 정치, 경제, 교육, 문화, 군사, 산업, 모든 면에서 예수님에게 관심을 두지 않습니다. 예수님은 바로 이 땅의 주인이십니다. 예수님은 이 세계를 하나님의 뜻을 따라 다 만드신 분이시며, 이 세상의 주권자이십니다. 그런데 마귀가 철저하게 예수님을 차

단해 버린 것입니다.

마귀가 임금 노릇을 하는 이 세상은 천국이 아니라 완전히 세속입니다. 그래서 죄와 미움과 질병과 고통과 저주와 죽음과 절망으로 꽉 들어차 있고, 단 하루도 평안할 날이 없습니다. 서로 물고 찢고, 서로 흑색선전을 하여 사람들을 미혹에 빠뜨립니다. 어디를 가나 사람들이 병들어 고통을 당하고 죽어 갑니다. 또한 경제 사정이 어려워서 가난하고 헐벗고 굶주립니다. 그리고 종국적으로는 소리 없이 다 죽어 가는 것입니다.

최근에 내 친구였던 CGI 보드 멤버 힐튼 에드워드 목사님이 소천하셨습니다. 그분은 자기가 나보다 하루 먼저 태어났으니 형님이라고 부르라고 하던 분이었는데 폐암으로 세상을 떠났습니다. 사람이 한 번 나서 죽는 것은 정한 이치요, 죽고 난 다음에는 심판이 반드시 있습니다. 그런데 예수님이 이 세상에 오신 것은 우리에게 새로운 종교나 율법이나 제도를 주기 위해서가 아닙니다. 예수님은 우리의 영계와 정신계를 다스리시는 왕으로서 주님의 나라를 세우기 위해서 오셨지 일시적으로 종교를 창설하기 위해서 오신 것이 아닙니다. 기독교 복음은 하늘나라를 세우는 복음입니다. 그렇기 때문에 침례 요한이 "회개하라, 천국이 가까이 왔느니라!"고 선포한 것입니다.

어떤 나라든지 그 나라를 통치하는 왕이나 대통령이나 수상이 있지 않습니까? 하늘나라는 주님이 만왕의 왕, 만주의 주로서 왕권을 가지고 통치하시는 나라입니다. 예수님이 왕으로 계시고, 성령님이 보혜사로서 우리를 감화 감동시키시고, 천군 천사가 우리를 지키고 보호하는 군대로서 우리의 영계와 정신계를 점령하는 것입니다. 그러므로 우리 예수 믿는 사람은 종교를 믿는 것이 아니라, 주 예수 그리스도의 왕국인 천국에 들어온 것입니다. 하나님께서 우리를 흑암의 권세에서 건져 내어 그의 사랑의 아들의 나라로 옮기심으로 말미암아 우리는 하늘나라에 들어온 것입니다(골 1:13). 그러므로 우리는 육적으로는 대한민국이라는 나라에 속해 있지만, 영적으로는 하늘나라에 속해 있습니다. 성경은 하늘나라에 대하여 이와 같이 말씀하고 있습니다. "바리새인들이 하나님의 나라가 어느 때에 임하나이까 묻거늘 예수께서 대답하여 이르시되 하나님의 나라는 볼 수 있게 임하는 것이 아니요 또 여기 있다 저기 있다고도 못하리니 하나님의 나라는 너희 안에 있느니라"(눅 17:20-21). 하늘나라는 영적으로 우리 가운데 이미 임하여 있습니다. 예수님이 우리 속에 들어와 계시니 천국이 우리 속에 들어와 있는 것입니다. 할렐루야!

예수님은 나라를 세우시고 임금이 되시기 위해서 마귀에게 팔린 인생들을 하나님 앞에서 값 주고 사셨습니다. 그러기 위해서 십자가를 걸머지신 것입니다. 예수님은 십자가에 못 박혀 몸 찢기고 피 흘림으로써 하나님 앞에서 인간의 죗값을 갚으시고 하나님께 버림받은 인생들을 사셨습니다. 예수님이 피를 흘려 마귀에게서 우리를 사신 것이 아닙니다. 마귀는 하나님처럼 강하지 않습니다. 절대로 우리를 마귀에게서 값 주고 사신 것이 아닙니다. 사람이 타락하여 하나님 아버지에게 쫓겨나니까 마귀가 점령한 것입니다. 우리가 구원받는 것도 마찬가지입니다. 하나님 아버지께 범죄하여 쫓겨났으므로 하나님 아버지 앞에 죄 사함을 받음으로 말미암아 자동적으로 하나님 아버지께로 돌아가는 것입니다. 절대로 이원론적으로 생각하면 안 됩니다. 따라서 마귀는 아무것도 아닙니다. 우리 인간이 하나님께 죄를 지어 쫓겨나니까 먼저 타락한 마귀가 '얼씨구 좋다!' 하고 점령해 버린 것입니다. 세상 표현대로 하면 우리가 병신

뒤따라간 것입니다. 하나님의 보좌를 찬탈하다 쫓겨난 천사장을 뒤따라 간 것입니다. 그런 존재가 어찌 감히 하나님과 동등하게 되어서 예수님의 보혈을 대가로 받고 우리를 내준다는 것입니까? 그런 장사 흥정이 아닙니다. 예수님은 핏값을 주고 하나님에게서 우리를 사 주신 것입니다.

예수님은 자기의 백성을 불러내기 위하여 십자가에 못 박히셨습니다. 예수님은 우리가 하나님께 지은 죄를 용서하시기 위해 우리의 '속죄 제물' 이 되셨습니다. 우리가 다른 사람들에게 지은 죄를 용서하시기 위해 우리의 '속건 제물' 이 되셨습니다. 우리의 마음으로 지은 죄와 연약함을 용서하시기 위해 '번제물' 이 되셨습니다. 하나님과 우리를 화목하게 하시기 위해 '화목 제물' 이 되셨습니다. 하나님은 예수님의 피를 받고 난 다음에 "내가 다 용서하노라!" 고 선언하셨습니다. 그래서 우리는 예수님의 피로 말미암아 원죄와 자범죄를 용서받고, 하나님과 화목하게 되고, 심판으로 받은 질병에서 놓여남을 받고, 심판으로 내린 저주에서 해방되고, 심판으로 다가온 죽음에서도 해방을 얻게 된 것입니다. 병들고 저주받고 죽어 멸망하는 것은 죄로 말미암아 받는 하나님의 심판입니다. 그런데 우리가 죄 사함을 받았기 때문에 하나님께서 그 심판을 모두 제하여 주신 것입니다. 그래서 하늘나라의 임금이신 예수님은 용서를 가지고 우리를 부르시며, 치료와 축복과 영생 복락으로 우리를 다스리십니다. 또한 우리의 임금 예수님은 우리의 영혼이 잘됨같이 우리가 범사에 잘되고 강건하기를 간구하시며, 우리에게 생명을 주시되 풍성히 주기를 원하십니다.

예수님이 십자가에 못 박혀 보혈을 흘려 우리를 위해 속죄하셨으므로 누구든지 이 복음을 듣고 믿으면 주님의 백성이 됩니다. 하늘나라의 임금이신 예수님은 죄 사함과 치료와 축복과 영생 복락을 주시려고 세상에서 그의 백성들을 찾아 부르십니다. "아무나 오게! 아무나 오게!" 이 초청을 받아들여 예수님을 믿고 그 앞에 나오는 사람들은 다 주의 백성이 되어서 하늘나라에 들어와 하늘나라의 은혜를 누릴 수 있습니다. 그리하여 더 이상 세상 사람처럼 살지 않고 말씀과 성령과 믿음과 은혜로 살게 되는 것입니다.

우리의 삶의 근원은 하늘나라에 있습니다. 우리 임금 예수님이 우리를 돌보아 주십니다. 우리가 하늘나라를 먼저 구하고 우리 주 예수님을 간절히 구하면, 주님이 하나님의 능력으로 우리에게 모든 것을 더하여 주십니다. 그러므로 우리는 하늘나라 방식으로 살아야지 하나님 없는 세상 방식으로 살아서는 안 됩니다. 하늘나라 방식으로 살면 하나님이 우리와 같이 계시고 우리를 돌보아 주시기 때문에 아무도 우리를 대적할 수 없습니다. "그가 친히 말씀하시기를 내가 결코 너희를 버리지 아니하고 너희를 떠나지 아니하리라"(히 13:5)고 했는데, 우리가 누구를 두려워할 필요가 있겠습니까? 이러므로 우리가 예수님을 믿는다는 것은 단순한 신앙을 가지고 천당에 가는 것이 아닙니다. 우리는 나라를 얻은 것입니다. 임금님 되시는 예수님을 모시고 경배하며 하늘나라에 넘쳐 나는 용서와 화해와 사랑과 축복과 영생 복락의 은혜를 누리는 것입니다. 세상 나라에는 이런 것이 없습니다. 그래서 우리 기독교가 탁월한 것입니다. 우리는 이 땅에 살면서 이미 성령으로 말미암아 하늘나라를 마음속에 얻었습니다. 우리 마음속에 나라가 들어와 있습니다. 예수님이 임금으로 와 계십니다. 그러니 우리는 하늘나라 백성인 것입니다.

그런데 하늘나라는 회개해야 받아들일 수 있습니다. "회개하라!" 고 하였는데, 그러면 회개는 무엇입니까? 회개는 후회가 아닙니다. 회개는 근본적으로 마음과 생각과 감정이 바뀌는 것을 말합니다. 하나님을 사랑하지 않던 사람이 하나님을 사랑하게 되고, 예수님을 사랑하지 않던 사람이 예수님을 사랑하게 되고, 교회를 사랑하지 않던 사람이 교회를 사랑하게 되는 것입니다. 회개하면 감정적인 변화가 다가옵니다 그래서 죄와 불의와 죄악과 방탕을 미워하게 됩니다. 나아가서 회개하면 행동에도 변화가 다가옵니다. 술을 먹던 사람은 술을 끊게 되고, 방탕하던 사람은 방탕하지 않게 되고, 도둑질하던 사람은 도둑질을 그만두게 됩니다. 이와 같이 회개를 하면 열매를 맺게 되는 것입니다. 회개에 합당한 열매가 없으면, 그것은 후회를 한 것이지 회개한 것이 아닙니다.

회개를 하면 옛사람을 벗어 버리고 새사람을 입는 역사가 일어납니다. 예수님을 믿고 난 다음에는 말씀이 들어오고 성령님이 오셔서 변화시키시므로 어찌할 수 없이 옛사람을 벗어 버리게 됩니다. 한 꺼풀 벗고 두 꺼풀 벗고 자꾸 옛사람을 벗어 새롭게 변화되는 것입니다. 그리하여 나 중심으로 살던 사람이 예수님 중심으로 살고, 육적이던 사람이 신령한 사람으로 살게 되는 것입니다.

그러므로 예수님을 온전히 믿는 것이 회개의 근본입니다. 회개하여 생각과 감정과 행동이 변화된 삶을 살면 천국이 들어옵니다. 예수님이 임금이 되시고 하늘나라가 와서 그를 다스립니다. 이런 사람이 기도할 때 하늘나라의 역사가 일어나는 것입니다.

침례 요한의 사역에 대해서는 일찍이 이사야 선지자가 이와 같이 예언하였습니다. "외치는 자의 소리여 이르되 너희는 광야에서 야훼의 길을 예비하라 사막에서 우리 하나님의 대로를 평탄하게 하라"(사 40:3). 마태는 이 예언을 인용하여, 침례 요한이 이사야가 예언했던 바로 그 사람이라고 증명한 것입니다.

4절 이 요한은 낙타털 옷을 입고 허리에 가죽 띠를 띠고 음식은 메뚜기와 석청이었더라

침례 요한은 지극히 금욕적이며 검소한 생활을 했습니다. 요사이에는 낙타털로 만든 옷이라 하면 굉장히 좋은 옷으로 알아주지 않겠습니까? 그런데 침례 요한은 그때 이미 낙타털로 만든 옷을 입었습니다. 그러나 그것은 지금처럼 값비싸고 좋은 옷이 아니었습니다. 그때 옷이라는 것은 요사이처럼 만들어지지 않았습니다. 목 부분과 팔 부분에 구멍만 뚫어서 대충 꿰매어 입고 그 위에 가죽 띠만 두르면 옷이지요. 이와 같은 침례 요한의 복장은 구약 시대에 활동한 선지자들의 일반적인 복장이었으며(슥 13:4), 특히 엘리야가 입었던 복장과 같은 것이었습니다(왕하 1:8).

침례 요한이 먹는 음식 또한 간단한 것이었습니다. 그의 음식은 그가 생활하는 광야에서 쉽게 구할 수 있는 메뚜기와 야생 꿀로, 아주 가난한 하층민들의 음식이었습니다. 그런데 이러한 자연 식품은 오늘날 사람들이 찾는 건강식 아닙니까?

건강에 가장 좋지 않은 음식은 고기입니다. 인간이 고기를 먹기 전에는 보통 5백 세에서 9백 세까지 살았습니다. 노아 시대의 홍수 이전에는 하나님께서 고기를 먹지 못하게 하셨습니다. 그래서 인간은 채소만 먹고 살았습니다. 채소만 먹을 때 인간은 아주 장수했습니다. 그런데 하나님께서 "나의 영이 영원히 사람과 함께하지 아니하리니 이는 그들이 육신이 됨이라 그러나 그들의 날은 백이십 년이 되리라 하시니라"(창 6:3)고 말

씀하시고 노아 홍수 이후 고기를 먹도록 하셨습니다(창 9:3).

원래 하나님께서는 사람을 지으시고 채소와 열매를 먹도록 하셨지 고기를 먹으라고 하시지 않았습니다. 고기를 많이 먹으면 피 속에 콜레스테롤이 많아져서 동맥 경화증이나 심장 질환 같은 성인병을 일으킬 위험성이 많습니다. 그러므로 고기를 밤낮으로 먹는 사람은 죽음의 파티를 하는 것입니다. 그러니 고기 먹는 것을 부러워할 이유가 없습니다. "아이고, 우리는 가난해서 고기도 못 먹고 꽁보리밥만 먹으니 속상하다!" 이런 소리 하지 말아야 합니다. 꽁보리밥은 최고의 건강식입니다. 요사이 꽁보리밥보다 더 좋은 건강식이 어디 있습니까? 옛날에 거지들이 그냥 꽁보리밥에 신 김치 같은 것을 얻어 가지고 비벼 먹는 것을 보면 불쌍하다고 생각했는데, 이제 보니까 일류 음식을 먹고 있었던 것입니다.

옛날에 나는 집에서 일하는 아가씨들을 늘 불쌍하게 보았습니다. 집에서 일하는 아가씨들이 꽁보리밥만 먹는 것이 무척 안쓰러웠습니다. 옛날 어머니들도 참 불쌍했습니다. 어릴 적에 어머니가 부엌에서 밥하는 것을 가만히 보면 밥솥에 보리쌀을 안치고 한쪽에 쌀을 넣어서 밥을 짓습니다. 내 생각에는 섞어서 같이 먹으면 좋겠는데, 하얀 쌀밥은 할아버지, 할머니, 아버지, 아들에게 퍼 주고, 꽁보리밥은 어머니와 머슴들과 일하는 사람들이 먹습니다. 그때 부자들은 쌀밥만 먹고 김치도 푸른 잎사귀는 안 먹고 꼭 누런 속대만 먹었습니다. 그런데 희한한 것은 하얀 쌀밥만 먹고 사는 사람은 당뇨병에 걸리는데, 꽁보리밥을 먹는 사람은 아주 건강하다는 것입니다. 쌀밥은 순 당분이지만, 보리밥은 얼마나 좋은 건강식인지 모릅니다. 김치도 푸른 잎사귀에는 비타민과 철분 등 몸에 좋은 영양분이 많이 들어 있습니다. 그러니 얼마나 공평합니까? 돈 많은 부자는 하얀 쌀밥에 고기반찬에 입에 부드러운 음식만 먹다가 빨리 죽고, 돈 없는 사람들은 꽁보리밥에 푸른 채소를 먹어서 건강하니 말입니다. 과거에 남자보다 여자가 오래 산 것도 여자들이 꽁보리밥과 푸른 채소를 많이 먹었기 때문입니다.

침례 요한은 건강 자연식을 먹었으니 얼마나 건강했겠습니까? 메뚜기는 콜레스테롤이 없습니다. 거기에다 벌들이 돌에 쳐 놓은 꿀을 먹었습니다. 그러므로 그가 광야에서 그렇게 외쳐도 영양실조에도 걸리지 아니하고 병들지도 아니하고 사명을 다할 수 있었던 것입니다.

2. 침례 요한의 활동(3:5-12)

5. 이때에 예루살렘과 온 유대와 요단 강 사방에서 다 그에게 나아와
6. 자기들의 죄를 자복하고 요단 강에서 그에게 침례를 받더니 7. 요
한이 많은 바리새인들과 사두개인들이 침례 베푸는 데로 오는 것을
보고 이르되 독사의 자식들아 누가 너희를 가르쳐 임박한 진노를 피
하라 하더냐 8. 그러므로 회개에 합당한 열매를 맺고 9. 속으로 아브
라함이 우리 조상이라고 생각하지 말라 내가 너희에게 이르노니 하
나님이 능히 이 돌들로도 아브라함의 자손이 되게 하시리라 10. 이
미 도끼가 나무뿌리에 놓였으니 좋은 열매를 맺지 아니하는 나무마
다 찍혀 불에 던져지리라 11. 나는 너희로 회개하게 하기 위하여 물
로 침례를 베풀거니와 내 뒤에 오시는 이는 나보다 능력이 많으시니

나는 그의 신을 들기도 감당하지 못하겠노라 그는 성령과 불로 너희에게 침례를 베푸실 것이요 12. 손에 키를 들고 자기의 타작 마당을 정하게 하사 알곡은 모아 곳간에 들이고 쭉정이는 꺼지지 않는 불에 태우시리라

5절 이때에 예루살렘과 온 유대와 요단 강 사방에서 다 그에게 나아와

침례 요한이 성령 충만해서 선포하는 회개의 메시지는 사람들의 마음속에 깊은 감동을 일으켰습니다. 침례 요한의 말씀을 들을 때, 가슴이 찢어지는 것 같고 통회하고 자복하고 회개하고 부르짖는 변화가 일어났습니다. 침례 요한에 대한 소문은 삽시간에 퍼져, 예루살렘과 유대와 요단 강 사방에서 사람들이 유대 광야로 찾아와서 인산인해를 이루었습니다. 성령의 끌어당기는 역사가 있었기 때문에 그런 것입니다. 교회도 성령께서 사람들을 끌어당겨 주셔야 성장합니다. 오늘날 교회는 하나님의 말씀과 함께 우리를 끌어당기는 성령의 역사가 일어나야 부흥하고 성장하는 것입니다.

내가 브라질에 갔을 때의 일입니다. 원래 계획은 군용 비행장에서 오후 3시에 정식 집회를 시작하기로 되어 있었습니다. 그런데 새벽 6시부터 150만 명이나 되는 인파가 몰려와서 서 있는 것이었습니다. 얼마나 사람이 많은지 그 넓은 비행장이 비좁아서 가슴과 가슴을 맞대고 서 있는데, 너무 더우니까 기절하여 쓰러지는 사람들이 속출했습니다. 그러니까 정문에 대기시켜 놓았던 소방차들을 몰고 와서 물을 뿌렸습니다. 하지만

워낙 사람이 많으니까 효과가 별로 없습니다. 그런데 모든 행사 일정이 자꾸 지연되어서 처음 계획대로 오후 3시에 설교를 하지 못하고 오후 5시나 되어서 설교를 하게 되었습니다. 성회에 온 수많은 성도들이 구름 떼같이 빽빽하게 메우고 있으니까 움직이지도 못하고 하루 종일 굶고 서 있었고, 나도 아침 겸 점심을 11시경에 먹고 나왔더니 배가 너무 고파서 배가 등가죽에 붙는 것 같았습니다. 그래서 마음속으로 기도하였습니다.

"아버지 하나님, 지금 이토록 배가 고픈데 어떻게 설교를 하겠습니까? 성령님께서 나를 도와주시옵소서."

그런데 성령님께서 임하시니까 언제 배가 고팠느냐는 듯이 힘이 나기 시작하였습니다. 얼마나 힘이 펄펄 나던지 나중에는 내 설교를 통역하는 분이 목이 쉬어서 계속 물을 마시면서 통역하는 것이 불쌍해서 설교를 그쳤습니다. 성령님이 오시면 모든 것을 다 이길 수 있는 것입니다. 그날 그 150만 인파는 새벽 6시부터 저녁 7시까지 서서 집회를 하였습니다. 성령님의 역사가 없이 어떻게 150만 명이나 모일 수 있겠습니까? 성령님께서 끌어당기셨기 때문에 그토록 장시간 동안 그 많은 사람들이 집회를 할 수 있었던 것입니다.

목사도 성령님께서 역사해 주셔야 성공적인 목회를 할 수 있습니다. 기도를 많이 하고 성령으로 충만함 받은 목사는 강단에 올라가서 입만 열면 별로 신통치 않은 말을 해도 그 말이 구수하게 들리고 마음이 끌립니다. 그러나 아무리 공부를 많이 하고 박사 학위를 몇 개씩 받은 목사일지라도 성령으로 충만하지 않으면 기막히게 훌륭한 설교문을 작성해서 설교해도 성도들이 지루해합니다. 나도 옛날에 평신도 시절을 지내보았기 때문에 잘 알고 있습니다.

내가 다니던 교회의 목사님은 루피 리처드 목사님으로 미국 분이었데, 내가 그때 영어를 잘 알아듣지는 못해도 그분만 들어오면 그렇게 좋을 수가 없었습니다. 그분이 강단에만 서면 마음이 훈훈하고 기쁘고 집에 아버지가 있는 것같이 아주 좋았습니다. 그런데 목사님이 부흥회를 인도하느라고 교회를 비우면 아무런 은혜도 받지 못했습니다. 나이 드신 전도사님이 목사님 대신 설교를 하시는데 너무 졸려서 힘들었습니다. 그래서 교회에 갔다가 전도사님이 설교를 하면, '어유, 이럴 줄 알았으면 오늘은 교회에 오지 말걸!' 하고 후회한 적도 있습니다. 이것을 보면, 성령 충만한 주의 종을 만나는 것도 굉장히 큰 축복입니다.

사람들이 모이는 것도, 설교에 은혜를 받는 것도 성령의 역사입니다. 성령의 끄는 것이 있어야 하고, 매력이 있어야 합니다. 유대 광야에 사람들이 많이 모인 것은 침례 요한이 성령 충만해서 말씀을 증거했기 때문입니다. 예수님이 회당에서 설교하실 때 사람들의 반응이 어떠했습니까? 모두 다 예수님을 쳐다보고 눈을 떼지 못했습니다. 예수님의 입에서 나오는 말씀이 젖과 꿀이 흐르는 것처럼 너무나 달기 때문에 입을 쩍 벌리고 눈을 돌리지 못했습니다. 그것이 은혜입니다. 은혜가 있으면 졸지 않습니다. 은혜가 부족해서 조는 것입니다. 그러므로 성도들의 반응은 목사가 기도를 많이 하고 성령이 충만한지 아닌지를 알 수 있는 바로미터가 됩니다. 설교할 때 조는 사람이 많으면, 그것은 은혜가 없다는 증거입니다. 그렇기 때문에 괜히 조는 사람을 쥐어박아도 소용이 없습니다. 이러므로 주의 종은 큰 부담을 안고 있습니다. 주의 종은 성령으로 충만하여 성령의 능력이 흘러넘쳐서 사람들의 마음을 끌어당기는 역사가 나타나도록 기도에 힘써야 하기 때문입니다.

6절 자기들의 죄를 자복하고 요단 강에서 그에게 침례를 받더니

성령의 역사가 있어야 죄를 회개합니다. 성령님이 오시면 우리가 지은 죄악이 다 드러나기 때문에 죄를 자복하고 회개하게 됩니다. 캄캄할 때에는 더러운 것을 모르고 그 속에서 삽니다. 그러나 커튼을 제쳐 밝은 빛이 들어오면 더러운 것들이 보이므로 소제하기 시작합니다. 회개가 바로 소제입니다. 옛날에는 죄가 죄인 줄 모르고 살았는데 성령님이 오셔서 비추니까 자신의 죄를 깨닫고 통회하고 자복하게 되는 것입니다.

내가 서대문에서 목회할 때 있었던 일입니다. 지방에서 올라온 두 사람이 취직을 했는데 돈을 절약하려고 한 방에서 하숙을 했습니다. 밥은 쌀을 삶아서 먹고 반찬이라고는 시골에서 가져온 고추장과 간장과 멸치가 다였습니다. 그래도 그들은 "야, 이 간장 너무 맛있다!" 라고 서로 감탄해 가며 맛있게 식사하였습니다. 그렇게 두 사람이 함께 지내는데 남자 둘이서 사니까 집안이 엉망입니다. 집안 소제도 안 하고 부엌도 먼지투성이입니다.

그러던 어느 공휴일이었습니다. 그들은 모처럼 대청소를 하기로 했습니다. 오래 전에 끊어진 부엌 전구를 먼저 갈아 끼우고 부엌을 소제하는데 간장 통에 뭔가 시꺼먼 것이 있었습니다. 자세히 보니까 쥐 한 마리가 다 녹아서 형체도 없이 껍질만 있는 것이었습니다. 그들은 이것을 보고 놀라서 뛰쳐나와 뒹굴고 토하고 그러다가 교회로 와서 나를 붙들고 하소연했습니다.

"목사님, 안수 좀 해 주세요. 이제 우리는 죽습니다!"

"무슨 일이 있었습니까?"

"모르고 쥐가 빠져 있는 간장을 먹었습니다."

"그러면 이제껏 계속 먹지 않았습니까?"

"계속 먹었지요. 하지만 그동안은 모르고 먹어서 괜찮았는데, 오늘 쥐가 그 속에 빠져 죽은 것을 보고 나니까 속이 뒤집어지고 메스껍고 영 견딜 수가 없습니다."

그때 내가 느낀 것이 있습니다. '아, 회개가 바로 이것이구나!' 성령의 불빛이 비치기 전에는 세상의 온갖 더러운 일을 하고도 까딱없다가 성령의 불빛이 비치어 더러운 죄악이 다 드러나니까 그제야 가슴을 치며 회개하는 것입니다.

이와 같이 회개는 협박한다고 되는 것이 아닙니다. 회개는 성령의 불이 비추어야 되는 것입니다. 그 마음속을 성령의 불이 비치면 그때야 회개하고 변화를 받습니다. 회개하지 않으면 변화도 오지 않습니다. 그냥 교회 뜰만 밟고 왔다 갔다 해서는 절대로 변하지 않습니다. 회개해야 변화받는 것입니다. 죄를 이기는 비결은 매일매일 회개하는 것입니다. 어떤 사람은 "예수 믿기 전에는 히피였는데 예수 믿고 난 다음에는 예수 믿는 히피가 되고, 예수 믿기 전에는 거짓말쟁이였는데 예수 믿고 난 다음에는 예수 믿는 거짓말쟁이가 되더라."고 했는데, 그것은 옳지 않습니다. 예수 믿고 난 다음에는 자꾸 회개해야 합니다. 매일같이 회개해야 합니다. 그것은 온갖 때에 찌든 사람이 깨끗해질 때까지 자꾸 씻는 것과 같은 이치입니다. 한 번 씻어서는 깨끗해지지 않습니다. 자주 씻어야 됩니다. 아침에도 씻고, 저녁에도 씻고, 또 그 이튿날에도 계속해서 씻어야 그 절어 있는 때가 다 씻기는 것입니다.

이 세상에 살면서 죄를 짓지 않은 의인은 하나도 없습니다. 그렇기 때문에 계속해서 애통하고 회개하여 죄를 씻어 내야 합니다. 가슴을 치고 애통하고 회개하고 난 다음에도 다시 죄를 짓게 되면 또 애통하고 회개해야 합니다. 그러면 점점 나아집니다. 얼마만큼 나아지느냐 하면 1년에 노루 꼬리만큼 나아집니다. "저 사람은 예수를 믿는데 왜 죄를 짓습니까?"라고 말하는 사람들이 있습니다. 그러나 하루아침에 성자가 되지는 못하잖아요? 예수님을 믿으면 무조건 하나님의 은혜로 구원받지만, 거룩하게 되려면 끊임없이 회개해야 합니다. 끊임없이 애통하고 회개해야 합니다. 그냥 말로만 하는 회개는 소용 없습니다. 입에 발린 회개가 무슨 소용이 있습니까? 애통해야 합니다. "애통하는 자는 복이 있나니 그들이 위로를 받을 것임이요"(5:4)라고 하지 않았습니까? 그러므로 가슴을 치고 자기 죄에 대하여 애통하고 회개하고 몸부림을 쳐야 합니다. 그래서 조금씩 나아지면서 5년이 지나고 10년이 지나면 "옛것은 지나갔으니, 보라, 새것이 되었도다!"라고 외칠 수 있게 됩니다. 그렇게 성화가 이루어지는 것입니다.

침례 요한을 찾아온 사람들은 요단 강에서 침례를 받았습니다. '침례'의 원어상의 의미는 '물에 잠기는 것' 입니다. 요사이 많은 교파에서는 그냥 손으로 물을 찍어서 머리에 바르는데, 이것은 약식 침례라고 합니다. 물에 잠기는 것이 귀찮으니까 약식 침례를 하는 것입니다. 약식 침례는 어떤 때 필요합니까? 병원에서 죽어 가면서 예수님을 믿겠다고 결신한 사람은 병원에서 움직일 수 없으니 그때에는 약식 침례를 주어야 합니다. 또 사우디아라비아 같은 사막 지역에는 물이 없으니까 물 한 그릇 떠 가지고 와서 약식으로 손가락에 물을 찍어 머리에 발라 침례를 줄 수 있습니다. 그렇지만 물이 풍성한 곳에서 왜 약식으로 침례를 줍니까? 정식 침례를 베풀어야지요. 원래 예수님도 침례를 받으셨습니다. 모든 초대 교회 성도들도 다 침례를 받았습니다. 침례라는 것은 물에 잠겨서 옛사람이 죽어 물무덤에 장사되고 다시 일어나면서 이제는 새사람으로 부활했다는 것을 상징적으로 보여 주는 것입니다. 다시 말해서 우리 예수 믿는 사람이 받는 침례는 '나의 옛사람은 예수님과 함께 죽어 함께 돌무덤에 장사되고 그리스도와 함께 부활하여 그리스도의 부활의 생명으로 사는 새사람이 되었다.' 는 것을 만천하에 공포하는 것입니다. 그러나 손가락으로 물을 찍어서 머리에 살짝 발라 주는 약식 침례로는 이러한 침례의 깊은 영적 의미를 살리기 어렵습니다. 그러므로 온전한 침례를 받는 것이 좋은 것입니다.

침례를 받지 않는다고 해서 구원을 받지 못하는 것은 아닙니다. 그러나 우리가 침례를 받는 것은 곧 주께 순종하는 것이므로 받아야 합니다. 예수님은 "믿고 침례를 받는 사람은 구원을 얻을 것이요 믿지 않는 사람은 정죄를 받으리라"(막 16:16)고 말씀하셨습니다. 그러므로 우리는 기쁘게 침례를 받아서 '나는 주님과 함께 죽어 장사되고 함께 부활했다!' 는 사실을 온 천하에 선포해야 하는 것입니다.

7절 요한이 많은 바리새인들과 사두개인들이 침례 베푸는 데로 오는 것을 보고 이르되 독사의 자식들아 누가 너희를 가르쳐 임박한 진노를 피하라 하더냐

요단 강에서 요한이 침례를 베풀고 있는데, 많은 바리새인과 사두개인들이 살펴보러 왔습니다. 바리새인과 사두개인들은 유대의 종교 지도 자들로서 율법을 철저히 지키면서 일주일에 두 번 금식하고 채소까지 십일조를 드리는 율법주의자입니다(눅 18:12). 그런데 바리새인과 사두개인은 큰 차이가 있습니다. 바리새인들은 사람이 죽은 후에 부활해서 영원히 사는 것과 내세와 천사의 존재를 믿으며 율법의 형식을 중시하는 외식주의자입니다. 그러나 사두개인들은 부활도 내세도 천사의 존재도 믿지 않으며 현실에 타협적인 현세주의자입니다. 이와 같이 바리새인과 사두개인은 서로 믿는 바가 달랐지만 겉과 속이 다른 위선자들이라는 공통점을 가지고 있었습니다. 그들은 겉으로는 긴 옷을 입고 길모퉁이에 서서 길고 유창하게 기도하며 어느 누구보다도 거룩하고 경건한 신앙생활을 하는 것처럼 보였습니다. 그러나 뒤로는 과부의 재산을 강탈하고 고아를 학대하는 등 온갖 야비한 일을 다 하였습니다.

주님이 가장 미워하시는 것이 위선자들입니다. 정직한 죄인은 주님이 용서해 주시지 않았습니까? 간음하다가 현장에서 잡힌 여자도 주님이 용서해 주셨습니다. 남편을 다섯이나 바꾸고 여섯 번째 남자와 사는 사마리아 여인도 용서해 주셨습니다. 정직한 죄인은 주님이 용서해 주십니다. 그러나 죄를 지었으면서도 안 지은 체하고 경건의 모양만 흉내 내는 위선자들은 주님이 어마어마하게 미워하십니다. 하나님 앞에 엎드려 자신의 죄를 정직하게 고백하고 회개하면 얼마든지 용서하시지만 위선자는 버리십니다. 바리새인과 사두개인들은 표리부동한 위선자들이었습니다. 그렇기 때문에 침례 요한은 바리새인과 사두개인들을 미워하고 '독사의 자식들' 이라고 한 것입니다.

요사이에도 목회자들 중에 욕설을 하는 분들이 있습니다. 특히 부흥사들 중에는 마구 반말하고 막말과 욕도 서슴없이 하는 분들이 있습니다.

그런데 오늘날 은혜의 시대에는 예수님이 십자가에 못 박혀 큰 자비와 은혜를 베푸셨기 때문에 그리스도의 사랑으로 간절히 권면해야지 구약 시대처럼 협박하고 심판하는 말을 해서는 안 됩니다.

침례 요한은 구약 시대의 마지막 선지자입니다. 구약 시대에는 율법으로 판단하였기 때문에 법을 어기면 준엄하게 심판했습니다. 그러나 예수님이 죄짓고 불의하고 추악한 사람을 대신해서 십자가에 못 박히셨기 때문에, 오늘날 우리는 사랑과 자비와 긍휼로 권면해야 하는 것입니다. 시내 산 설교와 갈보리 산 설교는 다릅니다. 시내 산은 번개가 치고 벼락이 떨어지고 온 산에 연기가 오르고 불이 붙어서 사람들이 몹시 두려워했습니다. 십계명을 받으러 간 모세도 겁이 나서 떨린다고 했습니다. 그러나 갈보리 산은 예수님이 죄짓고 불의하고 추악한 사람을 대신해서 양손과 양발에 대못이 박혀서 죽으신 사랑과 용서와 은혜의 현장입니다. 우리는 그 갈보리 산에서 복음을 증거해야 합니다. 그것은 그리스도의 큰 사랑을 가지고 사람들을 설득시키며 변화시키는 것입니다.

시내 산에서 설교하는 것과 갈보리 산에서 설교하는 것은 전혀 다릅니다. 나는 40여 년 목회생활을 하면서 언제나 갈보리 산 설교를 했습니다. 주님의 사랑과 은혜와 자비와 긍휼로써 사람들을 설득시키고 회개시키려고 해 왔습니다. 그러나 지금도 시내 산에서 설교하는 부흥사들이 가끔 있습니다. 그런 부흥사들은 강단에서 함부로 반말하고 욕을 하는데 별로 은혜롭지 않습니다. 예수님을 믿지 않는 세상 사람도 바른말, 고운 말 쓰기를 원하는데 예수 믿는 사람이 '죽일 놈, 살릴 놈' 하고 욕하는 것은 덕스럽지 않습니다.

침례 요한은 율법 시대 마지막 선지자입니다. 그러므로 그는 율법으로 심판합니다. 침례 요한은 바리새인과 사두개인들이 침례 베푸는 데 오는 것을 보고 "독사의 자식들아, 누가 너희를 가르쳐 임박한 진노를 피하라 하더냐."라고 책망했습니다. '독사의 자식들' 이라는 것은 '마귀의 자식들' 이라는 말이고, '누가 너희를 가르쳐 임박한 진노를 피하라 하더냐' 라는 말은 '너희가 무슨 근거로 임박한 하나님의 심판을 피할 수 있다고 생각하느냐' 라는 의미입니다. 침례 요한은 바리새인과 사두개인들을 마귀의 상징인 뱀의 자식이라고 준열(峻烈)히 꾸짖으며 회개를 촉구한 것입니다.

8절 그러므로 회개에 합당한 열매를 맺고

침례 요한은 바리새인과 사두개인들에게 하나님의 임박한 진노를 피하려면 회개에 합당한 열매를 맺으라고 말했습니다. 회개했으면 생각도 달라지고 감정도 달라지고 행동도 변화받으라는 말입니다. 형식적인 의식이나 위선적인 종교 행위로는 결코 하나님의 심판을 피할 수 없습니다. 오직 죄악된 생각과 감정과 행동을 버리고 변화된 삶을 사는 것이 회개의 열매를 맺는 것이고, 그러한 사람만이 하나님의 심판을 피할 수 있는 것입니다.

9절 속으로 아브라함이 우리 조상이라고 생각하지 말라 내가 너희에게 이르노니 하나님이 능히 이 돌들로도 아브라함의 자손이 되게 하시리라

유대인들은 자신들이 하나님께 택함받고 언약을 받은 아브라함의 자

손이기 때문에 구원받는다고 생각하였습니다. 그들은 아브라함의 자손으로 태어나 언약의 상징인 할례만 받으면 세속적으로 살면서 죄짓고 회개하지 않아도 구원을 받는다고 믿었습니다. 침례 요한은 이와 같이 잘못된 유대인들의 자부심을 지적하며 구원은 혈통으로 받는 것이 아님을 선언했습니다.

"우리 아버지가 장로님이고, 우리 어머니가 권사님입니다."

"나는 모태 신앙인입니다."

우리는 주변에서 이런 말을 하는 사람들을 종종 봅니다. 이런 사람들 중에는 자신이 당연히 구원받았다고 생각하는 사람들이 꽤 많습니다. 그러나 이런 사람들은 유대인들과 같은 착각에 빠져 있을 뿐입니다. 또 사람들 중에는 침례만 받으면 구원받는 줄 아는 사람도 있습니다.

내가 옛날에 부산에서 징병 검사를 받으러 갔다가 있었던 일입니다. 공교롭게도 그날은 켄 타이슨이란 목사님이 부흥회를 인도하는데 내가 통역하기로 한 날이었습니다. 아침에 징병 검사를 받아야 하는데, 그러면 통역을 할 수 없으니 참으로 난감했습니다. 더구나 내가 통역을 안 하면 통역할 사람이 없었습니다. 그래서 할 수 없이 부흥회에 가서 통역을 해 주고 난 다음 점심을 먹고 오후에 징병 검사를 받으러 갔습니다. 그런데 나 혼자 가면 큰일 나기 때문에 타이슨 목사님에게 부탁했습니다.

"목사님, 나와 함께 징병 검사장에 가셔서 내가 통역하느라고 아침에 검사받으러 오지 못하고 오후에 왔으니 검사를 해 주라고 말씀해 주십시오."

그때는 미국 사람이라 하면 영향력이 있었기 때문에 켄 타이슨 목사님을 모시고 간 것입니다. 그런데 징병 검사를 하는 군의관이 나를 쳐다보더니 이렇게 말하는 것이었습니다.

"예수 믿으면 제일이야? 예수 믿으면 다야?"

그래서 나는 얼른 사과했습니다.

"죄송합니다. 그러나 예수 믿는 사람으로서 통역을 안 할 수 없어서 아침에 통역하고 오후에 왔습니다. 죄송합니다."

그랬더니 군의관이 나에게 따라오라고 하더니 담배를 피우면서 소리를 지르는 것이었습니다.

"나도 기독교인이야! 나도 대구 계명 기독교 학교 졸업했어. 나도 침례 교인이야. 예수 믿으면 다인 줄 알아? 법을 지켜야지."

나는 깜짝 놀랐습니다.

'침례 교인이라는 사람이 담배 연기 뿜어대면서 큰 소리 치다니, 어찌 이럴 수가 있나? 예수 믿고 침례까지 받은 교인이면 하나님의 사업을 먼저 하고 왔으니 수고했다고 칭찬해 주어야 할 것인데, 침례 교인이라면서 예수 믿지 않는 사람보다 한술 더 떠서 저렇게 고함을 치고 욕을 하다니!' 지금까지도 잊어버리지 않습니다.

침례를 받았다고 해서 구원받은 것이 아닙니다. 종교 의식이나 혈통은 구원받는 조건이 못 됩니다. 개인적으로 회개하고 예수 그리스도를 믿어서 거듭나야 구원을 받을 수 있습니다. 예수님과 일대일로 만나 자신의 죄를 철저히 회개하고 그리스도를 믿고 변화를 받는 역사가 있어야 구원을 받는 것입니다.

10절 이미 도끼가 나무뿌리에 놓였으니 좋은 열매를 맺지 아니하는

나무마다 찍혀 불에 던져지리라

우리 인간 한 사람 한 사람은 누구도 예외 없이 하나님의 심판대 앞에 서게 됩니다. 침례 요한은 이에 대해 우리 개인을 나무에 비유하여 임박한 하나님의 심판을 선언하였습니다. 하나님의 심판의 도끼가 우리 나무뿌리에 놓였으니, 회개하지 않고 하나님 앞에 올바르게 서지 않는 사람은 가차없이 찍혀서 불에 던져지는 심판을 받게 되는 것입니다.

우리 앞에는 죽음의 도끼가 놓여 있습니다. 누구든지 때가 되면 죽습니다. 날 때는 순서가 있어도 죽을 때는 순서가 없습니다. 젊은 사람도 죽을 수 있고 늙은 사람도 죽을 수 있습니다. 언제 죽음의 도끼가 내리찍을지 알 수가 없습니다. 그런데 회개하지 않아 구원받지 못한 사람은 죽음의 도끼가 나무뿌리를 내리찍을 때 끝장나고 맙니다. 그렇기 때문에 우리는 회개하고 예수 그리스도를 믿음으로 구원을 받아 그때를 준비하고 있어야 하는 것입니다. 언제 그날과 그 시가 올지 모릅니다. 예수님이 언제 강림하실지도 모르고, 자신이 언제 어느 시에 이 세상을 떠나갈지도 알 수가 없습니다. 태어날 때도 외롭게 태어났지만 갈 때도 혼자 외롭게 가야 합니다. 아무리 사랑하는 부모, 형제, 처자가 있어도 그 길을 같이 가지 못합니다. 그 외로운 길은 혼자 가야 합니다. 그런데 그 외로운 길을 갈 때 그 길이 환하게 보혈로 밝아지고 예수님이 오셔서 손을 잡고 천사들이 와서 환영하면 얼마나 좋겠습니까? 그렇지 않고 원수 마귀가 눈을 부릅뜨고 귀신들이 바글거리고 멱살을 잡고서 끌고 가면 그 얼마나 처참합니까? 사람이 온 천하를 얻고도 자기 목숨 하나 잃으면 아무 유익이 없습니다. 차라리 태어나지 않은 것이 좋지요.

이미 도끼가 나무뿌리에 놓였습니다. 예수님은 '참 포도나무 비유'를 가르치실 때 "나는 포도나무요 너희는 가지라 그가 내 안에, 내가 그 안에 거하면 사람이 열매를 많이 맺나니 나를 떠나서는 너희가 아무것도 할 수 없음이라"(요 15:5)고 말씀하셨습니다. 그러므로 우리는 살아 있을 때가 기회라는 것을 알고, 회개하고 예수님 안에서 변화받으며 좋은 열매를 많이 맺어야 하겠습니다.

11절 나는 너희로 회개하게 하기 위하여 물로 침례를 베풀거니와 내 뒤에 오시는 이는 나보다 능력이 많으시니 나는 그의 신을 들기도 감당하지 못하겠노라 그는 성령과 불로 너희에게 침례를 베푸실 것이요

침례 요한이 자신의 사명을 밝히고 있습니다. 침례 요한이 요단 강에서 물로 베푼 침례는 예수님을 믿도록 준비시키는 회개의 침례였습니다. 침례 요한은 "내 뒤에 오시는 이는 나보다 능력이 많으시니 나는 그의 신을 들기도 감당하지 못하겠노라"고 말했는데, 여기서 '신을 들기도 감당하지 못한다'는 침례 요한의 말이 다른 복음서에는 '신발 끈을 풀기도 감당하지 못한다'라고 기록되어 있습니다(막 1:7; 눅 3:16; 요 1:27). 당시 유대에서는 외출했다가 돌아온 주인의 신발 끈을 종이 풀어 주었습니다. 따라서 침례 요한의 이 말은 결국 자신이 예수님의 종의 자격도 되지 않는다는 뜻입니다. 예수님이 침례 요한보다 크신 분이시라는 것은 두말할 나위 없는 사실입니다. 예수님은 만왕의 왕이시며 만주의 주시요, 심판자이십니다. 침례 요한은 피조물이고, 예수님은 창조주이십니다. 침례

요한은 아버지의 핏줄을 이어서 태어난 '사람의 아들' 이고, 예수님은 성령에 의하여 태어나신 '하나님의 아들' 이십니다. 그러므로 침례 요한과 예수님은 자격이 다릅니다.

침례 요한은 율법 아래 있는 구약 시대의 사람이기 때문에 율법적으로 따져 볼 때 예수님의 신발조차 들 자격이 없었습니다. 그러나 우리는 은혜의 시대에 살기 때문에 예수님을 끌어안을 수 있습니다. 예수님을 우리 마음속에 모실 수 있으니 은혜의 시대에 사는 것이 얼마나 좋습니까! 율법 시대에는 율법으로 심판받지만, 은혜 시대에는 예수님 안에서 용서와 화해와 사랑을 받습니다. 율법적으로 볼 때, 침례 요한이 예수님의 신발을 들지 못할 정도인데 우리는 그 근처에도 못 가지 않겠습니까? 그러니 침례 요한 시대와 예수님 시대가 얼마나 다릅니까? 우리는 그리스도의 보혈이 큰 증거가 되어서 보혈의 능력으로 말미암아 하나님과 화해하고, 하나님께 사랑을 받고, 아버지의 품안에 안기고, 아버지 앞에 마음대로 들락날락하니 어마어마한 축복이 아닐 수 없습니다.

예수님의 십자가 고난이 아니었으면 이 같은 일이 있을 수 없습니다. 침례 요한 때만 하더라도 어림도 없지요. 침례 요한은 예수님의 신을 들기도 감당하지 못하는데 우리가 어리광 부리고 예수님의 품안에 안길 수 있는 것은 예수님의 보혈 때문입니다. 십자가에서 흘리신 그 피가 역사하기 때문입니다.

"그 피가 맘속에 큰 증거 됩니다. 내 기도 소리 들으사 다 허락하소서 내가 주께로 지금 가오니 골고다의 보혈로 날 씻어 주소서"(찬송가 186장 5절).

예수님의 보혈의 권능을 의지하여 우리는 감히 하나님 앞에 담대하게 나올 수 있는 것입니다.

침례 요한은 물로 침례를 주었지만, 예수님은 성령과 불로 침례를 주십니다. 누구든지 회개하고 예수님을 믿으면 성령께서 그 안에 임하여 죄악을 태우고 변화시키십니다. 그리하여 주님과 더 깊은 관계를 맺고 하나님의 능력과 권세 속에 있게 하시는 것입니다.

12절 손에 키를 들고 자기의 타작 마당을 정하게 하사 알곡은 모아 곳간에 들이고 쭉정이는 꺼지지 않는 불에 태우시리라

이 세상은 주님의 추수 들판입니다. 주님은 오늘날 복음 전도를 통하여 온 세계에서 알곡을 만들어 하늘나라 곳간에 들이십니다. 교회가 하늘나라 곳간 아닙니까? 알곡은 전부 교회에 모이고 쭉정이는 전부 세상에 있다가 심판 날 교회는 다 천국으로 들어가고 세상은 불로 심판받는 것입니다. 심판 날에는 하늘이 큰 소리로 떠나가고 땅이 열렬한 불에 녹을 것입니다.

곳간에 들어와 있는 알곡인 여러분에게는 천국의 영광이 예비되어 있습니다. 그러나 복음을 받아들이지 않고 곳간에 들어오기를 거부하는 쭉정이는 심판 날 꺼지지 않는 영원한 불에 던져집니다. 구더기도 죽지 않고 불도 꺼지지 아니하며 사람마다 불로써 소금 치듯 하는 무시무시한 고통 속에 영원히 들어가게 되는 것입니다(막 9:48-49).

3. 침례를 받으신 예수님(3:13-17)

13. 이때에 예수께서 갈릴리로부터 요단 강에 이르러 요한에게 침례
를 받으려 하시니 14. 요한이 말려 이르되 내가 당신에게서 침례를
받아야 할 터인데 당신이 내게로 오시나이까 15. 예수께서 대답하여
이르시되 이제 허락하라 우리가 이와 같이 하여 모든 의를 이루는 것
이 합당하니라 하시니 이에 요한이 허락하는지라 16. 예수께서 침
례를 받으시고 곧 물에서 올라오실새 하늘이 열리고 하나님의 성령
이 비둘기같이 내려 자기 위에 임하심을 보시더니 17. 하늘로부터
소리가 있어 말씀하시되 이는 내 사랑하는 아들이요 내 기뻐하는 자
라 하시니라

13-15절 이때에 예수께서 갈릴리로부터 요단 강에 이르러 요한에게 침례를 받으려 하시니 요한이 말려 이르되 내가 당신에게서 침례를 받아야 할 터인데 당신이 내게로 오시나이까 예수께서 대답하여 이르시되 이제 허락하라 우리가 이와 같이 하여 모든 의를 이루는 것이 합당하니라 하시니 이에 요한이 허락하는지라

예수님은 갈릴리의 나사렛에서 가족과 함께 사시다가 30세에 요단 강에서 침례를 받으시고 공적인 생애를 시작하셨습니다. 유대 사회에서는 30세가 되어야 공적으로 사회 활동을 시작할 수 있습니다(민 4:3). 성경을 보면 요셉도 나이 30세에 애굽의 국무총리가 되었고(창 41:46), 다윗도 30

세에 왕으로 등극하였습니다(삼하 5:4). 예수님도 30세에 사생애를 마치고 이제는 모든 백성들을 구원하는 구주로서 공생애를 시작하시기 위하여 요단 강으로 나와 침례를 받으신 것입니다.

당시 사람들이 요한의 침례를 받는 것은 죄를 회개하고 장차 다가올 예수 그리스도의 천국을 받아들인다는 의미로 받는 상징적인 의식이었습니다. 그러한 큰 변화의 의미로 침례를 받은 것입니다. 침례는 그 무엇보다도 변화를 의미합니다. 변화는 없이 형식적으로 행하는 의식은 아무 의미가 없습니다. 우리 예수 믿는 사람이 받는 침례는 예수님과 함께 죽고 함께 놀무덤에 장사되고 그리스도와 함께 부활하여 그리스도의 부활의 생명으로 산다는 것을 외면적으로 표현하는 것입니다. '그리스도의 부활의 생명으로 충만해서 이제는 옛사람을 벗어 버리고 새사람으로 삽니다! 새로운 생각, 새로운 말, 새로운 행동을 하고 새로운 삶을 삽니다!' 하고 만천하에 공포하는 것이 바로 침례인 것입니다.

그런데 예수님은 완전한 하나님이요, 완전한 사람인데 무슨 변화를 받을 필요가 있겠습니까? 예수님은 죄를 지은 적도 없으시고 죄악 중에 태어나지도 않으셨습니다. 그럼에도 불구하고 예수님이 침례를 받으신 것은 온 천하 만민에게 구주로서 소개를 받으려는 목적과 예수님도 침례를 받았으니 주님을 믿는 모든 사람들이 그리스도의 모범을 따라서 다 침례를 받도록 하려는 교훈적인 목적이 있습니다. 이러므로 우리도 침례를 받는 것이 옳습니다. 어떤 사람들은 "예수 그리스도의 보혈만 믿으면 구원받는데 구태여 침례까지 받을 것이 무엇이냐?" 고 말합니다. 그래서 침례를 받지 않는 사람들도 많습니다. 물론 침례 받는 것이 구원의 조건은 아닙니다. 그러나 예수님이 친히 침례를 받으심으로써 모범이 되셨고 우리가 침례를 받는 것이 주님의 뜻이기 때문에 우리 그리스도인들은 침례를 받아야 하는 것입니다. 그래서 "침례 받음으로써 나는 변화받았습니다. 나의 옛사람은 그리스도와 함께 죽어 장사 지냈습니다. 나는 그리스도 안에서 새사람으로 부활했습니다. 이제 나는 새사람의 영인 성령의 능력을 의지하고 삽니다." 라고 만천하에 나타내 보여야 하는 것입니다.

예수님은 갈릴리에서의 사적인 삶을 다 청산하시고 이제는 온 천하에 구주로 나타나 메시아의 사명을 다하기 위해서 요단 강으로 침례를 받으러 오셨습니다. 침례 요한은 예수님보다 6개월 먼저 와서 "회개하라, 천국이 가까웠다! 내 뒤에 오시는 이는 나보다 크시니 나는 그 신발 끈을 풀기도 감당하지 못하겠노라. 나는 물로 침례를 주거니와 그분은 불과 성령으로 침례를 베푸신다."라고 그리스도를 소개했습니다. 예수님은 자신이 바로 침례 요한이 소개한 그 사람이라는 것을 나타내기 위해서 침례 요한이 침례 베푸는 곳에 찾아오셨습니다.

요한은 예수님이 침례를 받으러 오신 것을 보고 기절초풍했습니다. 요한은 사람이고 예수님은 하나님이십니다. 그러니 요한의 입장에서 보면, '내가 하나님이신 예수님께 침례를 받아야 할 텐데, 내가 어찌 감히 하나님의 아들이신 메시아께 침례를 베풀겠는가!' 라는 생각이 들지 않았겠습니까? 그것은 말도 안 되는 일입니다. 피조물이 조물주에게 침례를 베푼다는 것이 말이 됩니까? 종이 주인에게 침례를 베풀 수 있습니까? 머슴이 주인에게 어떻게 침례를 베풉니까? 그래서 침례 요한은 기절을 할 지경이었습니다.

"내가 당신에게서 침례를 받아야 할 터인데 당신이 내게로 오시나이까" (14절).

요한이 자기의 위치를 잘 알고 하는 이야기입니다.

그 당시는 요한에게 사람들이 구름 떼같이 모여들었습니다. 그래서 침례 요한이 혹시 메시아가 아닌가 하여 사람들이 묻기도 했습니다. 침례 요한은 이처럼 사람들의 관심이 자신에게 집중되어 있기 때문에 어지간하면 '이렇게 많은 사람들이 내게 와서 침례를 받고 나를 따르니 이만하면 나도 굉장히 근사하다!' 고 생각할 수도 있었습니다. 그리고 우쭐한 마음으로 "내가 이렇게 대중의 인기를 얻고 대중의 신뢰를 받으니, 예수님이 비록 주님이시지만 세상에 나타나려면 내게 침례를 받으십시오." 라고 건방진 소리를 할 수도 있었습니다. 그러나 침례 요한은 예수 그리스도의 길을 닦는 사환으로서 자기의 직무를 충실히 다하였습니다. '나는 어디까지나 사환이지 주인이 아니다!' 라는 마음으로 자신의 본분을 잊지 않고 온 이스라엘을 향하여 회개의 메시지를 선포하며 회개의 침례를 베풀었습니다. 그리고 주인이신 예수님이 오시자, 그는 기쁘게 예수님을 맞이하면서 "나는 예수님께 침례를 베풀 수가 없습니다. 예수님이 내게 침례를 주옵소서." 하고 겸허하게 스스로를 낮추어 말한 것입니다.

이 세상에서 가장 중요한 것이 겸손입니다. 물이 높은 곳에서 낮은 곳으로 흐르듯이 은혜도 낮은 곳으로 임합니다. 우리는 은혜를 받으면 받을수록 우리 자신을 낮추어야 합니다. 하나님 앞에서 낮추어야 합니다. 하나님 앞에서 자기를 높이면 사탄과 같이 되고 맙니다. 천사장 루시퍼는 하나님이 너무나 아름답게 만들어 주시니까 자기를 높여서 하나님과 같아지려고 하다가 하나님께 내쫓겼습니다. 아담과 하와는 하나님이 너무나 신비하고 아름답게 만들어 주시니까 그만 자기를 높여서 하나님처럼 선악을 분별하고 주권 행사를 하려다가 에덴에서 쫓겨났습니다. 노아의 후손들은 "우리가 탑을 쌓아 그 꼭대기가 하늘에 닿게 하자!" 며 하나님처럼 높아지려고 바벨탑을 쌓다가 흩어지고 말았습니다. 교만은 패망의 선봉이요, 거만한 마음은 넘어짐의 앞잡이인 것입니다(잠 16:18).

인류 역사를 통해서 보면, 어느 나라든지 교만해져서 국경을 뛰어넘어 다른 나라를 침략하고 정복하려던 나라치고 망하지 않은 나라가 없습니다. 어떠한 문명도, 어떠한 문화도 하나님 앞에서 자기 자신을 드러내고 하나님과 동등하게 되려고 교만해지면 그 교만이 파멸을 가져오게 되는 것입니다.

기업도 마찬가지입니다. 사업을 할 때 중소기업을 하든 대기업을 하든 겸허하게 탐욕을 버리고 자기 실력에 맞게 사업을 하면 여간한 불황이 다가와도 이겨 낼 수 있는 힘이 있습니다. 그러나 탐욕은 곧 교만입니다. 교만과 탐욕은 같이 갑니다. "우리 회사 봐라! 우리 그룹 봐라! 얼마나 크냐!" 이런 교만으로 허세를 부리려고 은행 빚을 내고 사채를 빌려써서 자기 회사 자본의 300%, 500%, 1,000% 되는 많은 빚을 지고 천문학적인 이자를 지불하면서 굴러가는 기업은 조금만 불황이 다가오면 빚도 못 갚고 그만 넘어지고 맙니다. 교만 때문입니다. 겸허하게 낮아져서 올바르게 경영하지 못하면 무너집니다. 이러므로 여러분, 우리는 절대로 교만하지 말아야 합니다. 교만은 사탄과 직통하는 것입니다. 우리는 언제나 겸허하게 낮아져서 남을 나보다 낫게 여기고 남의 말을 경청하여야 합니다.

내가 목회하면서 볼지라도, 우리 주의 종들 중에도 스스로 교만해져서 자기가 하나님의 특별한 자라고 하든지, 하나님이 특별히 기름 부어서 자기를 세웠다든지, 자기가 이 마지막 세대에 하나님이 세우신 엘리야라든지, 뭐 그런 소리 하던 사람들은 얼마 있다가 다 사라졌습니다. 다 교만해서 넘어졌습니다. 주의 종이 뭡니까? 주의 종은 하나님의 심부름꾼입니다. 그런데 그 무슨 건방진 말입니까? 머슴은 주인이 시키는 일만 하면 되지, 머슴이 좌지우지할 수 없습니다. 그래서 침례 요한을 우리가 본받아야 합니다. 침례 요한은 사환으로서, 머슴으로서 자기 역할을 충실히 다하였습니다. 절대로 자기를 메시아라고 하지 않았습니다. 자기를 위대한 인물로 드러내지 않았습니다. 오직 예수님만 섬기고, 예수님을 세상에 나타내고, 예수님을 받드는 종으로서 자기 위치를 분명히 알았습니다.

요한이 침례 베풀기를 거부하자, 주인 되시는 예수님이 그에게 말씀하셨습니다.

"아니다. 네가 내게 침례를 베풀어라. 그리하여 하나님의 모든 의를 이루는 것이 합당하다."

하나님의 뜻은 예수님이 요단 강에서 하나님의 아들로서 나타나는 것입니다. 그래서 예수님이 침례를 받으실 때 만인이 바라보고 있는 중에 예수님을 하나님의 아들로 나타내시고 성령이 임하게 하신 것입니다. 그리고 예수님은 새로운 언약의 중보자로서 메시아이므로, 모든 믿는 자들이 그리스도의 이름으로 침례를 받고 변화를 받게 할 모범으로서 침례를 받으셔야 했습니다. 유대인이나 이방인이나 다 침례를 받아 예수 그리스도 안에서 태어나게 해야 하기 때문입니다. '나는 유대인이다.', '나는 이방인이다.', '나는 서양 사람이다.', '나는 동양 사람이다.', '나는 지식 있는 사람이다.', '나는 무식한 사람이다.' 라는 차별이 침례 속에서 다 사라졌습니다. 침례 속에서 다 죽어 버린 것입니다. 유대인도, 이방인도, 모든 사람이 침례 속에서 죽어 장사되고, 부활할 때에는 예수 사람으로 부활하게 되는 것입니다. 유대인도 없습니다. 이방인도 없습니다. 서양 사람도 없습니다. 동양 사람도 없습니다. 부자도 없고, 가난한 사람도 없습니다. 모두 다 침례로 말미암아 장사 지내고 예수 사람으로 부활하게 됩니다. 침례를 통해서 우리의 조상은 예수님이요, 우리는 모두 다 예수 사람들로서 하나가 되어 태어나는 것입니다.

예수님은 우리가 침례 받음으로 말미암아 예수 사람으로서 다시 태어나서 하나님의 뜻을 이루게 하기 위하여 친히 침례 받기를 원하셨습니다. 그래서 "하나님의 의, 하나님의 뜻을 이루기 위해서 내게 침례 베푸는 것을 허락하라." 고 명령하신 것입니다. 침례 요한은 그 말씀을 듣고 순종하였습니다. 주의 종들은 주님이 하시는 말씀에 토를 달아서는 안 됩니다. 주님이 하라면 무조건 "예!" 이지 "왜 이렇게 합니까?" 그런 소리 하면 안 됩니다. 선악을 따지는 사람은 주의 종이 아닙니다. 주인이 하라면, 내 생각으로는 그것이 선하지 않다고 생각되더라도 해야 됩니다. 내 생각으로는 그것이 나쁘다고 생각이 들어도 해야 됩니다. 내가 생각하는 선악의 기준은 하나님이 생각하시는 기준과 다르기 때문입니다. 하나님의 생각은 하늘이 땅보다 높음같이 높습니다. 그러니 조그마한 인간의 생각으로 어떻게 하나님의 생각을 판단할 수 있겠습니까? 하나님이 좋다고 하면 무조건 좋고 하나님이 나쁘다고 하면 나쁩니다. 그러므로 하나님이 하시는 일에 전적으로 무조건 복종하는 것만이 우리의 할 일이요, 우리의 사명입니다. 이것이 하나님의 의에 대한 우리의 태도인 것입니다.

나는 전에 어느 교수님으로부터 이런 간증을 들은 적이 있습니다. 그분은 자기가 세상에서 제일 의롭다고 생각했었답니다. '나는 예수를 안 믿어도, 예수 믿는다고 하면서 거짓말하고 도둑질하고 온갖 죄짓는 사람보다 의롭다! 부흥회에 참석해서 막 우는 사람들을 봐라. 예수쟁이들은 죄를 많이 지어서 울지만, 나는 죄지은 것이 없으니까 울 필요가 없다!' 그런데 한번 부흥회에 따라가서 십자가를 바라보는데 십자가에서 빛이 확 비치더니 마음속에 음성이 들리더랍니다.

"너 과연 똑똑하구나. 그러면 너 나보다 똑똑하냐?"

"누구십니까?"

"나는 하나님이다."

이 소리에 그분은 기절초풍 했습니다.

"아유, 내가 어찌 하나님보다 똑똑합니까?"

"그러면 네가 왜 모든 사람을 비평하고 판단하느냐? 고약한 놈!"

그분은 거기에서 거꾸러져 회개하였습니다.

"아이고, 하나님, 나는 죄인입니다! 하나님보다 똑똑한 체하고, 하나님이 선악을 분별하고 죄인과 의인을 분별할 것인데 내가 하나님 자리에서 건방지게 날뛰었으니 교만한 저를 용서해 주십시오."

그다음에 자신을 보니까 죄투성이더랍니다. 그런데 그때 하나님이 또 말씀하시는 것이었습니다.

"예수 믿는 사람들도 거짓말하고 도둑질하지만 그 사람들이 너보다는 낫다. 왜 그런지 아느냐? 그 사람들은 그래도 나를 믿고 있다. 그런데 너는 어떠냐? 너는 나를 믿지도 않지 않느냐? 그러니 너는 불신앙의 죄까지 있다."

그래서 그분은 하나님의 계시를 받고 3년간 울었답니다. 3년간 교회에만 나오면 눈물을 비 오듯이 흘리며 통회하고 자복하고 회개하고 그다음에 하나님의 성령의 은혜를 받았다는 간증을 들었습니다.

이 세상에 사는 사람 중에 죄 없는 자가 누가 있습니까? 다 죄인입니다. 죄인인 인간이 의로우신 하나님이 하시는 일을 어떻게 판단합니까? 어두운 데 있는 사람이 밝은 데 있는 사람을 보고서 '이리 가라, 저리 가라' 하는 것은 우스운 일 아닙니까? 장님이 눈 뜬 사람에게 '오른편으로 가라, 왼편으로 가라, 돌아가라' 한다면, 여러분은 그 말을 듣고 어떻게 하시겠습니까? "예" 하고 순종하겠습니까? 장님은 아무것도 안 보이는데 앞 못 보는 사람이 보는 사람에게 '이리 가라, 저리 가라' 한다는 것은 너무나 어리석은 일이 아니겠습니까? 우리 하나님은 보시는 분이시고 우리는 못 보는 사람입니다. 하나님은 과거를 다 보시고, 현재도 다 보시고, 미래도 다 보고 계십니다. 그런데 한치 앞도 못 보는 우리가 그 명령에 토를 달고 조건을 달고 물음표를 다는 것은 너무나 어리석은 일입니다.

우리는 모든 것을 처음부터 끝까지 밝히 보시고 환하게 아시며 우리를 이끌어 주시고 우리에게 지시하시는 하나님의 뜻을 무조건 따라야 됩니다. 하나님이 하시는 일에 우리가 왈가왈부할 권한이 없습니다. 우리 인간의 지혜라는 것은 극히 한정되어 있습니다. 하나님보다 똑똑하지 않습니다. 하나님보다 똑똑하지 않으면 하나님이 하시는 일에 대해서 비평을 해서는 안 됩니다. 그런데 우리 예수 믿는 사람이 하나님께서 하시는 일에 대해서 왈가왈부 비평합니다. 그래서 하나님으로부터 쫓겨납니다. 주권자가 되려고 했기 때문에 축복과 은혜에서 쫓겨나는 것입니다. 하나님께 무조건 순종하는 사람이 복 받는 사람입니다. "주여, 살든지 죽든지, 흥하든지 망하든지, 성하든지 쇠하든지 주님 뜻대로 따라갑니다!"

그런 사람이 하나님의 신임을 받아서 상을 받고 하나님의 복을 받게 되는 것입니다.

16-17절 예수께서 침례를 받으시고 곧 물에서 올라오실새 하늘이 열리고 하나님의 성령이 비둘기같이 내려 자기 위에 임하심을 보시더니 하늘로부터 소리가 있어 말씀하시되 이는 내 사랑하는 아들이요 내 기뻐하는 자라 하시니라

여기에 예수님이 침례 받으려고 하신 이유가 있습니다. 예수님은 침례를 통해서 온 천하에 자신을 나타내셨습니다. 예수님이 침례를 받으시고 물에서 올라오는데 하늘이 열렸습니다. 아담과 하와 이후로 하늘은 닫혔습니다. 에덴동산이 하늘나라 문의 상징인데, 아담과 하와가 범죄하여 쫓겨난 다음에 닫혀 버렸습니다. 하나님께서는 아담과 하와를 에덴동산에서 쫓아내신 후 에덴동산 동편에 그룹들과 두루 도는 화염검을 두어 생명나무의 길을 지키게 하셨습니다. 아담과 하와가 세상살이가 너무 괴로워서 고향 땅에 돌아오려고 둘이 손잡고 울면서 에덴동산 근처까지 왔다가도 동산 주위에 화염검이 홱홱 맴도니 들어갈 수가 없었습니다. 그들은 에덴동산 입구까지 와서 울면서 에덴동산을 바라보고 있다가 돌아가곤 했을 것입니다.

그래서 아담과 하와 이후로 하늘 문이 인류에게 닫히고 인류는 하늘에서 쏟아지는 저주를 받고 살았습니다. 하나님의 저주가 이 땅에 먼지와 티끌처럼 임함으로 말미암아 하는 일마다 저주가 임하여 고생이 많고, 땅에는 가시와 엉겅퀴가 나고, 우리의 삶에는 저주의 가시가 돋치고 고통이 끊이지 않았습니다. 이마에 땀이 흘러야 먹고살고, 부부 간에 서로

분쟁하고 갈등하며 고생하다가 결국은 죽는 것이 인생이었습니다. 사람들은 이런 처절한 절망 가운데서 인간의 힘으로 문제를 해결해 보려고 무척 애를 썼습니다. 종교도 만들고, 과학도 발전시키고, 문화도 향상시키고, 온갖 일을 해 보았지만 모두 다 별 볼일 없었습니다. 그런데 우리에게 와서 하늘 문을 열어젖히신 분이 바로 예수님이신 것입니다.

하나님께 버림받은 것 같은 인생의 머리 위에 하늘 문을 열 수 있는 분은 예수 그리스도밖에 없습니다. 예수님 이전에도 이후에도 소위 종교가도 많이 생겨났고, 철학자도 많이 생겨났습니다. 위대한 종교가, 위대한 철학자가 생겨난 것은 부인하지 않습니다. 그러나 하늘 문을 여신 분은 예수님밖에 없습니다. 하늘 문은 생명의 문이요, 소망의 문이요, 의의 문이요, 거룩의 문이요, 영생의 문입니다. 이 하늘 문이 열리는 것이 문제의 해답이지, 하늘 문이 열리지 않는 다음에야 어떠한 좋은 종교도 종교로서 끝나고 어떠한 좋은 철학도 철학으로 끝날 뿐입니다. 그것이 인류에게 구원을 베풀지는 못합니다. 인류의 구원은 하늘 문이 열려야 되는 것입니다.

예수님이 오셔서 하늘 문을 열어젖히셨습니다. 그러므로 예수님을 믿는다는 것은 여러분의 가슴속에 하늘 문을 열어젖히는 것입니다. 예수님은 "내가 문이니 누구든지 나로 말미암아 들어가면 구원을 받고 또는 들어가며 나오며 꼴을 얻으리라"(요 10:9)고 말씀하셨습니다. 예수님이 바로 하늘 문입니다. 예수님을 모시면 여러분의 가슴에서 하늘 문이 열리기 때문에 이제는 세상 사람으로 살지 않고 하나님과 동행하며 삽니다. 아담과 하와가 에덴동산에서 하나님의 손을 잡고 동행한 것처럼, 예수님을 통해서 내 가슴에 하늘 문이 열렸으니 이제는 하나님과 기도로 대화하고 찬송으로 대화하고 하나님의 말씀을 받아먹고 성령님을 모시고 하나님과 함께 사는 사람이 되었습니다. 에덴동산에서의 아담과 하와의 삶이 이제는 여러분에게 복구된 것입니다.

우리는 하나님의 사람들이 되어 하나님과 함께 거닐고 하나님과 함께 대화하며 살 수 있게 되었으니 이 얼마나 놀랍습니까? 예수 안 믿는 사람은 꿈도 꾸지 못할 일입니다. 그렇기 때문에 예수 안 믿는 사람은 우리가 기도하는 것을 보면 "허공에 대고 헛소리하네! 저 사람들 완전히 미치지 않았나? 영 정신 나갔지!"라고 비웃습니다. 왜 이렇게 봅니까? 하늘 문이 열려 우리가 하나님과 대화하고 하나님의 방식으로 살기 때문입니다. 그러니 우리는 보통 사람들이 아니라 특별한 사람들입니다. 하늘나라를 가슴에 품고 사는 사람들입니다. 그리스도로 말미암아 하늘 문이 열렸기 때문입니다.

이제는 하늘 문이 열려 있고 우리가 기도를 통하여 하나님과 교통할 수 있으므로 우리 삶의 모든 문제의 해답은 하늘에서 옵니다. 이제 우리는 큰일이든 작은 일이든 간에 엎드려 기도함으로써 해답을 얻습니다. "너는 내게 부르짖으라 내가 네게 응답하겠고 네가 알지 못하는 크고 은밀한 일을 네게 보이리라"(렘 33:3). 하나님이 크고 비밀한 일을 보여 주셔서 우리를 이끌어 가시는 것입니다. 그러므로 우리는 기도해야 합니다. 첫째도 기도, 둘째도 기도, 셋째도 기도해야 합니다. 하늘을 쳐다보고 하나님을 의지해야 하는 것입니다. 그러면 하나님께서 전지전능, 무소부재하신 능력으로 우리를 도와주시고 이끌어 주시는 것입니다.

예수님이 침례를 받으시고 물에서 나오시니 하늘이 열리고 하나님의 성령께서 비둘기같이 내려 그 위에 임하셨습니다. 예수님이 하늘 문을 열어젖히시고 인류 문제의 해답으로 성령을 불러 내리신 것입니다. 성령은 인류 문제의 해답입니다. 인류의 죄에 대한 문제의 해답도 성령이고, 인류의 미움에 대한 문제의 해답도 성령님이고, 질병과 고통에 대한 문제의 해답도 성령이고, 가난과 헐벗음에 대한 문제의 해답도 성령이고, 죽음과 절망에 대한 문제의 해답도 성령입니다. 성령이 운행하시면 기적이 일어납니다.

여러분, 창세 때를 보십시오. 땅이 혼돈하고 공허하며 흑암이 깊음 위에 있고 하나님의 영이 수면 위에 운행하시는 상태에서 하나님께서 말씀으로 창조하시지 않았습니까? "빛이 있으라!" 하시니 흑암이 변하여 광명이 되었습니다. "물은 갈라져서 궁창이 나타나라!" 하시니 푸른 하늘이 나타났습니다. "물은 한곳으로 모이고 육지가 드러나라!" 하시니 육지가 드러났습니다. "모든 풀과 채소와 열매 있는 과목을 내라!" 하시니 각종 초목이 다 생겨났습니다. 해와 달과 별들도, 공중의 새와 물속의 물고기도, 각종 짐승들도 다 말씀으로 창조하셨습니다. 그런데 사람은 흙으로 지어서 생기를 불어넣어 창조하셨습니다. 생기는 성령님입니다. 하나님께서 성령의 생기를 불어넣으시니 사람이 생령이 되었습니다(창 2:7). 성령님이 오셔야 하나님의 말씀의 역사가 일어나게 되는 것입니다.

예수님은 바로 하늘 문이요, 말씀입니다. 우리가 하늘 문에 들어서고 말씀을 받았을 때 그 말씀이 역사하기 위해서는 성령님이 오셔야 합니다. 성령님을 인정하고 환영하고 모셔 들이고 의지하고 성령 충만해야 합니다. 그래야 우리의 기도가 성령으로 효과를 발생하고, 우리의 믿음도 성령으로 효과를 발생하고, 우리의 찬송도 성령으로 효과를 발생하는 것입니다. 성령님이 말씀을 따라 운행하시는 것입니다.

우리가 성령의 충만함을 받고 성령님을 모시고 살 때, 하늘나라 백성인 우리가 말하는 것과 행동하는 것이 성령으로 말미암아 열매를 맺게 됩니다. 이것은 굉장히 중요한 것입니다. 예수님은 바로 하늘나라 문이요, 예수님은 바로 하늘나라의 말씀이며, 그것은 성령의 능력으로 이루어집니다. 그러므로 예수님이 오셔서 하늘 문을 여시고 인생의 모든 문제의 해결을 위해 우리에게 성령을 부어 주신 것입니다.

성령님이 오시면 다 변화됩니다. 죄인은 의인으로 변화됩니다. 죄와 사망의 법이 생명의 법으로 해결되고 마는 것입니다. 성령님이 오시면 미움이 사라지고 사랑이 옵니다. 뜨거운 성령의 불이 확 지나가면 병이 다 녹아 버립니다. 모든 질병이 다 사라집니다. 성령님이 오시면 사막이 변하여 강이 됩니다. 성령님이 오시면 모든 거친 광야가 아름답고 기름진 땅으로 변화되는 것입니다. 성령님이 운행하시면 쓰러져 가는 회사와 사업이 순식간에 살아납니다. 성령님이 오셔야 됩니다. 교회의 성장도 성령님이 오셔야 되고, 나라의 부흥도 성령님이 오셔야 되고, 우리 민족의 통일도 성령님이 오셔야 됩니다. 그러므로 우리는 성령의 역사를 위해서 기도를 많이 하고 성령님과 함께 살기를 힘써야 하는 것입니다.

하나님은 우리 인생 문제의 해답으로 예수님과 성령님을 보내셨습니다. 십자가에 못 박혀 몸 찢기고 피를 흘려서 하늘 문을 열어 놓도록 예수님을 보내시고 그 예수 그리스도의 역사를 우리에게 이루시기 위해서 성령을 보내신 것입니다. 하나님이 우리에게 주신 문제 해답은 예수님과 성령님입니다. 예수님과 성령님! 바로 이것을 요단 강에서 예수님이 침례 받으면서 보여 주신 것입니다. 주께서 하늘 문을 여시는 분이요, 성령님을 불러 내리는 역사를 하시는 분이라는 것을 보여 주신 것입니다.

그러므로 예수님만이 우리의 구주가 되십니다. 예수님 외에 구원받을 만한 다른 이름을 주신 일이 없습니다. 아무도 하늘 문을 연 사람이 없고, 아무도 성령님을 불러 내린 사람이 없습니다. 그러므로 현혹되지 마십시오. 예수님만이 우리의 구주입니다. 그리고 성령님만이 우리를 변화시키시고 우리 가운데 은혜와 기적을 베푸시는 것입니다.

그런데 예수님이 침례 받고 물에서 올라오실 때 왜 성령께서 비둘기 같은 상징적인 형상으로 나타나셨을까요? 비둘기는 깨끗한 짐승입니다. 까마귀는 썩은 것을 먹지만 비둘기는 썩은 것을 먹지 않고 콩이나 낟알을 먹습니다. 그러므로 비둘기는 깨끗한 것이지요. 성령은 정결한 영입니다. 더러운 영이 아닙니다. 귀신은 더러운 영이지만, 성령은 깨끗한 영인 것입니다. 그러므로 성령 받았다고 하면서 더러운 말을 하고 욕지거리를 하고 반말을 한다면 그것은 진짜가 아닙니다. 귀신이 들어와서 더러운 말을 하고 욕하고 반말하는 것입니다. 성령께서 들어오시면 깨끗한 말, 밝고 환한 말을 합니다. 성령은 깨끗하고 거룩한 영이기 때문입니다.

성령님은 우리와 함께하시는 제3위 하나님이십니다. 거룩하고 존귀하고 장엄하며 인격을 가지고 계신 분이십니다. 우리가 성령님을 가볍게 생각하고 무시하고 멸시하고 소멸하면 성령님은 떠나 십니다. 성령님이 떠나시면 기도가 나오지 않습니다. 찬송도 나오지 않고 신앙도 없어지고 마음이 메마른 땅이 되어서 쩍쩍 갈라지므로 그 고통을 말로 다 할 수 없습니다. 예수 믿는 사람에게 제일 저주스러운 말이 무엇인지 압니까? 성령 없이 예수 믿으라는 말입니다. 그것은 완전히 형식과 의식이지 신앙이 아닙니다. 성령님이 오셔야 믿음, 소망, 사랑, 의와 평강과 희락이 충만합니다. 그러므로 성령님을 언제나 인정하고 환영하고 모셔

들이고 의지하며 성령님을 존귀하게 모셔야 되는 것입니다. 성령님을 무시하고 멸시하는 일이 결코 있어서는 안 되는 것입니다.

예수님이 물로 침례를 받으실 때 삼위일체 하나님이 한자리에 나타나셨습니다. 예수님이 하늘 문을 열어젖히시고, 성령님이 내려오시고, "이는 내 사랑하는 아들이요, 내 기뻐하는 자라!"는 아버지 하나님의 음성이 들렸습니다. 삼위일체 하나님이 다 나타나셨습니다. 아버지와 아들과 성령이 한꺼번에 나타나신 것입니다.

많은 사람들이 삼위일체를 부인하며, "예수님이 곧 아버지이고, 예수님이 곧 예수님이고, 예수님이 곧 성령이다. 그러므로 오직 예수님 한 분이 아버지로 나타났다가, 아들로 나타났다가, 성령으로 나타난다."고 합니다. 그렇다면 이때 예수님이 보통 바쁘시지 않을 것입니다. 만일 그렇다면 예수님이 물로 침례 받으시다가 빨리 하늘로 올라가서 성령이 되어 내려오시고 그다음 또 빨리 올라가서 보좌에 앉아 "이는 내 사랑하는 아들이요, 내 기뻐하는 자라."고 말씀하셨다는 것인데, 그런 엉터리가 어디 있습니까? 이것은 성경을 크게 오해하고 잘못 안 것입니다. 성경을 보면, 분명히 예수님은 요단 강물에서 올라오셨고, 성령님은 그 위에 임하셨고, 하늘에서 "이는 내 사랑하는 아들이요, 내 기뻐하는 자라."고 선포하시는 아버지 하나님이 따로 계셨습니다. 그러면 세 하나님이 아니냐고 생각할 수 있습니다. 그러나 세 인격이지만 하나님은 한 하나님이십니다. 한 하나님 속에 아버지, 아들, 성령 세 인격이 들어서 각자 독립적으로 일하면서도 100% 일치되는 한 하나님이십니다. 그것을 인간의 이성으로 생각할 수 없습니다. 그러므로 성경은 인간의 지혜로 만든 것이 아닙니다. 하나님의 존재에 대한 하나님의 계시입니다.

삼위일체, 이는 참으로 위대한 교리입니다. 이슬람교는 하늘에 유일무이하게 한 신만 있다고 합니다. 그러면 그 신은 아주 외롭고 고독하고 이견불통(異見不通)하는 고집불통 신일 것입니다. 외롭게 혼자서 영원히 있었으니 얼마나 고집불통이겠습니까? 혼자 영원히 있는 그 신은 악마입니다. 사랑이 없습니다. 사랑이 뭡니까? 혼자서 사랑이 됩니까? 여러분, 사랑이란 주고받아야 되는 것입니다. 왜 남녀 간에 결혼하려고 합니까? 사랑하려고 하는 것입니다. 혼자서 살면 아무리 사랑하려고 해도 사랑이 안 됩니다. 상대가 있어야 사랑을 주고 사랑을 받을 수 있습니다. 혼자 살면 고독합니다.

우리 하나님은 고독한 신이 아닙니다. 아버지와 아들과 성령이 교통합니다. 사랑이 넘칩니다. 화해가 넘칩니다. 은혜와 축복이 넘칩니다. 삼위일체 하나님은 그 자체가 사랑일 수밖에 없습니다. 삼위가 일체가 되시니 얼마나 단단한 사랑으로 하나가 되었겠습니까? 화해는 당연히 하나님의 본성입니다. 사랑하고 화해하니 기쁨이 넘치고 평안이 넘치고 소망이 넘칩니다. 그러므로 하나님을 모신 우리의 마음속에는 모든 좋은 것이 다 있는 것입니다. 그러나 이슬람교의 알라 신은 혼자 있기 때문에 사랑이 없습니다. 화해도 없습니다. 사랑이 없으니까 그 결과 기쁨도 없습니다. 즐거움도 없고 소망도 없습니다. 그러므로 그 신은 참신이라고 할 수 없습니다. 그들은 늘 우리 기독교를 비난할 때 "하나님이 아내도 없는데 어떻게 아들을 낳았느냐?" 고 합니다. 그러나 인간의 이성으로 생각하면 안 됩니다. 예수님은 하나님으로부터 나오셨습니다. 그러므로 하나님의 아들이신 것입니다.

제 4 장

광야의 시험을 넘어 본격적인 사역으로

성령에 이끌린 광야에서의 시험 4:1-11

갈릴리 전도 사역의 시작 4:12-17

제자들을 부르심 4:18-22

그리스도의 3대 사역 4:23-25

A COMMENTARY
ON THE GOSPEL OF
MATTHEW I

본 장에는 예수님께서 공생애를 시작하시기 전 성령께 이끌리어 마귀에게 시험을 받으신 사건과 함께 주님께서 복음 전파를 시작하시고 네 제자들을 부르신 일이 기록되어 있습니다.

침례 요한에게 침례를 받으심으로 메시아로서의 공생애를 시작하기 위한 일차적인 준비를 마치신(3:13-17) 예수님께서는 이제 공생애 사역에 필요한 마지막 준비 단계로, 광야로 가셔서 40일 동안 금식하시고 세 번에 걸쳐서 마귀에게 시험을 받으셨습니다. 이렇게 메시아 사역에 필요한 모든 준비를 마치신 예수님께서는 구약의 예언(사 9:1-2)을 성취하시기 위해 공생애 사역을 갈릴리 지역에서 시작하셨습니다. 그리고 복음 전파 사역을 위해 갈릴리 바닷가에서 어부로 살아가던 베드로와 그의 형제 안드레를 부르시고 또 세베대의 아들 야고보와 그의 형제 요한을 제자로 부르셨습니다.

1. 성령에 이끌린 광야에서의 시험(4:1-11)

1. 그때에 예수께서 성령에게 이끌리어 마귀에게 시험을 받으러 광
야로 가사 2. 사십 일을 밤낮으로 금식하신 후에 주리신지라 3. 시
험하는 자가 예수께 나아와서 이르되 네가 만일 하나님의 아들이어
든 명하여 이 돌들로 떡덩이가 되게 하라 4. 예수께서 대답하여 이
르시되 기록되었으되 사람이 떡으로만 살 것이 아니요 하나님의 입
으로부터 나오는 모든 말씀으로 살 것이라 하였느니라 하시니 5. 이
에 마귀가 예수를 거룩한 성으로 데려다가 성전 꼭대기에 세우고 6.
이르되 네가 만일 하나님의 아들이어든 뛰어내리라 기록되었으되
그가 너를 위하여 그의 사자들을 명하시리니 그들이 손으로 너를 받
들어 발이 돌에 부딪치지 않게 하리로다 하였느니라 7. 예수께서 이
르시되 또 기록되었으되 주 너의 하나님을 시험하지 말라 하였느니
라 하시니 8. 마귀가 또 그를 데리고 지극히 높은 산으로 가서 천하
만국과 그 영광을 보여 9. 이르되 만일 내게 엎드려 경배하면 이 모
든 것을 네게 주리라 10. 이에 예수께서 말씀하시되 사탄아 물러가라
기록되었으되 주 너의 하나님께 경배하고 다만 그를 섬기라 하였느

니라 11. 이에 마귀는 예수를 떠나고 천사들이 나아와서 수종드니라

1절 그때에 예수께서 성령에게 이끌리어 마귀에게 시험을 받으러 광야로 가사

내가 초등학교 다닐 때 일입니다. 나는 경상남도 울주군 삼남면 교동리 31번지 신장이라는 산꼭대기에서 살았는데 학교에 가려면 20리나 되는 먼 길을 걸어야 했습니다. 산꼭대기에서 가파른 내리막길을 내려와서 긴 논둑을 지나고 개울을 지나고 언양 읍내를 지나서 학교로 갑니다. 함께 등교할 친구도 없이 그 먼 길을 늘 혼자 걸어갑니다. 중얼거리기도 하고, 논에 벼가 자라는 것도 보고, 졸졸 흐르는 도랑물도 보고, 개구리도 보고, 올챙이도 보고, 뜸부기가 날아가는 것도 보면서 학교로 갑니다.

그런데 어느 여름날 등교길이었습니다. 논둑을 지나가는데 잠자리 유충이 논두렁에서 기어 올라와 있는 것이 보였습니다. 가까이 다가가서 보니 유충의 등이 조금 갈라져 있고 그 사이로 잠자리가 나오려고 애를 쓰고 있는 것이었습니다. 학교에서 공부를 마치고 집으로 가는 길에 보니, 잠자리가 여전히 탈피하느라고 애쓰고 있는데 조금밖에 못 나온 상태였습니다. 나는 잠자리가 불쌍해서 "아기 잠자리야, 너는 엄마 아버지가 없어서 못 도와주는구나." 하고 유충의 등허리 껍질을 찢어 주었습니다. 그리고는 "자, 이제 날아가라!" 하고 잠자리를 날려 주고서 집으로 돌아왔습니다. 그 이튿날 아침이었습니다. 학교에 가다가 그 길을 지나려는데 개미들이 오글오글 모여 있는 것이 보였습니다. 그래서 가까이 가 보았더니 어제 내가 날려 보냈던 잠자리가 날개가 쪼글쪼글해진 채 죽어

개미들에게 먹히고 있었습니다.

'어? 나는 잘살라고 등껍질을 찢어서 날려 주었는데 왜 날아가지도 않고 죽었을까? 날개는 왜 저렇게 쪼글쪼글해졌을까?' 그래서 학교에 가자마자 선생님께 여쭈어 보았습니다.

"선생님, 이 잠자리가 껍질 밖으로 나오려고 발버둥 치길래 불쌍해서 등껍질을 찢어서 날려 보내주었는데 그만 날개가 쪼글쪼글해지고 죽어서 개미가 파먹었습니다. 왜 그렇습니까? 선생님."

"야 이놈아, 네가 잠자리를 도와준 것이 아니라 잠자리를 죽였다. 잠자리는 그 등껍질의 작은 구멍으로 나오기 위해 애쓰는 동안 몸에서 기름이 나와 날개를 칠한단다. 그래서 날개에 기름이 잔뜩 묻어 나온 잠자리는 햇빛이 비치면 날개가 우산처럼 쫙 펴져서 날게 되는 거야. 그런데 그 잠자리는 네가 등껍질을 찢어 주어서 몸에서 기름이 나와 날개에 기름칠이 안 되었기 때문에 날개가 쭈글주글해져서 날지도 못하고 기어다니다가 개미 밥이 된 것이란다." 그 선생님의 말씀이 늘 기억이 납니다.

인생을 사는 것도 마찬가지입니다. 쉽게 돈을 벌거나 쉽게 출세하면 쉽게 무너져 버리고 맙니다. 쉽게 번 돈은 조금도 귀하게 여기지 않아서 허랑방탕하게 쓰기 때문에 돈도 사람도 잃어버리고 맙니다. 쉽게 권력을 얻으면 그 권력을 가지고 자기도 남도 망하게 합니다. 시련과 고통을 통하여 근검절약하며 한 푼 두 푼 돈을 모아야 그 돈이 오랫동안 유지되고, 많은 시련을 통해 연단을 받아서 권력과 능력을 얻어야 그 권력과 능력이 오래 가는 것입니다. 이처럼 하나님께서 우리에게 은혜를 주시려고 할 때는 반드시 시련을 통하게 하십니다.

성경은 믿음의 연단에 대해서 이와 같이 말씀하고 있습니다. "내 형제들아 너희가 여러 가지 시험을 당하거든 온전히 기쁘게 여기라 이는 너희 믿음의 시련이 인내를 만들어 내는 줄 너희가 앎이라 인내를 온전히 이루라 이는 너희로 온전하고 구비하여 조금도 부족함이 없게 하려 함이라" (약 1:2-4).

예수님께서는 침례를 받고 하나님의 아들이심을 확증받으신 후 성령께 이끌려 광야로 가서 사십 일 동안 금식하시고 마귀에게 시험을 받으셨습니다. 예수님께서 메시아로서의 사명을 감당하기 위해서는 이처럼 먼저 시험에서 승리할 필요성이 있었기 때문입니다.

시험에는 두 가지가 있습니다. 그 중 하나는 하나님께서 신앙을 더욱 견고하게 하고 능력과 축복을 받게 하기 위해서 주시는 '연단' 이고, 다른 하나는 마귀가 우리를 도둑질하고 죽이고 멸망시키기 위해서 주는 '유혹' 입니다. 인생을 살면서 시험을 받지 않고 사는 사람은 아무도 없습니다. 학교에 진학할 때에도 시험에 합격해야 하고, 학생은 정기적으로 학과 시험을 치러야 하고, 취업을 할 때에도 시험에 합격해야 합니다. 시험을 쳐서 실력과 능력을 인정받아야 자격을 얻고 권리 행사를 할 수 있습니다. 우리의 신앙도 시험을 통과해야 하나님께 인정받습니다. 우리가 하나님의 축복을 받고 쓰임받기 위해서는 반드시 시험을 통해서 우리의 신앙을 인정받아야 합니다.

구약시대에 하나님께서 꿀을 제단에 올리지 말라고 하셨습니다. 꿀은 굉장히 달지만 불을 통과하면 구린내가 나기 때문입니다. 소나 양의 기름을 불로 태우면 향기가 나듯 하나님의 제물은 향기로운 제물이어야 합니다. 향기로운 냄새가 아니라 구린내가 나는 꿀을 제단에 올리지 못하도록 하신 이유가 거기에 있습니다.

예수 믿는 사람도 불같은 시험과 환난을 통하면 향기가 납니다. 깨어지고 회개하기 때문에 더 부드러워지고 향기가 납니다. 하지만 그렇지 않은 사람은 믿는 척하면서 집사도 되고 장로도 되고 목사가 될 수는 있어도 불같은 시험을 당하면 결국 구린내가 납니다. 불평하고 협박하고 교회를 이간질시킵니다. 그것은 가짜입니다. 이처럼 시험을 통과해 봐야 진짜와 가짜를 알 수 있습니다. 여러분도 자신이 누구인지 잘 모릅니다. 여러분이 불같은 시험을 만났을 때 더 깨어지고 회개하고 하나님께 충성하는 향기가 나면 진짜겠지만 원망하고 불평하고 탄식한다면 가짜입니다. '예수 믿는데 일이 왜 이 모양이야? 이제부터 하나님 믿지 말아야겠다. 주일날 교회도 가지 않겠다. 십일조 낸 것도 도로 다 찾으러 가야겠다.' 하면서 온갖 불평을 하며 구린내를 낸다면 그 사람은 가짜입니다.

그러므로 하나님께서는 우리에게 불과 물을 통하게 하셔서 그가 진짜인지 가짜인지를 시험해 보십니다. 우리가 연애할 때에는 나무 밑에 앉아서 달빛을 바라보며 얼마나 로맨틱하게 이야기합니까? 상대방의 모든 것이 아름다워 보입니다. 하지만 결혼하고 한 지붕 밑에서 밥을 먹고 시련을 겪어보면 '어이구, 이 사람이 천사가 아니구나!' 하며 충격을 받게 됩니다. 시험이 닥치고 나서야 본체가 드러납니다. 사나운 성격, 못참는 성격, 앙칼진 성격이 다 나타납니다. 시련을 당하지 않을 때는 누구나 아름다운 말을 할 수 있습니다.

하나님의 아들을 보십시오. 요단 강에서 침례를 받으시고 물에서 올라오시자 하나님께서 '내 사랑하는 아들이요, 내 기뻐하는 자' 라고 하셨습니다. 그런데 다음에 곧장 예수님을 광야로 몰아 시험을 통과하게 하셨습니다. 마귀가 이끈 것이 아니고 성령이 이끌고 가셨습니다. 이렇듯 하나님의 아들조차도 시험을 통과해야 했습니다. 그래서 향기가 나는지 그렇지 않은지를 온 천하에 증명해야 했습니다. 고난을 통해서만이 하나님을 향한 아들의 순종이 나타나기 때문입니다. 그러므로 하나님이 우리에게 시험을 주실 때 원망, 불평, 탄식하지 말고 향기로운 제물이 되시기를 주의 이름으로 축복합니다.

시험을 통과하려면 자신이 제물이 되어야 합니다. 평소에 꿀같이 달고 맛있다가 불같은 시험을 당하면 구린내가 나는 것은 낙제품입니다. 그러한 사람에게 주님께서 복을 주시지 않습니다. 큰 복을 주시려면 큰 시험을 주시고 작은 복을 주시려면 작은 시험을 주십니다. 반드시 시험과 환난 뒤에는 그 이상의 복이 옵니다. '주여! 복을 주시옵소서.' 하고 기도했는데 복은 오지 않고 환난만 오는 이유는 하나님께서 여러분을 시험해 보고 그에 따라 복을 주시려는 것입니다. 교회에서 많은 은혜를 받고 집에 돌아가면 시험이 기다리고 있습니다. 기도원에서 금식하고 집에 가도 시험이 기다리고 있습니다. 우리가 은혜를 받았기 때문에 그 은혜를 유지할 수 있는지 없는지 하나님께서 시험해 보시는 것입니다. 그럴 때 낙제하면 은혜는 다 쏟아져 버립니다. 하지만 주님 앞에 엎드려 자아가 깨어지고 향기를 발하면 통과하는 것입니다. 그 다음에는 놀라운 복을 하나님께서 부어 주십니다.

예수님께서 성령에게 이끌리어 마귀에게 시험을 받으러 광야로 가신 것처럼 성령님은 우리의 신앙 성장을 위해서도 우리를 광야로 몰아치십니다. 시험을 받지 않고는 신앙이 자라지 않습니다. 산에 가서 기도하다가 성령을 받았다고 펄쩍펄쩍 뛰며 내려와서 "10년 믿은 신자가 저게 뭐야?" 하며 성도들을 흉보는 사람이 있는데 그건 잘 모르는 사람입니다.

처음에 은혜받으면 자기가 최고의 신자 같은데 그렇지 않습니다. 신앙이란 인내로써 시험해 봐야 합니다. 꾸준히 10년 동안을 교회에 나오며 예수 믿는 것은 고귀한 신앙입니다. 하루아침에 그런 신앙의 인격이 형성되지 않습니다. 성령의 불을 받아서 좋다고 당장에 뛰는 것은 일시적입니다. 더 중요한 것은 오래 참는 것입니다. 우리 그리스도인의 신앙 가운데 가장 귀한 은사가 바로 인내의 은사입니다. 믿음, 소망, 사랑 그 중에 제일은 사랑이라 했는데, 그 사랑의 첫째 되는 것이 오래 참는 것입니다. 인내력을 가진 신앙이 믿음, 소망, 사랑의 기초가 되는 것입니다. 그것을 어떻게 만들겠습니까? 바로 시련을 통과할 때 만들어집니다. 작은 시련을 통과한 사람은 작은 인내를 만들고 큰 시련을 통과한 사람은 큰 인내를 만들어 냅니다.

예수님은 완전한 하나님이요, 완전한 사람인데 무엇이 모자라서 시험을 받으시겠습니까? 예수님께서 시험을 받으신 것은 자신의 본성을 보여 주시기 위해서입니다. 우리가 시험을 통해야만 참 그리스도인임을 증명할 수 있듯 예수님은 시험을 통해 자신이 하나님의 참 아들이라는 것을 온 천하에 증명하신 것입니다.

여러분, 우리 모두는 시험을 통과하는 과정을 겪어야 합니다. 그것은 참 신앙의 증명이며 권리행사를 위한 사전(事前)적 승인(承認)이며 더욱 큰 복과 성장을 위한 통과 의례(通過儀禮)입니다. 그러므로 시험이 오거든 순종하는 마음으로 기쁘게 받아들이십시오. 그리고 이후에 주실 하나님의 놀라운 복을 기대하며 하나님만 의지하고 당당하게 통과하여 합격의 승리를 안으시기를 바랍니다.

2-4절 사십 일을 밤낮으로 금식하신 후에 주리신지라 시험하는 자가 예수께 나아와서 이르되 네가 만일 하나님의 아들이어든 명하여 이 돌들로 떡덩이가 되게 하라 예수께서 대답하여 이르시되 기록되었으되 사람이 떡으로만 살 것이 아니요 하나님의 입으로부터 나오는 모든 말씀으로 살 것이라 하였느니라 하시니

하나님께서는 여러분을 직접 시험하시지 않습니다. 시험하는 자는 사탄입니다. 하나님이 인간을 보호하시지 않으면 마귀는 기다렸다가 즉시 시험하려고 덤벼듭니다. 고깃덩어리를 던지면 받아먹으려고 기다리는 개처럼, 성령께서 놓아만 주면 불같이 덤벼들어 시험을 합니다. 욥도 사탄이 와서 시험하지 않았습니까? 우리도 시험받을 때 직접 하나님이 시험하시지 않습니다. 하나님이 내어 놓으면 시험하는 자는 사탄입니다.

예수님께서 사십 주, 사십 야를 금식했는데 얼마나 배가 고프시겠습니까? 며칠만 금식해도 배가 많이 고픈데 말입니다. 저는 예전에 청와대 기독 신우회 예배를 인도하러 갔는데, 청와대에서 저녁을 준다고 하기에 가서 잘 먹으려고 점심을 부실하게 먹었습니다. 배가 좀 고파도 '조금만 참아라. 청와대에서 잘 먹어야지.' 라고 생각했습니다. 그런데 일곱 시, 여덟 시를 넘어가니 어찌나 배가 고픈지 정신이 하나도 없었습니다. 왜 그날따라 특히 배가 더 고픈지 '눈깔사탕 하나라도 주머니에 넣어 올걸 잘못했다. 그거라도 입에 넣어서 우물거릴걸. 왜 이렇게 배가 고프지…….' 하는 생각만 났습니다. 배가 고프면 온갖 생각이 다 납니다. 저는 별로 사탕을 좋아하지 않는데도 말입니다. 결국 설교를 마치고 난 다음 거의 열 시가 되어서야 밥을 먹었습니다. 괜히 청와대에서 잘 얻어먹

으려고 잔뜩 기대하고 갔다가 오히려 너무 배가 고파서 밥맛도 잘 모르고 정신없이 먹기만 하고 돌아왔습니다.

예수님이 사십 주, 사십 야 금식을 했으니 얼마나 배가 고프시겠습니까? 그런데 마귀는 보십시오. 예수님이 하나님의 아들이라는 것이 틀림없음에도 불구하고 의심을 집어넣습니다.

'네가 만일 하나님의 아들이어든…….'

만일은 무슨 만일입니까? 조금 전에 예수님이 침례를 받으실 때 하늘문이 열리고 "이는 내 사랑하는 아들이요, 내 기뻐하는 자라." 하시는 하나님의 선언이 있지 않았습니까? 그럼에도 불구하고 사탄이 와서 "네가 만일 하나님의 아들이어든" 하며 의심을 유도하는 전제조건을 답니다.

하나님께서 아담과 하와에게 무엇이라고 말씀하셨습니까?

"동산 각종 나무의 열매는 네가 임의로 먹되 선악을 알게 하는 나무의 열매는 먹지 말라 네가 먹는 날에는 반드시 죽으리라"(창 2:16-17).

그런데 사탄이 와서 무엇이라고 유혹했습니까?

"하나님이 정말로 선악과를 먹지 말라 하더냐?"

이렇게 의심을 갖다 주는 말을 합니다. 하나님은 "네가 먹는 날에는 반드시 죽으리라" 고 하셨는데 마귀는 "정말로 선악과를 먹지 말라고 하더냐?" 며 의심을 가져오게 하는 것입니다. 여러분이 기도하려면,

"너 정말 믿음이 있어?"

이렇게 처음에는 의심을 넣었다가 그다음에는 순식간에 낚아챕니다.

"손가락 한 번만 잡아 보자, 손가락 한 번만 잡아 보자." 하고 다가와 속삭일 때 "그래." 하고 여러분이 손을 내 주면 어느새 팔목을 확 잡아 버립니다. 손가락도 잡지 못하게 해야 합니다. 마귀는 항상 먼저 의심을 가지

고 오기 때문에 받아들이면 다음부터는 그것을 미끼로 덤벼듭니다.

하와가 뱀에게 무엇이라고 했습니까?

"동산 나무의 열매를 우리가 먹을 수 있으나 동산 중앙에 있는 나무의 열매는 하나님의 말씀에 너희는 먹지도 말고 만지지도 말라 너희가 죽을까 하노라 하셨느니라"(창 3:2-3).

벌써 하와에게 의심이 들어오기 시작했습니다. "반드시 죽으리라" 고 하셨는데 "죽을까 하노라" 고 하며 희미하게 말합니다. 그러니까 마귀가 "결코 죽지 아니하리라" 고 하면서 하나님 말씀을 정면으로 부인하고 달려드는 것입니다. 그러므로 처음부터 아예 마귀의 말은 상대하지 말아야 합니다.

예수님은 완전한 하나님의 아들인데 그 예수님에게 마귀는 "네가 만일 하나님의 아들이어든 명하여 이 돌들로 떡덩이가 되게 하라." 고 말합니다. 네가 진짜 하나님 아들인지 아닌지 시험해 보기 위해서는 이 돌을 변하여 떡덩이가 되게 해 보라는 것입니다. 능히 예수님의 명령 한 마디면 돌을 떡덩이로 만들 수 있겠지요. 하지만 만일 마귀의 말을 듣고 돌을 떡덩이로 만들었다면 '말을 순종하는 자는 그 말한 자의 종' 이 되듯이 예수님은 마귀의 종이 되는 것입니다. 마귀가 시키는 대로 했으니 말입니다. 마귀가 그것을 노리고 "네가 만일 하나님의 아들이어든 명하여 이 돌들로 떡덩이가 되게 하라." 며 예수님께 시험을 걸어온 것입니다. 하나님을 진짜로 믿고 사랑하는지 그렇지 않으면 자기 구복(口腹)부터 먼저 생각하는지를 하나님이 마귀를 통해 시험해 보시는 것입니다. 아담과 하와는 자기 구복을 먼저 채우기 위해 하나님을 버렸습니다.

금강산도 식후경이라고 하지요? 많은 사람들이 "배고파 죽을 지경인데, 뭐 돌이라도 떡덩이로 만들어 먹고 난 다음에 하나님 섬기는 것이 당연하지!" 합니다. '내 욕심부터 먼저 채우고 그다음에 예수 믿지, 하나님부터 먼저 세울 필요가 있겠느냐? 하나님 믿다가 손해나면 어떻게 하겠나?' 하는 생각을 가지고 있습니다. 그래서 "주일성수도 내 쾌락 채우고 난 다음에 하자, 십일조도 내가 필요한 것 다 채우고 난 다음에 여유가 있거든 하자, 내 일 다 하고 난 다음에 여력이 있거든 하나님 사업하자!"라고 합니다. 먼저 할 것은 먼저 하고 나중 할 건 나중 해야 하는데 오늘날 대다수 예수 믿는 사람들이 그렇게 하지 않고 순서를 바꾸기 때문에 복을 받지 못합니다. 육신의 정욕, 안목의 정욕, 이생의 자랑을 먼저 채우고 난 다음에 하나님의 일을 하려고 하기 때문입니다.

여러분, 복된 삶을 살기 위해서는 하나님을 먼저 섬겨야 합니다. 마귀가 시험하는 것은 "너의 필요부터 먼저 채워라, 하나님 사명보다도 네 배가 고프니 배부터 먼저 채워라, 하나님 아들로서의 권세를 사용해서 떡부터 먼저 만들어 먹고 그 다음에 하나님 사업도 하라!"는 것입니다. 이제 예수님께서 무엇이라고 하시는지 보십시오.

"예수께서 대답하여 이르시되 기록되었으되 사람이 떡으로만 살 것이 아니요 하나님의 입으로부터 나오는 모든 말씀으로 살 것이라 하였느니"(4절).

신명기 8장 3절의 말씀을 인용하십니다. 예수님께서는 마귀에게 이야기할 때 항상 성경 말씀을 인용하셨습니다. 저 하늘이 무너지고 이 땅이 꺼져도 일점일획도 변할 수 없는 것이 성경 말씀입니다. 성경 말씀은 성령의 검이기 때문에 마귀가 꼼짝하지 못합니다.

예레미야에게 하나님이 말씀하시기를 "내 말이 불같지 아니하냐 바위를 쳐서 부스러뜨리는 방망이같지 아니하냐"(렘 23:29)고 하셨습니다. 주의 말씀은 태우는 불이요, 바위를 깨뜨리는 방망이입니다. 그러므로 하나님 말씀을 가지고 서면 마귀는 불타고 깨뜨려집니다. 이런 이유로 우리는 이 세상에 살 동안 항상 말씀에 서 있어야 합니다. 유혹하는 마귀에게 대답할 때에도 말씀에 서서 대답을 해야지 내 자신의 인간적인 지혜와 총명으로 대답해서는 실패합니다.

"기록되었으되"

기록된 하나님의 말씀은 변할 수 없습니다. 그래서 예수님은 신명기 8장 3절에 있는 말씀대로 "사람이 떡으로만 사는 것이 아니요 야훼의 입에서 나오는 모든 말씀으로 살 것이라."고 하셨습니다. 떡부터 먼저 구할 것이 아니고 하나님 말씀을 듣고 순종하는 것이 먼저 선행되어야 합니다. 그의 나라와 그의 의를 먼저 구해야 합니다. 떡을 먹지 말라는 뜻이 아닙니다. 하나님은 절대로 굶어서 죽으라고 하시지 않습니다. 주께서는 "무엇을 먹을까 무엇을 마실까 무엇을 입을까 하지 말라 이는 다 이방인들이 구하는 것이라 너희 하늘 아버지께서 이 모든 것이 너희에게 있어야 할 줄을 아시느니라"(6:31-32)고 하십니다.

하나님은 우리가 살아가는 데 필요한 것을 다 알고 계십니다. 하지만 하나님이 우리에게 시험해 보고자 하시는 것은 먼저 구할 것은 먼저 구하고, 나중 구할 것은 나중 구하는지를 아시고자 함입니다. 먼저 하나님의 나라와 의인 예수님을 구하면 그다음 일은 하나님이 소매 걷고 와서 다 도와주시겠다는 것입니다. 하나님이 도와주시는데 안 될 일이 있겠습니까? 순서를 바꾸면 안 됩니다. 예수님은 단호하게 말씀하셨습니다. "떡보다도 먼저 하나님 말씀이 앞선다. 하나님 말씀 먼저 따르고, 떡은 그 뒤에 온다." 하나님의 말씀을 우선하겠다는 이런 단호한 자세로 나갈 때, 우리는 마귀를 이깁니다.

마귀는 "인간의 욕망부터 먼저 채우고 그다음에 하나님 말씀을 따르라."고 하지만 예수님은 "하나님 말씀을 먼저 따르고 그다음에 욕망이 따르는 것이다."라고 선포하셨습니다. 이렇게 1차 시험에서 마귀는 예수님께 졌습니다. 예수님은 자기 구복을 뛰어넘어 말씀으로 육신의 정욕을 이기신 것입니다. 우리의 삶도 예수님처럼 늘 말씀을 듣고 먼저 그의 나라와 의를 구해서 육신의 정욕을 이겨야 할 것입니다.

5-7절 이에 마귀가 예수를 거룩한 성으로 데려다가 성전 꼭대기에 세우고 이르되 네가 만일 하나님의 아들이어든 뛰어내리라 기록되었으되 그가 너를 위하여 그의 사자들을 명하시리니 그들이 손으로 너를 받들어 발이 돌에 부딪치지 않게 하리로다 하였느니라 예수께서 이르시되 또 기록되었으되 주 너의 하나님을 시험하지 말라 하였느니라 하시니

마귀는 환상 가운데 예수님을 거룩한 성으로 데려갔습니다. 예수님이 광야에서 기도하고 있는데 마귀가 예수님을 거룩한 성 예루살렘으로 데리고 가서 높은 뾰족탑 위에 세운 것입니다. 실제로 거룩한 성전 꼭대기는 예루살렘과 그 안에 있는 성전을 말합니다. 당시에는 솔로몬 성전을 복구한 헤롯의 성전이었습니다. 마귀는 그 성전의 높은 꼭대기 뾰족탑에 예수님을 데려갔습니다. 왜냐하면 성전 밑에는 사람들이 수없이 많이 왕래하므로 그 성전 꼭대기에 서 있으면 사람들이 모두 우러러 쳐다보지 않겠습니까? 그래서 안목의 정욕으로 시험하는 것입니다. 사람들

에게 칭찬을 받고, 박수갈채를 받고, 사람들의 추앙을 받는 것으로 시험하는 것입니다.

정치인들 중에서도 인기의 욕심에만 가득 찬 사람들이 있습니다. 모든 사람에게 추앙을 받고, 박수갈채를 받고, 군림하고 싶어서 갖가지 술수를 씁니다. TV에 나올 때에도 머리를 손질하고, 화장도 하고, 넥타이의 색깔을 맞추고 하며 사람들에게 잘 보이려고 노력합니다. 사람들에게는 이렇듯 안목의 정욕이 있습니다. 그래서 마귀는 예수님에게 "네가 하나님 사업, 사업 하지만 그것보다 먼저 사람에게 잘 보이고, 사람에게 칭찬받도록 해라. 사람에게 먼저 지지를 받으라." 하며 안목의 정욕으로 시험하는 것입니다.

마귀는 항상 토를 달고 속삭입니다.

"네가 만일 하나님의 아들이어든"

예수님이 하나님의 아들이라는 것은 당연한 사실인데도 불구하고 그것을 시인하지 않고 꼭 이렇게 의심을 붙입니다.

"네가 하나님의 아들인 것을 증명하라!"

예수님은 하나님의 아들인 것을 증명할 필요가 없습니다. 예수님이 왜 증명해야 합니까? 하나님은 절대로 하나님 자신을 증명하지 않습니다. 하나님이 계시는데 무엇을, 왜 증명합니까? 하나님은 하나님이시며 하나님 자신을 위해서 변명하시지 않습니다. 우리도 하나님을 증명하려고 달려들 필요가 없습니다. 하나님을 위해서 변명할 필요도 없습니다. 천지를 지으신 하나님이 계시므로 우리는 하나님을 있는 그대로 전달할 따름이지 증명하려고 애를 쓰거나 그것을 위해 변명할 필요가 없습니다.

그런데 꼭 마귀는 와서 "네가 하나님의 아들이어든 뛰어내리라" 고 합니다. 그리고 다음에는 성경까지 인용합니다. 마귀도 성경을 인용합니다. 하지만 진실된 믿음으로 인용하지 않기 때문에 그것은 하나님의 말씀을 도둑질하는 것입니다. 아무 힘이나 권세가 없습니다. 여기서 마귀는 예수께 "그가 너를 위하여 그의 천사들을 명령하사 네 모든 길에서 너를 지키게 하심이라 그들이 그들의 손으로 너를 붙들어 발이 돌에 부딪히지 아니하게 하리로다"(시 91:11-12)는 말씀을 인용합니다.

요즘에도 이단 사설들은 꼭 성경말씀을 인용해서 자기들의 목적을 이루려 합니다. 우리는 하나님 말씀에 깨어지고 복종해야지 하나님 말씀을 자기 목적을 달성하기 위한 수단으로 사용해서는 안 됩니다. 성경에 있는 이 구절, 저 구절을 뽑아내서 자기 생각을 세우기 위한 증명서로 만들어서는 절대로 안 됩니다. 말씀은 이용하는 데 목적이 있는 것이 아니고 순종하는 데 목적이 있습니다. 하나님 말씀이 앞에서 우리를 인도하고 이끌어 가는데 우리가 뒤에서 순종하며 따라가지 않고 오히려 말씀보다 앞서 나가는 경우가 있습니다. 그들은 자기가 앞서서 하나님 말씀을 이리 끌고, 저리 끌고, 등허리에 줄줄 달아서 깡통을 끌듯이 끌고 다니며 자기의 이론을 증명하려고 합니다.

사탄은 바로 예수님을 꾀기 위한 동기로 말씀을 이용했습니다. 오늘날 많은 이단과 사설들이 전부 성경을 이용하여 자기를 증명합니다. 자기가 재림주니, 동방의 의인이니, 부활한 예수니 하며 자기를 증명하기 위해서 성경을 이용합니다. 그러므로 우리는 더욱 말씀 앞에 무릎을 꿇고, 하나님의 말씀을 올바르게 깨닫고, 말씀이 인도하는 대로 순종하며 따라가야 합니다. 사탄의 유혹에 넘어가서 말씀을 끌어당기고 자기의 종으로 삼으면 절대 안 됩니다.

사탄은 모든 사람 앞에서 큰 인기를 얻고, 칭찬을 받고, 박수갈채를 받는 안목의 정욕으로 예수님을 유혹했습니다. 그때 예수님은 신명기 6장 16절에 있는 말씀을 인용하여 대답하셨습니다.

"기록되었으되 주 너의 하나님을 시험하지 말라 하였느니라."

하나님이 정말 나를 붙들어 주실 것인지 붙들어 주시지 않을 것인지 하나님을 시험하지 말라는 뜻입니다. 하나님의 말씀을 믿고 순종하면 그대로 이루어지는 것이지 하나님이 정말 하시는지 하시지 않는지를 시험해서는 안 됩니다.

제가 어렸을 때 일입니다. 우리 집에 높은 대청마루가 있고, 밑에는 시멘트 바닥이 있고, 마당이 있었습니다. 그런데 우리 아버지께서 아래에 앉아서 대청마루에 있는 나를 향해 말씀하시곤 했습니다.

"용기야, 용기야, 내가 안아 줄 테니 뛰어내려, 뛰어내려!"

"하나 둘, 하나 둘, 아! 난 못해, 못해요."

"너는 아버지를 못 믿니? 뛰어내려!"

만약 뛰어내렸는데 아버지가 실수로 날 받지 못하면 내 무릎은 다치는 것입니다. 그래도 아버지께서 자꾸 뛰라고 재촉하셔서 저는 "하나 둘, 하나 둘" 하다가도 다시 "아, 난 못해!" 하며 결국 뛰어내리지 못했습니다. 아버지의 사랑을 믿지 못한 것이 아니라 아버지의 실력을 믿지 못한 것입니다. 우리 아버지가 반드시 나를 받아 주시기는 하겠지만 만약에 날 받지 못하신다면 어떻게 되겠습니까? 하지만 우리 하나님 아버지께서 "뛰어내려!" 하실 때 "하나 둘, 하나 둘, 하나 둘, 에잇!" 하고 뛰어내릴 수 있는 것은 하나님 아버지는 우리를 사랑하실 뿐 아니라 실력도 있으시기 때문입니다. 그러므로 반드시 이루시는 하나님 아버지의 말씀을 우리는 시험해 볼 필요가 없습니다. 하나님의 말씀은 살아 있고 활력이 있어 좌우에 날선 어떤 검보다도 예리하여 혼과 영과 및 관절과 골수를 찔러 쪼개기 때문입니다.

유대인들은 자녀들을 교육할 때 꼭 이렇게 한다고 합니다. 높은 데 아이를 얹어 놓고 말합니다. "뛰어내려, 아버지가 잡아 준다." 그래서 아이가 "하나 둘, 하나 둘" 하고 뛰어내리면 아버지가 싹 돌아서 버립니다. 떨어져서 무릎이 까지고 상처를 입은 아이가 울면서 "아버지! 왜 거짓말을 해?" 라고 말하면 "세상에 믿을 사람은 아무도 없단다. 네 아버지도 믿지 마라." 고 합니다. 이게 그들의 교육입니다. 그렇기 때문에 유대인들은 철저히 장사꾼이 됩니다. 그래서 유대인들하고 일을 하면 절대로 당할 수가 없습니다. 그럴 정도로 철저하게 생존경쟁에서 살아남을 수 있는 길을 가르치는 것이 그들의 교육 중에 하나입니다.

하지만 하나님 아버지는 시험하지 말아야 합니다. 하나님의 말씀을 진짜냐 가짜냐, 참이냐 거짓이냐 시험하는 것만큼 모독스러운 것이 없습니다. 하나님은 사람에게 시험을 받을 수 있는 대상이 아닙니다. 하나님은 절대적인 하나님이시므로 말씀 한 마디면 모든 것이 끝입니다. 살든지 죽든지, 홍하든지 망하든지, 성하든지 쇠하든지 말씀대로 따라가는 것입니다. 하나님의 말씀을 의심하는 것은 큰 모독입니다. 사탄이 예수님에게 하나님의 말씀을 의심하도록 시험하자 예수님은 말씀하셨습니다.

"주 너의 하나님을 시험하지 말라".

만약 예수님이 성전 꼭대기에서 뛰어 내리면 하나님이 와서 발을 받쳐 주므로 모든 사람들이 "야! 굉장하다. 저 높은 데서 뛰어내려도 발이 돌에 부딪히지 않게 하나님이 천사를 보내서 받아 주셨구나. 이 사람은 보통 사람 아니구나." 하며 박수갈채를 보낼 것입니다. 그래서 하나님의 아들로 인정이 되고 하나님의 사랑하는 사람으로 증명될 것입니다. 하지만 그것은 하나님을 시험하는 것입니다. 뛰어내리지 않아도 예수님은 하나님의 아들입니다. 이미 하나님께서는 예수님에게 "이는 내 사랑하는 아들이요 내 기뻐하는 자라"고 말씀하셨는데 그것을 믿지 않고 의심하며 다시 하나님을 시험해 보는 것은 불신앙입니다. 우리는 인본적인 안목의 정욕을 단호하게 배척해 버리심으로 두 번째 시험을 이기신 예수님의 믿음에 동참하는 삶을 살아야 할 것입니다.

8-11절 **마귀가 또 그를 데리고 지극히 높은 산으로 가서 천하만국과 그 영광을 보여 이르되 만일 내게 엎드려 경배하면 이 모든 것을 네게 주리라 이에 예수께서 말씀하시되 사탄아 물러가라 기록되었으되 주 너의 하나님께 경배하고 다만 그를 섬기라 하였느니라 이에 마귀는 예수를 떠나고 천사들이 나아와서 수종드니라**

이 말씀을 볼 때 마귀가 환상 가운데 예수님을 시험했다는 것을 알 수 있습니다. 왜냐하면 천하만국과 그 영광을 볼 수 있는 지극히 높은 산은 없습니다. 에베레스트 산에 올라가더라도 온 천하만국의 영광을 다 볼 수는 없습니다. 그러므로 예수님이 기도하실 때 마귀가 와서 환상 중에 예수님을 시험하고 있는 것입니다. 환상 중에 예수님을 높은 산으로 데리고 가서 천하만국의 영광을 보여 줍니다. 대륙의 영광, 유럽의 영광, 아시아의 영광, 온 천하만국의 영광을 다 보여 주면서 유혹을 합니다. 이것은 이생의 자랑을 뜻합니다. 이생의 자랑은 권력을 말합니다. "우리 아버지는 면장이다. 우리 아버지는 군수다. 우리 아버지는 도지사다." 이런 이생의 자랑을 말합니다.

내가 초등학교 다닐 때 같은 반 친구의 아버지가 면장이었는데, 저는 면장이 매우 높은 줄 알았습니다. 그 친구가 와서 "우리 아버지 면장이다." 하고 자랑하면 꼼짝도 못했습니다. 그런데 나중에 보니 그보다 높은 직책이 훨씬 많았습니다. 그때는 그 친구만 오면 사람들이 "면장 아들, 면장 아들" 하고 우리 선생님도 면장님 아들이라고 했으니 속으로 '우리 아버지는 왜 면장도 못 되었나.' 라는 생각까지 했습니다. 그것이 이생의 자랑입니다. 세상에서 지위나 명예나 권세를 가지고 자랑하는 것입니다. 말 그대로 이 세상의 자랑입니다. 정치인들도 이생의 자랑에 눈 먼 사람들이 많습니다. 이생의 자랑을 취한다고 해서 반드시 나쁜 것은 아니지만 하나님을 무시하고 이생의 자랑만을 취하는 것은 잘못된 것입니다. 만왕의 왕, 만주의 주이신 하나님을 섬기기 위해서 권력이 필요한 것이지, 하나님을 무시하고 내가 권력을 마음대로 쓰겠다면 그 권력이 무슨 소용이 있겠습니까? 그것은 썩은 권력에 불과합니다. 온 우주에서 하나님만이 우리가 경배하고 존경하고 따라가야 할 분이시기 때문입니다. 그러므로 언제나 하나님을 경외하고 잘 섬기는 사람이 권력을 얻도록 해야 합니다.

본문을 보십시오. 사탄은 자신에게 절하면 모든 것을 다 주겠다며 말도 안 되는 소리를 합니다. 역사를 통해서 보면 사탄에게 절한 사람이 얼마나 많습니까? 독일의 히틀러도 사탄에게 절하고 온 유럽과 세계를 다 정복하려 했습니다. 히틀러는 하나님과 예수님을 부인하고, 목사들을 다 잡아서 감옥에 집어넣고, 교회의 문을 폐쇄시켰으며, 총통으로서 세계를 정복하겠다고 했는데 이것은 하나님을 짓밟고 사탄에게 절한 것과 마찬가지입니다.

일본의 경우도 천황을 신으로 섬기며, 한국에 와서 교회의 문을 닫고 일본의 신전에서 전부 절하게 만들었고, 대동아를 점령하여 아시아의 부귀와 영화를 다 손에 넣기 위해 전쟁을 일으켰습니다. 구 소련도 그렇지 않습니까? "신은 죽었다, 예수는 없다, 영혼도 없다." 라며 레닌과 스탈린이 교회의 문을 닫아 버리고, 수많은 주의 종들을 강제 노동 수용소로 보내고, 사탄에게 절했습니다. 그리고 세계를 정복하려고 전쟁을 일으켰습니다.

역대 독재자들을 보면 모두 다 사탄에게 절했습니다. 사탄에게 절하고, 사탄이 시키는 대로 하나님의 교회를 핍박하고, 성도들을 죽이고, 권력을 손에 쥐려고 했습니다. 하지만 결국은 다 파멸하고 말았습니다. 앞으로도 권력을 쥐기 위해서 하나님과 교회를 대적하고, 주의 백성들을 짓밟고, 사탄에게 절하는 사람은 언제나 하나님으로부터 심판을 받을 것입니다. 역사가 그것을 증명합니다. 사탄이 하는 궤계가 이런 것입니다.

"만일 내게 엎드려 경배하면 이 모든 것을 네게 주리라".

어떻게 이런 소리를 합니까? 원래 천하만국은 하나님이 아담에게 준 것입니다. 그런데 아담이 사탄에게 굴복했기 때문에 사탄에게 넘겨졌습니다. 그래서 오늘날 세상의 권세가 사탄의 손에 들어갔습니다. 사탄이 이 세상 임금이 되었습니다. 온 천하만국의 권력과 부귀와 영화를 쥐고 사람들을 하나님 없는 세계로 몰아갑니다. 세상에 속한 통치자나 부자, 지식인 할 것 없이 모든 사람들의 머릿속엔 하나님이 없습니다. 그들은 완전히 하나님을 쫓아내고 하나님이 없는 세속에서 살아갑니다. 세속이란 바로 그런 것입니다. 세속은 사탄의 세계가 가득 차서 사탄의 영이 이

끄는 대로 육신의 정욕과 안목의 정욕과 이생의 자랑을 따라서 살아가는 세상입니다. 그리고 훗날 이 세상에 심판이 임할 때 함께 불타는 것입니다.

사탄이 이 세상을 영원히 소유하지 못하는 것은 하나님이 아담에게 이 지구를 맡길 때 영원히 주지 않고 기한을 정하셨기 때문입니다. 전세도 기한이 있듯이 하나님께서 아담에게 허락하신 이 땅도 기한이 있습니다. 전세 기한이 차면 도로 돌려주어야 합니다. 그러므로 때가 되면 마귀는 이 땅에서 쫓겨 나가고 예수님이 다시 모든 것을 원상복구해서 만왕의 왕, 만주의 주로서 이 땅을 점령하고 다스리는 때가 옵니다.

사탄은 호시탐탐 자기에게 절하는 사람들을 통해서 하나님 없이 천하 만국의 영광을 취하게 하고, 하늘나라와 교회를 파괴하고, 예수 믿는 사람들을 쫓아내고, 하나님의 형상을 짓밟고 없애려는 도모를 시도합니다. 하지만 하나님이 만왕의 왕, 만주의 주로 계시는 이상, 이들은 어느 선에 가면 결국 하나님의 심판을 받습니다.

요즘 형식적으로 예수님을 믿는 정치인들이 있습니다. 정말로 하나님을 사랑하고 예수님을 경배하는 사람이라면 어떻게 표 몇 장 얻으려고 우상을 섬기는 전각에 가서 그들에게 합장하고 꿇어앉아서 함께 경배를 합니까? 차라리 대통령이 되지 않는 것이 낫지, 어떻게 권력을 얻기 위해서 사탄과 타협합니까? 어떻게 하나님보다 권력을 더 따릅니까? 정치인들 중에서 소위 집사나 장로란 사람들이 모두 다 우상전각에 가서 고개 숙이고 타협을 하고 권력만 준다면 사탄에게도 버젓이 절하니 누구를 믿을 수 있겠습니까?

예수님은 사탄의 꾀임에 단호하게 말씀하셨습니다.

"사탄아, 물러가라!"

주님께서는 육신의 정욕, 안목의 정욕으로 시험할 때와는 다르게 권력에 관해서는 사탄에게 단호하게 물러가라고 하셨습니다. 왜냐하면 권력의 유혹이란 얼마나 큰지 말로 다 할 수 없기 때문입니다. 어떤 유혹보다도 권력의 유혹이 가장 큽니다. 사람이 권력의 맛을 보면 절대로 놓지 않으려고 합니다. 국회의원 한 번 하고 나면 폐인이 되지 않습니까? 한 번 권력을 맛보면 다음에 낙선되어도 다시 두 번, 세 번 나가다가 패가망신합니다. 권력이라는 것은 무지무지하게 매력이 있습니다. 그러므로 주님께서는 단호하게 물러가라고 하신 것입니다. 그리고 이어서 신명기 6장 13절의 말씀을 인용하셨습니다.

"기록되었으되 주 너의 하나님께 경배하고 다만 그를 섬기라 하였느니라".

부귀영화를 얻기 위해서 사탄에게 절할 수는 없습니다. 우리가 지음받은 것은 하나님만 경배하고 하나님만 섬기기 위해서입니다. 사탄과 타협하면 안 됩니다. 왜 예수 그리스도의 십자가 보혈로 구원받았습니까? 하나님을 경배하고 그를 섬기기 위해서입니다. 우리는 하나님과 세상을 겸하여 섬길 수 없습니다. 예수 믿는 사람들은 일편단심이 되어야 합니다. 살아도 좋고, 죽어도 좋다는 충성심이 있어야 올바른 신앙입니다. 그런 신앙도 없이 하나님을 적당히 믿고 이용만 하려고 한다면 신앙이 아닙니다.

옛날에 임영신 여사의 어머님이 교회에 나왔는데 목사님이 침례를 베풀게 되었습니다. 그래서 학습을 하는데 "어머님, 어떻게 해서 교회에 나왔어요?" 라고 물어보니까 "자식 잘되라구요." 하셨습니다. "아니, 어머니가 구원받고 천국 가야지요?" 하고 말씀드리니 "아니, 난 다 늙었으니까 구원같은 거 필요 없고 내 자식만 잘되면 됩니다."라고 하시는 것입니다. 그래서 어머니가 구원을 받아서 하나님의 자녀가 되어야 자식이 잘된다고 열심히 가르쳤습니다. "어머니, 침례 문답 때 어떻게 대답하느냐면요, 예수님이 누구 죄를 위해서 죽으셨냐고 묻거들랑 '내 죄로 말미암아 죽었습니다'. 하고 말씀을 하세요. 아셨죠?" 그리고 곧 노회 시험관이 와서 물었습니다. "할머니, 예수님이 누구 죄를 위해서 죽었습니까?" 그런데 대답하기를 "우리 목사님 죄를 위해 죽으셨습니다."라고 하시는 것입니다. 그래서 침례 문답에서 낙제했다고 합니다.

내가 불광동에서 목회할 때에도 똑같은 경우를 보았습니다. 할머니 한 분이 계셨는데 아들이 육군 중사로 폐가 좋지 않았습니다. 어느날 그 할머니가 천막교회에 와서 강단 위의 십자가를 보고 자꾸 절을 하는 것입니다. 그래서 내가 "할머니 뭐 하십니까?" 하고 물으니 "우리 아들이 폐가 나빠서, 아들 폐병 낫게 해 달라고요."

"할머니, 그 십자가 보면서 절만 하면 안 됩니다. 예수님을 믿고 기도를 해야지요. 그러니 예수님을 믿으십시오."

"아유, 나는 믿을 필요 없어요. 나는 죽어도 좋고 우리 아들 폐병만 나으면 되는 것이니까 아들 폐병 좀 낫게 해 주소."

"할머니, 교회를 나와서 설교도 열심히 듣고, 기도도 열심히 하면 할머니도 구원받고 아들 폐병도 낫습니다."

그러자 그분이 주일에도 오시고, 저녁에도 오시고, 새벽에도 오시는 것입니다. 옛날에 우리 어머님들이 자식을 얼마나 지극히 사랑했는지 모릅니다.

그런데 늦가을 어느 날 그 할머니께서 철야 기도를 하시는데 담요 하나를 두르고 열심히 무슨 말을 하시는 것입니다. 가만히 들어 보니 "보리 보리 보리 보리 가을보리, 보리 보리 보리 보리 가을보리" 그러시더니 또 "하나님, 우리 목사님이 자꾸 가을 보리를 믿으라 하는데, 봄 보리밖엔 없는데 왜 가을 보리를 믿으라고 하는지 모르겠습니다. 하나님, 나는 봄 보리밖에 몰라요. 가을보리는 없는데……." 그래서 내가 "할머니!" 하고 부르니까 "에그머니나!" 하고 놀라시는 것입니다.

"무슨 소리를 그렇게 하십니까? 가을 보리가 어디 있습니까?"

"아이고, 우리 아들 병 나으려면 가을 보리를 믿으라 하는데 아무리 믿으려 해도 안 믿어지잖아요. 봄에 보리가 있지 가을에 무슨 보리가 있습니까? 그런데 목사님이 자꾸 가을 보리를 믿으라 하니……."

아, 내가 그 말을 듣고 기절초풍을 했습니다.

"할머니, 그것은 가을 보리가 아니라 갈보리라는 산에서 예수님이 십자가에 못 박혀 돌아가셨기 때문에 갈보리 산에서 못 박히신 예수님을 믿으라는 뜻입니다."

그러니까 "아, 나는 가을 보리를 믿으면 우리 아들 낫는 줄 알고서 그랬지." 하시는 것입니다. 어머니의 아들에 대한 순수한 사랑이 이렇게 간절하고 지극합니다. 비록 그 할머니는 가을 보리라고 기도했어도 하나님이 그 기도를 들어 주셔서 나중에 아들과 며느리가 다 교회에 나와서 예수님을 믿었습니다. 그 아들도 병이 낫고 건강해졌습니다.

어쨌든 하나님께 경배하고 다만 그를 섬겨야 하는데도 불구하고 대부분의 많은 사람들이 자기를 경배하고, 자기를 섬기고, 하나님을 이용하기 위해서 교회에 나옵니다. 아들 낳으려고, 사업 잘되려고, 병 고침 받으려고, 출세를 하려는 목적만으로 교회에 나옵니다. 물론 그것은 나쁘지 않습니다. 하지만 먼저 하나님을 경배하고 하나님을 섬기는 그 중심이 변하면 안 됩니다. 먼저 하나님을 중심으로 경배하면 그다음에는 하나님이 다른 것까지 다 들어주십니다. 저는 지금까지 목회하면서 온갖 경험을 다 했습니다. 이 병만 나으면 예수 믿겠다고 해서 죽도록 기도해 주고 나서 병이 나으니까 예전에 약을 먹었었는데 그게 효과가 있어서 병이 나은 것이라며 교회에 나오지 않습니다. 어떤 사람은 병을 고치러 교회에 나갔는데 이제 병이 나았으니 나갈 필요가 없다며 나오지 않습니다. 교회가 무슨 병원인줄 알고 말입니다.

일편단심으로 하나님께 대한 우리의 신앙을 지키고 하나님을 경배하며 섬긴다면 천지를 지으신 하나님이 어찌 우리를 돌보아 주시지 않겠습니까? 그 아들을 아끼지 않고 우리에게 주신 이가 어찌 우리에게 무엇이든 선물로 주시지 않겠습니까? 안 믿는 사람에게도 비를 주시고 햇빛도 주시는 하나님이신데 사랑하는 자식들을 어찌 지켜 주시지 않겠습니까? 아무리 악할지라도 자식에게 좋은 것을 줄 줄 알거든 하물며 하늘 아버지께서 구하는 자에게 좋은 것으로 주시지 않겠습니까? 그러므로 마음의 중심이 올바로 서 있어야 합니다. 예수님이 마귀에게 대답하신 것처럼 여러분의 마음의 중심으로 오직 하나님께 경배하고 다만 그를 섬기는 신앙이 되시기를 간절히 바랍니다.

세 번의 시험에 예수님이 넘어가지 않자 마귀는 떠납니다. 더 이상 시험해도 소용이 없기 때문입니다. 이제 마귀는 발을 들여놓을 자리가 없습니다. 육신의 정욕에도, 안목의 정욕에도, 이생의 자랑에도 발을 들여놓을 데가 없습니다. 예수님이 철저히 하나님만 경배하고 그를 섬기기 때문입니다. 철저히 먼저 하나님의 나라와 그의 의만 구하기 때문입니다. 오늘날 우리가 이와 같은 마음의 무장만 하고 살아간다면 마귀가 시험하러 왔다가도 우리 생애 속에 발을 들여놓을 틈이 없기 때문에 떠나갈 것입니다. 그리고 대신에 천사가 와서 여러분을 수종들게 될 것입니다.

2. 갈릴리 전도 사역의 시작(4:12-17)

**12. 예수께서 요한이 잡혔음을 들으시고 갈릴리로 물러가셨다가 13.
나사렛을 떠나 스불론과 납달리 지경 해변에 있는 가버나움에 가서
사시니 14. 이는 선지자 이사야를 통하여 하신 말씀을 이루려 하심
이라 일렀으되 15. 스불론 땅과 납달리 땅과 요단 강 저편 해변 길과
이방의 갈릴리여 16. 흑암에 앉은 백성이 큰 빛을 보았고 사망의 땅
과 그늘에 앉은 자들에게 빛이 비치었도다 하였느니라 17. 이때부터
예수께서 비로소 전파하여 이르시되 회개하라 천국이 가까이 왔느니
라 하시더라**

12-13절 예수께서 요한이 잡혔음을 들으시고 갈릴리로 물러가셨다가 나사렛을 떠나 스불론과 납달리 지경 해변에 있는 가버나움에 가서 사시니

침례 요한은 예수님보다 6개월 먼저 태어나서 예수 그리스도의 길을

예비한 선지자입니다. 그는 구약의 율법 하에서 보냄받은 마지막 선지자이며 그를 끝으로 구약성경이 끝났습니다. 그리고 예수님보다 앞서서 복음을 증거했고 이제 갈 때가 다가왔습니다.

복음을 전하는 것도 때가 있습니다. 침례 요한은 그리스도를 모든 백성들에게 매우 성공적으로 소개했습니다. 예수님께서 요단 강에서 침례를 받으시자 하늘의 문이 열리고 성령이 비둘기같이 임하고 그리스도의 복음이 시작되었습니다. 그리고 그와 함께 침례 요한의 사명은 끝이 났습니다. 사명이 끝나면 사라지는 것입니다. 곡식도 그렇지 않습니까? 열매를 맺고 난 다음에는 시들어 죽고 맙니다. 꽃도 자기의 기한이 끝나면 시들어집니다. 침례 요한도 사명이 끝났으니 이제 떠나갑니다.

떠나가는 방법도 여러 가지가 있습니다. 율법의 시기가 끝나고 새로운 복음의 시기가 오자 침례 요한은 헤롯의 행위를 비판하다가 감옥에 잡혀 들어갔습니다. 헤롯이 자기 동생의 아내인 헤로디아를 불법적으로 아내로 취하자 침례 요한이 그것을 꾸짖었습니다. 헤롯은 화가 나서 그를 감옥에 집어넣었고 결국 그는 감옥에서 참형을 당하여 목이 날아가 버리고 말았습니다.

하나님께서 사용하시는 주의 종을 보면 인간의 생각과는 달리 너무나 비참할 정도의 모습으로 사역을 마치게 되는 경우가 있습니다. 이것은 제 생각에 이 땅에서 어떻게 죽어도 상관할 필요가 없을 정도로 하늘나라가 너무나 좋기 때문인 듯합니다. 하늘나라 상급이 너무나 크고 좋기 때문에 이 땅에서의 사명이 끝나면 칼에 맞아 순교를 당하든, 자동차 사고를 당하든, 병이 들든, 하나님께서는 별로 중요하게 여기지 않으십니다. 하나님은 세상을 떠나는 장면의 장엄함이나 거룩함에는 관심이 없으십니다. 걸어오든지 아니면 넘어져 기어오든지 하늘나라에 들어오기만 하면 너무나 좋은 하늘의 상급을 예비하시고 축복을 주시기 때문입니다. 침례 요한은 그리스도를 소개한 최후의 선지자요, 여인이 낳은 사람 중에 가장 위대한 인물이라고 예수께로부터 칭찬을 받은 자임에도 불구하고, 엘리야가 불수레를 타고 올라가듯 하는 장엄한 능력의 모습으로 올라가지 못했습니다. 그는 감옥에서 끌려나와 목 베임을 당했습니다.

사람은 이 세상에 태어났다가 생명이 끝나면 다 이곳을 떠나갑니다. 우리가 이 땅에 태어나는 것은 하나님이 크고 작은 사명을 주셨기 때문입니다. 그 사명이 끝나면 더 이상 이 땅에 머무를 필요가 없습니다. 꽃들을 보십시오. 같은 꽃들이 어디 있습니까? 국화, 장미꽃, 찔레꽃, 온갖 꽃이 다 다르며 그 꽃들도 자기 사명을 다하면 죽습니다. 그러므로 사람은 이 땅에서 사명이 끝나면 한시바삐 가야 합니다. 사명이 끝난 사람이 이 땅에 구질구질하게 남아 있을 필요가 없습니다.

하나님은 예수 그리스도의 복음이 시작되니까 침례 요한을 데리고 가셨습니다. 건강하고 튼튼한 사람을 목 베인 모습으로 데려가셨습니다. 침례 요한의 입장에서 본다면 이렇게 섭섭한 일이 어디에 있겠습니까? '하나님, 제가 마지막 선지자로서 예수 그리스도의 올 길을 예비했는데 이렇게 비참하게 데리고 가실 수 있습니까?' 하고 원망했을지도 모릅니다. 그러나 아마 지금은 원망하지 않을 것입니다. 하늘의 상급이 얼마나 큰지 알고 난 후에 너무나 기뻐하고 즐거워했을 것입니다. 인간의 생각과 하나님의 생각은 다릅니다. 인간이 좋다고 하는 것과 하나님이 좋다고 하는 것은 다릅니다. 우리가 예수님을 구주로 모시고 하나님을 열심히 섬겼으면 그다음 모든 일은 하나님이 알아서 해 주십니다. 인간이 선악을 판단하고 왈가왈부할 것이 아닙니다. 하나님이 보시기에 가장 최선의 좋은 길을 설정해 놓으실 것입니다.

예수님께서는 침례 요한이 잡혔다는 것을 들으시고 구약의 율법이 끝났다는 것을 아셨습니다. 구약의 시대가 이제 마지막 선지자와 함께 종결되는 것입니다. 예수님은 본격적으로 신약시대를 열어 가시는 것입니다. 침례 요한이 있을 동안에는 "회개하라 천국이 가까이 왔느니라."고 말씀하시지 않았습니다. 신약시대가 아직 도래하지 않았기 때문입니다. 그러나 이제는 드디어 신약시대의 서막이 열립니다. 이제는 율법으로 구원받는 시대가 아니고 예수 그리스도를 믿음으로 구원받는 새로운 언약의 시대가 도래했습니다.

이것은 엄청난 차이가 있습니다. 우리가 율법의 행위로 구원을 받는 것은 인간의 노력으로 자격을 얻는 것입니다. 하지만 율법의 행위로 의롭다 함을 얻을 육체는 아무도 없습니다. 그런데 구약이 끝나고 신약의 예수님이 '회개하고 천국에 들어오라.' 며 외치는 것은 우리의 행위로 말미암은 것이 아니라 오직 예수 그리스도를 믿음으로 용서와 의를 얻는 것입니다. 그러므로 누구든지 구원을 받을 수 있습니다. 구약시대에는 아무나 구원을 받을 수 없었지만 신약에 와서는 남녀노소, 빈부귀천 할 것 없이 누구나 믿음으로 구원을 받을 수 있습니다. 그것이 다릅니다. 믿고 나면 성령이 오셔서 우리를 변화시켜 주십니다. 그러한 신약시대의 역사가 겸손하고 강직했던 침례 요한의 마감과 함께 이제 열리게 된 것입니다.

구약의 마지막 선지자 침례 요한의 잡힘을 들으신 예수님은 드디어 본격적인 신약의 도래를 아시고 갈릴리로 가셨습니다. 갈릴리는 예수님께서 태어나셔서 자란 나사렛과 가까운 지역입니다. 그리고 스불론과 납달리 지경 해변에 있는 가버나움에 가셨습니다. 가버나움 사람들은 마음이 착하고 예수님을 잘 믿었습니다. 하지만 예수님이 태어난 나사렛에서는 예수님이 금식하고 돌아오시자 예수님을 배반했습니다. 예수님이 나사렛 회당에서 복음을 증거하시고 난 다음에 회당 사람들이 다 일어나서 예수님을 언덕으로 몰아 죽이려고 했습니다. 그런데 예수님이 가버나움에 오시니까 모든 사람들이 환영하고 예수님을 받아들였습니다. 그래서 나사렛에서는 기적을 행하지 못하셨으나 가버나움에서는 굉장히 많은 기적을 행하셨습니다. 예수님은 3년 동안의 목회중심지의 본부를 가버나움으로 삼으셨습니다.

다 같은 갈릴리 지역에 있지만 동리마다 성격이 달랐습니다. 나사렛 동리는 예수 그리스도에 대해서 굉장한 시기와 질투심을 가지고 예수님을 비평했습니다. 자기 아버지도 그곳에 있고, 어머니도 있고, 동생들도 다 그곳에 있는데 자기가 무슨 큰 소리냐며 예수님을 인정하지 않았습니다. 하지만 같은 갈릴리에 있는 가버나움 동리는 예수님을 참으로 하나님의 아들로 인정하고 받아들였기 때문에 예수님은 가버나움에서 많은 기사와 이적을 행하시고 굉장한 은총을 베푸셨습니다.

그러므로 똑같은 곳이라도 예수님을 인정하지 않으면 떠나시고 인정하면 찾아오십니다. 예수님을 믿어 주지 않은 고향에서는 전혀 기적을 행하시지 않았으나 가버나움에서는 많은 기적을 행하여 주셨습니다. 예수님은 여러분의 마음의 태도와 믿음에 따라서 역사해 주십니다. 그러므로 가버나움 사람처럼 순수한 믿음으로 예수님의 기적과 은총을 더욱 많이 받으시기 바랍니다.

14-16절 이는 선지자 이사야를 통하여 하신 말씀을 이루려 하심이
라 일렀으되 스불론 땅과 납달리 땅과 요단 강 저편 해변 길과 이
방의 갈릴리여 흑암에 앉은 백성이 큰 빛을 보았고 사망의 땅과
그늘에 앉은 자들에게 빛이 비치었도다 하였느니라

마태는 꼭 복음서에서 예수님의 일거수일투족을 구약 성경을 들어 인용합니다. 마태는 유대인들을 대상으로 마태복음을 기록했습니다. 그래서 구약 성경만을 믿는 유대인들에게 예수님이 하나님의 아들이라는 것을 증거하기 위해서는 구약 성경의 인용이 있어야 했습니다. 마태는 예수님이 오신 것은 이미 구약 성경에 예언되어 있었으며, 예수님과 함께 신약 시대가 도래했다는 것을 증명하려고 애를 썼습니다. 15절 이하에 보면 이사야 9장 1절과 2절에 예언한 말씀을 인용하였습니다.

"전에 고통받던 자들에게는 흑암이 없으리로다 옛적에는 야훼께서 스불론 땅과 납달리 땅이 멸시를 당하게 하셨더니 후에는 해변 길과 요단 저쪽 이방의 갈릴리를 영화롭게 하셨느니라 흑암에 행하던 백성이 큰 빛을 보고 사망의 그늘진 땅에 거주하던 자에게 빛이 비치도다".

이는 예수님께서 갈릴리 지역에 와서 복음을 증거할 것을 예언한 말씀입니다. 예수님은 큰 구원의 빛이십니다. 영적으로 어둡고 캄캄하며 마귀가 점령하고 있는 이 땅 위에 예수님은 구원의 큰 빛으로 오셨습니다. 인간이 어디에서 와서 왜 살며 어디로 가는지를 알게 하고 구원의 도리를 보여 주신 밝은 빛으로 오셨습니다. 바로 예수 그리스도께서 구원의 빛으로 갈릴리 일대를 다니면서 복음을 증거할 것을 이사야는 예수님이 오시기 7백여 년 전에 예언한 것입니다.

저녁 시간에 불을 다 꺼 버리고 문을 닫아 버리면 얼마나 캄캄합니까? 우리가 어디로 걸어갈지 모를 정도로 캄캄해집니다. 그러나 빛이 비치면 환하게 볼 수 있습니다. 예수님이 오시기 전에는 우리가 왜 태어났는지 몰랐습니다. 또 우리가 어디로 가는지 몰랐습니다. 이 땅에 사는 이유도 몰랐습니다. 뒤를 돌아봐도 앞을 봐도 모든 것이 캄캄합니다. 우리 주위를 돌아봐도 캄캄해서 알 수가 없습니다. 그런데 예수님이 오시고 나서 환해졌습니다. 예수님이 오시고 난 다음에 보니, 우리는 아담과 하와에게서 태어난 족속이었고, 범죄한 죄인이요, 하나님께 버림받은 자식들이요, 죄, 저주, 절망, 죽음의 노예라는 것을 알게 되었습니다. 우리의 처지와 신분을 알게 된 것입니다. 그리고 예수님이 오셨을 때 비로소 인간의 미래를 알게 되었습니다. 천국이 있고, 지옥이 있다는 것을 알았습니다. 하나님 아버지가 계시고 영원한 천국이 있고 하나님을 반대하는 사람은 영원한 지옥에 가게 된다는 사실을 알게 되었습니다. 그다음 우리가 어떻게 구원받을 것인지 알았습니다. 예수님께서 오셔서 십자가에 못 박혀 몸 찢기고 피 흘려 주셨기 때문에 그 보혈을 믿음으로 말미암아 우리 죄가 다 용서받고 성령을 받고 구원을 받는다는 사실을 알게 되었습니다.

그러므로 예수님은 이렇게 모르던 것을 깨닫게 해 주시는 구원의 빛입니다. 깨닫지 못하는 사람은 캄캄한 가운데 있지만 깨닫는 사람은 밝은 빛 가운데로 들어옵니다. 깨닫는 것은 중요합니다. 낫 놓고 기역 자도 모르는 사람은 아무리 책을 봐도 그것이 무엇인지 모릅니다. 하지만 글을 깨우치면 그것을 알게 됩니다. 그래서 사람은 배워야 합니다. 배우면 깨닫게 되고 인생을 즐기면서 살 수 있습니다. 더 멀리 보고 깊이 보고 인생을 더 즐기면서 살아갈 수 있습니다.

우리 고향의 아래 지방에 사는 분이 있었는데, 그분은 아버지가 상당히 부자였습니다. 그래서 어떻게든 아들을 공부시키려고 서당에도 보내고 학교에도 보냈는데, 이 사람은 지게를 지고 산으로 도망가는 것입니다. 산에 가서 풀 베고 나무하는 것을 더 즐겨하고 공부하는 것은 아주 싫어했습니다. 그래서 나중에 친구들은 다 배우고 발전된 삶을 사는데 이 사람은 너무나 가난하고 어렵게 살았습니다. 나중에 우리 아랫집에 들어와서 살았는데 그 부인이 한 말이 기억납니다. "저 양반은 자기 아버지가 그렇게 공부시키려고 애를 썼는데도 밤낮 지게만 지고 산에 올라가더니만 지 팔자만 망친 것이 아니라 내 팔자도 망쳤다. 내가 이런 사람에게 시집와서 평생 가난하고 헐벗고 굶주리면서 사는 것이 너무나 원통하다."

사람이 배울 때 배워야지 기간이 끝나고 나면 배울 능력이 없습니다. 배워 놓으면 머리가 환한데 배워 놓지 않으면 머리가 캄캄합니다. 밝은 데서 살아야지 인생을 풍성하게 살아갈 수 있습니다. 그러므로 예수 그리스도에 대해서 듣고, 배우고, 깨달아야 합니다. 그러면 캄캄하던 영적인 세계가 환해집니다. 우리가 예수 그리스도를 믿고 나면 내가 어디에서 와서 왜 살며 어디로 가는지 알게 되고, 내 삶에 의미를 부여하고 해석할 수 있게 됩니다. 빛이 비치는 것입니다. 이처럼 예수님은 우리의 영혼에 빛이 되시며 생명이 되십니다.

우리는 모두 다 빛을 받은 사람들입니다. 여러분 속에 영원한 빛이 비치고 있습니다. 앞이 캄캄해서 돈, 지위, 명예, 권세를 향해 뛰어가는 사람들은 천길만길 벼랑에서 영원한 지옥에 떨어지고 맙니다. 우리는 그들을 붙잡고 예수님을 믿어 빛을 받으라고 말해야 합니다. 빛이 마음에 비치면 캄캄한 삶도 환해지고 어리석은 길로 걸어가지 않기 때문에 늘 "빛을 받으라!"고 전도해야 합니다. 예수님을 얻으면 함께 빛을 얻지만 예수님을 버리면 어둠 속을 걸어가게 되는 것입니다.

17절 이때부터 예수께서 비로소 전파하여 이르시되 회개하라 천국이 가까이 왔느니라 하시더라

침례 요한이 잡히고 난 다음 구약 시대가 끝났기 때문에 비로소 예수님은 신약 시대를 여시기 위해 "회개하라, 천국이 가까이 왔느니라."고 외치셨습니다.

회개란 여러 가지 의미가 있습니다. 헬라어로 메타노이아인데 먼저 마음과 생각을 바꾸는 것입니다. 마음과 생각이 바뀌지 않으면 아무리 회개해도 소용이 없습니다. 회개하면 과거를 버리고 마음의 생각이 새롭게 바뀌어져야 합니다. 세상 중심으로 살던 삶의 방향이 주님 중심으로 바뀌고 모든 생각과 태도가 바뀌어야 합니다. 예수님의 보혈로 죄를 용서받는 것도 회개이지만 이것은 시작에 불과합니다. 진실한 회개는 생각과 마음의 방향이 삶 전체에서 바뀌어야 합니다.

예수님이 회개하라고 하신 것은 이 땅에 새로운 세계가 열렸기 때문입니다. 내가 새로운 세계, 즉 천국을 가지고 왔으니 회개하고 이제는 천국의 시민이 되고 천국적으로 생각하고 천국적으로 행동하라는 말씀입니다. 이 땅에 오신 것은 종교를 가져오신 것도, 철학을 가져오신 것도 아닙니다. 천국을 가지고 오셨습니다. 예수님은 임금으로 오시고, 천군 천사들은 하늘나라 군대로 오고, 여러분과 저는 그 나라의 백성으로서 불러들여진 것입니다. 우리가 예수를 믿는다는 것은 종교를 믿는 것이 아니

라 하늘나라의 백성이 되는 것입니다. 거룩한 나라의 백성이 되는 것입니다. 그 하늘나라의 백성이 되려면 먼저 회개해야 합니다.

세상에서 육신의 정욕과 안목의 정욕과 이생의 자랑을 따라 인본주의로 살던 과거에서, 완전히 주님 중심으로 변화되어 사는 삶을 살아야 합니다. 육신을 따라가는 것이 아니라 영을 따라가는 것입니다. 주님께서 하늘나라를 가지고 오셨고 그 나라의 임금은 예수님이시기 때문에 우리가 하늘나라에 들어오면 예수님이 우리를 다스리십니다. 대한민국은 대한민국 대통령이 다스립니다. 대통령이 잘 다스리면 백성들이 잘살고 대통령이 못 다스리면 백성이 못살게 됩니다. 그런데 우리는 흑암의 권세에서 하나님의 나라로 옮겨져서 그 백성이 되었으므로 예수님의 다스림을 받습니다. 여러분, 예수님이 잘못 다스리실 리가 있겠습니까? 예수님은 하늘과 땅의 권세를 다 가지고 계시는 분입니다. 그러므로 우리가 예수님을 바라보고 믿고 따라가면 주님은 우리의 일생을 다스려 주십니다.

본 서 6장 33절에 "너희는 먼저 그의 나라와 그의 의를 구하라 그리하면 이 모든 것을 너희에게 더하시리라" 고 말씀하셨습니다. 우리는 주님 앞에서 올바른 백성이 되어야 합니다. 백성이 되면 권리와 의무가 따릅니다. 우리가 이 나라에 살면 정부가 우리를 보호해 주고 지켜 주고 우리를 이끌어야 할 의무가 있고 우리는 그 권리를 주장할 수 있습니다. 그러나 백성으로서의 의무도 있습니다. 세금을 내는 의무, 교육받아야 할 의무, 군대에도 가야 할 의무가 있습니다. 그러므로 이 의무를 다하지 못하면 권리를 주장할 수 없습니다. 마찬가지로 우리가 회개하고 예수님을 믿으면 이제는 주님께서 우리를 책임져 주시는 데 따른 합당한 의무를 다해야 합니다.

하늘나라의 의무는 첫째로 성수주일입니다. 주일에 하나님의 교회에 나와서 예배드리는 것입니다. 해도 좋고 안 해도 좋은 것이 아니라 해야만 하는 의무입니다. 둘째는 십일조입니다. 세금과 같은 것입니다. 하나님이 주신 열 중에 한 가지를 드리는 것입니다. 셋째는 전도하는 의무입니다. 내가 예수님을 믿었으므로 다른 사람에게 예수님을 전하는 것은 마땅한 의무입니다. 그리고 전도는 예수님의 지상명령입니다.

자매 한 분이 내게 와서 말했습니다.

"예수님을 믿기 전에는 너무 슬퍼 죽고 싶고 살 희망이 없었는데 예수님을 믿고 난 다음에는 마음이 기뻐서 하나님께 너무 감사했습니다. 그래서 예수님을 믿은 짧은 몇 개월 동안 일곱 명을 전도했습니다. 그런데 주변에서 하는 말이 예수님에게 은혜를 받았으면 감추어 두고 말을 하지 말아야지 여기저기 다니면서 예수님을 믿으라고 자랑하면 안 된다고 합니다. 어떻게 할까요?"

그래서 내가 "누가 그런 사탄의 소리를 하느냐?"고 되물었습니다. 예수님을 믿고 기쁨을 얻었으면 가는 곳마다 자랑하고 전도해야 하는 것이 당연합니다. 교구에 가 보면 예수님을 믿고 3년, 5년, 10년이 되었는데도 전도 한 번 안 한 사람들이 있습니다. 초신자도 일곱 명이나 데리고 오는데 왜 전도를 못합니까? 하려고 하지 않으니까 그런 것입니다. 의무를 다하지 못하면 권리를 허락하지 않습니다. 성수주일하고 십일조하고 전도하면 하나님 나라의 백성으로서 권리를 주장할 수 있습니다.

"주님이여, 용서하여 주시옵소서. 성령 충만하게 하여 주시옵소서. 병을 고쳐 주시옵소서. 물질적으로 복을 주시옵소서. 하늘나라의 영광으로 채워 주시옵소서."라고 구할 수 있는 것이 하늘나라에서 얻을 수 있는 특권입니다. 그것이 예수님께서 달리신 십자가의 오중복음과 삼중축복입니다. 하늘나라는 오중복음과 삼중축복으로 되어 있습니다. 예수님께서 "회개하라, 천국이 가까이 왔느니라."고 하시며 천국을 우리에게 보여 주신 것은 우리에게 용서함과 성령 충만과 치료를 주시고, 저주에서 우리를 해방시켜 주시기 위해서입니다. 하늘나라에 들어와 살면 영혼이 잘됨같이 범사에 잘되며 강건하고 생명을 얻되 넘치게 얻는 역사가 일어납니다. 이것은 우리의 권리입니다. 이 권리는 우리가 하나님께 기도하고 부르짖으면 하나님이 반드시 주십니다. 의무를 다하면 권리를 누리게 해 주십니다.

그런데 오늘날 너무나 많은 사람이 의무는 이행하지 않고 권리만 주장합니다. 우리는 나라의 백성이 된 것이지 종교를 가진 것이 아닙니다. 우리는 흑암의 권세에서 하나님의 사랑의 아들 나라로 옮긴 것입니다. 천국 임금님은 예수님이시고, 천군 천사가 보호하고, 우리는 그 나라의 백성입니다. 그분의 소유된 백성입니다. 우리는 하늘나라에 들어왔으니 천국시민입니다. 육신으로는 대한민국의 시민이고 영적으로는 하늘나라의 시민입니다.

어떤 분이 제게 이런 질문을 했습니다.

"주일에 일을 하는 공무원이라서 주일성수를 못하는데 어떤 명령을 지켜야 합니까?"

제가 말했습니다. "우리는 두 정부에 속해 있지만 하늘나라 정부의 말이 우선입니다. 세상 정부에서는 쫓겨나도 살 수 있지만 하늘나라 정부에서 쫓겨나면 영원히 멸망입니다. 타협하지 말아야 합니다. 세상 정부에서 명령을 듣지 않는다고 해서 쫓겨 나온다면 그것도 좋습니다. 하늘나라의 정부에서 쫓겨 나오면 하나님이 더욱 돌보아 주시기 때문에 오히려 더 잘됩니다." 우리는 언제나 두 정부에 소속되어 있습니다. 세상 정부에서 하는 말이 하늘나라의 정부의 말과 어긋나지 않을 때는 그 모든 말을 지켜야 합니다. 하지만 그 말이 하늘나라의 말과 다르면 우리는 하늘나라의 말을 먼저 들어야 합니다. 왜냐하면 하늘나라는 영원하고 세상나라는 일시적이기 때문입니다. 세상은 잠시 있다가 사라지는 것입니다.

우리가 사는 짧은 기간에도 자유당 시절, 민주당 시절, 공화당 시절이 계속 지나갔습니다. 대통령도 바뀌고 법도 달라졌습니다. 세상 정부는 잠시 있다가 사라지는 안개와 같은 정부입니다. 그러나 하늘나라 정부는 영원합니다. 세상 정부의 명령이 하늘나라 정부의 명령과 다를 때는 단호하게 거절해야 하는 것입니다. "죽일 테면 죽여 보아라. 우리는 영원히 산다." 그래서 우리 선조들이 수많은 순교를 당했습니다.

하나님이 가장 미워하시는 것은 하나님 앞에 다른 신을 두는 것이고, 우상에 절하는 것이고, 하나님의 이름을 망령되이 부르는 것이며, 성수주일을 하지 않는 것입니다. 이 네 가지를 하나님이 가장 미워하십니다. 이것은 하나님과 우리와의 관계입니다. 사람과 사람 사이의 관계는 잘못을 용서받고 돌이킬 수 있습니다. 네 부모를 공경하라, 살인하지 말라, 간음하지 말라, 도둑질하지 말라, 이웃을 거짓 증거 하지 말라, 네 이웃의 것을 탐하지 말라, 이런 것들은 사람들이 모여 살면 늘 짓는 죄입니다. 이런 것들은 하루에 일곱 번씩 일흔 번 잘못할지라도 회개하면 하나님이 용서해 주시고 돌이키게 하십니다. 하지만 하나님께서 단호하게 벌하시는 죄가 있습니다. 다른 신을 섬기는 것과, 우상에게 절하는 것과, 하나님의 이름을 망령되이 부르는 것과, 성수주일 하지 않는 것입니다. 이 죄에서 사함 받기 위해서는 속죄제를 드려야 합니다.

또한 이 네 가지 큰 죄 중에서 하나님의 이름을 망령되이 부르는 죄와 성수주일을 하지 않는 죄는 잘못했다고 회개하면 하나님이 용서해 주십니다. 하지만 하나님께서 다른 신을 섬기거나 우상에게 절하는 것은 쉽게 용서해 주시지 않습니다. 그렇기 때문에 그야말로 금식하며 철야하며 하나님의 노여움이 풀릴 때까지 회개해야 합니다.

하늘나라에 들어온 것은 종교나 학문, 의식에 들어온 것과 다릅니다. 하늘나라에는 법이 있습니다. 예수님이 임금님이 되시고, 아버지가 하나님이 되시고, 천군 천사가 우리를 둘러 진 치고, 우리는 하늘나라의 백성으로 의무를 다하고 권리를 행사합니다. 하나님이 하늘나라 백성들을 내버려 두시겠습니까? 물론 천국에 들어가면 말할 수 없는 천국의 영광을 누리지만 그 영광을 이 땅에서도 보여 주십니다. 하늘나라 백성이 사람들에게 손가락질받게 된다면 어떻게 되겠습니까? 하나님께서는 백성들을 머리가 되고 꼬리가 되지 않게 하시고, 위에 있고 아래에 내려가지 않게 하시고, 남에게 꿔어줄지언정 꾸지 않게 하십니다. 그것은 우리가 잘나서가 아니라 하늘나라의 영광을 위해서 우리를 내버려 두실 수 없기 때문입니다. 우리가 마음을 다하고 뜻을 다하고 정성을 다하고 목숨을 다하여 주 하나님을 섬기고 그 뜻을 받들면 하나님은 절대로 그의 백성들을 버리지 않으십니다. 그러므로 시편 91편 14절부터 16절에 이와 같이 말씀하고 있습니다. "그가 나를 사랑한즉 내가 그를 건지리라 그가 내 이름을 안즉 내가 그를 높이리라 그가 내게 간구하리니 내가 그에게 응답하리라 그들이 환난 당할 때에 내가 그와 함께 하여 그를 건지고 영화롭게 하리라 내가 그를 장수하게 함으로 그를 만족하게 하며 나의 구원을 그에게 보이리라 하시도다".

하지만 그와 함께 우리는 의무를 다해야 합니다. 성수 주일, 십일조, 전도하는 일은 꼭 해야 할 의무입니다. 이 의무들을 행하면 하늘나라 백성으로 인정받습니다. 그리고 기도하는 것마다 응답받아 하늘나라에서만 주는 오중복음과 삼중축복의 은혜를 누리게 됩니다.

침례 요한의 죽음 이후에 예수님께서는 "회개하라, 천국이 가까이 왔느니라."고 전파하셨습니다. 이제는 "천국이 여기 있다 저기 있다고도 못하리니 너희 안에 있다."고 하셨습니다(눅 17:21). 천국을 찾으러 구만리장천을 다닐 필요가 없습니다. 사람들은 미국 국적을 가지게 되면 대단한 자부심을 갖는데 그와 비교할 수 없는 천국 시민이 되었으니 큰 자부심을 가져야 합니다. 그러므로 여러분도 이제부터 못 살겠다는 말이나 부정적인 말을 버리십시오. 예수님을 믿고 강하고 담대하십시오. 하나님이 우리 아버지가 되시고, 예수님이 우리 임금님이 되시고, 성령님이 우리 보혜사가 되시고, 천군 천사가 우리를 돌보고 있고, 우리는 그 나라의 백성입니다. 하늘나라는 절대로 무너지지 않습니다. 하늘나라가 우리를 언제까지나 다스리고 있습니다.

3. 제자들을 부르심(4:18-22)

18. 갈릴리 해변에 다니시다가 두 형제 곧 베드로라 하는 시몬과 그
의 형제 안드레가 바다에 그물 던지는 것을 보시니 그들은 어부라
19. 말씀하시되 나를 따라오라 내가 너희를 사람을 낚는 어부가 되
게 하리라 하시니 20. 그들이 곧 그물을 버려두고 예수를 따르니라
21. 거기서 더 가시다가 다른 두 형제 곧 세베대의 아들 야고보와 그
의 형제 요한이 그의 아버지 세베대와 함께 배에서 그물 깁는 것을
보시고 부르시니 22. 그들이 곧 배와 아버지를 버려두고 예수를 따
르니라

18-22절 갈릴리 해변에 다니시다가 두 형제 곧 베드로라 하는 시몬과 그의 형제 안드레가 바다에 그물 던지는 것을 보시니 그들은 어부라 말씀하시되 나를 따라오라 내가 너희를 사람을 낚는 어부가 되게 하리라 하시니 그들이 곧 그물을 버려두고 예수를 따르니라 거기서 더 가시다가 다른 두 형제 곧 세베대의 아들 야고보와 그의 형제 요한이 그의 아버지 세베대와 함께 배에서 그물 깁는 것을 보시고 부르시니 그들이 곧 배와 아버지를 버려두고 예수를 따르니라

예수님께서 갈릴리 해변을 다니시다가 베드로라 하는 시몬과 그 형제 안드레를 만났습니다. 베드로와 안드레는 벌써 예수 그리스도의 사역에

대해서 익히 알고 있었습니다. 그들은 예수님께서 하나님의 아들이신 것과 구원을 베푸는 구주가 되심을 알고 있었습니다. 왜냐하면 그들은 갈릴리 일대를 다니시던 예수님을 따라다니며 그 행적을 다 보았기 때문에 깊은 감동을 느끼고 있었던 것입니다. 그러므로 예수님이 "나를 따라오라." 라고 말씀하셨을 때 따라왔던 것이지 모르는 사람 같으면 따라올 리가 없을 것입니다. 평소에 예수님의 사역을 바라보고 감동을 느끼고 있다가 주님께서 오라고 하시니 두말 않고 따라간 것입니다.

예수님께서 제자들을 선택하실 때는 일할 수 있는 젊은이들을 택하셨습니다. 또한 공부를 잘하고 똑똑한 사람을 택하신 것이 아니라 마음이 순박한 사람을 택하셨습니다. 그들을 교육시켜서 주의 종으로 만드신 것입니다. 그러므로 '나는 공부를 많이 못했으므로 주께 쓰임받기 어렵다.' 고 생각하지 마십시오. 여러분이 지금 알고 있는 지식은 그때 베드로와 안드레가 알고 있는 것보다 몇 백 배나 많습니다. 그러므로 베드로와 안드레를 일꾼으로 사용하신 하나님께서 여러분이 성령 충만하다면 사용하지 않으실 리 있겠습니까?

베드로와 안드레가 세상에서 물고기를 낚고 있는데 예수님께서 그들에게 "내가 너희를 사람을 낚는 어부가 되게 하리라." 고 말씀하셨습니다. 여러분은 사람을 이끌어서 천국 백성을 만드는 천국의 어부입니다. 그리고 사람을 낚는 사명을 감당하기 위해서 낚싯밥을 던져야 합니다. 여러분의 여러 가지 경험과 인생의 낚싯밥과 헌신의 낚싯밥을 사용해서 천국 백성을 낚아야 합니다.

예수님의 말씀을 들은 그들은 배와 그물을 버려두고 예수님을 좇았습니다. 어부에게 배와 그물은 전 재산입니다. 생계가 달려 있는데 주님이 오라고 한다고 그물을 버려두고 예수님을 따라갈 수 있습니까? 그러나 그들은 너무나 예수님을 흠모하고 따르기 원했기 때문에 배도 그물도 다 던져 버리고 예수님을 따라간 것입니다. 오늘날에도 주님이 부르시면 직장도 사업장도 다 그만두고 따르는 사람이 많습니다. 주님이 부르시지 않아서 그렇지 주님께서 부르시면 따를 사람이 많이 있습니다. 주님의 부르심을 받는다는 것은 특권입니다.

예수님의 또 다른 제자인 세베대의 아들 야고보와 요한은 다른 곳에서 아버지와 함께 그물을 깁고 있었습니다. 그런데 그들도 아버지, 배, 그물을 다 뒤로하고 예수님을 따라갔습니다. 그만큼 예수님을 따르는 것이 큰 영광이며, 예수님께 선택받은 것이 어마어마한 축복이라는 것을 그들은 잘 알고 있었습니다. 그래서 모든 재산을 다 버려두고 예수님을 따른 것입니다. 그들의 아버지 입장에서 보면 기가 막힐 노릇입니다. 늙은 아버지를 버려두고 어디 가느냐며 호통을 치고 서운해 했을 것입니다. 그러나 아버지도 섬겨야 하지만 아버지보다 더 큰 하늘의 아버지를 섬겨야 합니다. 세상 아버지는 잠깐 있다가 떠나가지만 하늘 아버지는 영원한 하늘의 아버지입니다. 세상 아버지에게는 버림받아도 살지만 하늘 아버지에게 버림받으면 멸망하고 맙니다.

미국에서 일어난 일인데 남편이 자기 부인에게 몸을 팔아서 돈을 벌어오라고 했습니다. 그러니까 부인이 안 가겠다고 했습니다. 이 사람이 성경을 펴서 '아내들이여 남편에게 복종하기를 주께 하듯 하라' 는 말씀을 자꾸 주장합니다. "내가 남편이어서 명령하는데 내 말을 따라야 할 것 아니냐." 며 성경을 가지고서 윽박질렀습니다. 그러니까 그 부인이 하나님 뜻인 줄 알고 몸 팔러 나갔다가 마침 경찰관을 만났습니다. 경찰관이 사복을 입고 가는데 그에게 접근하자 그 경찰관이 신분증을 내라고 해서 여자를 체포했습니다. 하나님이 인도하시고 지켜 주신 것입니다.

이처럼 하나님의 뜻에 어긋나는 일을 시킬 때는 따라할 수 없습니다. 하지만 그렇지 않은 경우에는 아내들이 모범을 보여야 합니다. 남편을 잘 받들고 섬겨야 남편이 감동해서 회개하고 예수를 믿지, 가정 살림도 던져 버리고 애들도 돌보지 않고 '주여, 주여' 하고만 다니면 그 부인을 보고 예수님을 믿을 남편이 누가 있겠습니까? 남편의 아내를 향한 사랑이나 가족 간의 사랑도 마찬가지입니다. 우리가 예수를 믿으면 그리스도의 영광 때문에 더 참고, 낮아지고, 순종하고, 더 환경을 잘 정리해야 합니다. 예수님을 믿는다고 해서 내 기본적인 의무와 책임들을 저버리면 안 됩니다. 그러나 예수님의 뜻, 하나님의 뜻을 저버릴 때는 따라서는 안 됩니다. 성경에 부모를 공경하라고 했으니 부모를 공경해야겠지만 부모의 부모가 되시는 하나님 아버지께서 부르실 때는 하나님 아버지를 따라 나올 수밖에 없습니다. 그런 갈등이 우리 신앙 속에는 늘 있습니다.

주님은 제자들을 부르신 것처럼 여러분을 '사람을 낚는 천국의 어부'로 불러 주셨습니다. 주님께서는 여러분의 조건이나 지식이나 능력을 보지 않으시고 오직 믿음과 순종만을 보십니다. 그러므로 예수님의 말씀을 들은 즉시 순종하여 주님을 따른 제자들처럼 여러분도 주님의 부르심에 순종함으로 하나님의 큰 일을 감당하는 일꾼이 되시기를 바랍니다.

4. 그리스도의 3대 사역(4:23-25)

23. 예수께서 온 갈릴리에 두루 다니사 그들의 회당에서 가르치시며 천국 복음을 전파하시며 백성 중의 모든 병과 모든 약한 것을 고치시니 24. 그의 소문이 온 수리아에 퍼진지라 사람들이 모든 앓는 자 곧 각종 병에 걸려서 고통당하는 자, 귀신 들린 자, 간질하는 자, 중풍병자들을 데려오니 그들을 고치시더라 25. 갈릴리와 데가볼리와 예루살렘과 유대와 요단 강 건너편에서 수많은 무리가 따르니라

23-25절 예수께서 온 갈릴리에 두루 다니사 그들의 회당에서 가르치시며 천국 복음을 전파하시며 백성 중의 모든 병과 모든 약한 것을 고치시니 그의 소문이 온 수리아에 퍼진지라 사람들이 모든 앓는 자 곧 각종 병에 걸려서 고통당하는 자, 귀신 들린 자, 간질하는 자, 중풍병자들을 데려오니 그들을 고치시더라 갈릴리와 데가볼리와 예루살렘과 유대와 요단 강 건너편에서 수많은 무리가 따르니라

본문에 예수님의 3대 사역이 나타나 있습니다. 전파하시고, 가르치시고, 병을 고치시는 일입니다. 이 세 가지는 예수님의 사역의 대부분을 차지합니다. 예수님은 어제나 오늘이나 영원토록 동일하시며 오늘날 성령으로 우리 가운데 와 계시므로 지금도 가르치시고, 전도하시고, 병을 고치시는 일을 하십니다. 그 일을 할 수 있도록 성령이 기름을 부으셨기 때

문에 우리도 이 일을 할 수 있습니다. 저는 주일과 수요일에는 설교하고 가르치고, 해외에 선교하러 나가서는 예수님을 믿도록 전도하고, 또한 성령의 역사로 국내에서나 해외에서 병자를 치료합니다.

복음 사역은 반드시 이 세 가지를 병행해야 합니다. 직분자들도 모임을 인도할 때 반드시 이 세 가지를 행해야 합니다. 믿지 않는 사람에게는 전도하고, 믿는 사람에게는 가르치고, 병자를 위해서는 기도해 주어야 합니다. 병자를 보고 지나가면 안 됩니다. 하나님은 우리가 병들기를 원치 않으십니다. 원래 에덴동산에는 병이 없었습니다. 병은 죄를 짓고 하나님을 반역해서 온 것이므로 심판이며 저주입니다. 그러므로 병자를 보면 치료받을 수 있도록 기도해 주어야 합니다. 예수님이 하신 일이 그것입니다. 예수님은 온 갈릴리에 두루 다니시면서 회당에서 가르치시고 천국복음을 전파하시고 백성 중에 있는 모든 병과 약한 것을 다 고치셨습니다. 주님께서 오시기 직전에 선별적으로 고침받는 것이 아니라 교회에 오는 모든 사람들이 예수님이 강림하시기 전에 고침받는 거대한 치료의 역사가 우리 가운데 계속 일어날 것입니다.

기독교와 치료는 분리할 수 없습니다. 오늘날 교회에서 병자를 위해서 기도한다고 비난하는 사람이 간혹 있는데 말도 안 되는 소리입니다. 예수 그리스도의 복음 중에서 가장 중심인 것 중의 하나가 병을 고치는 일입니다. 죄 사함과 병 고침은 그리스도의 사역에 절대로 분리될 수 없습니다. 죄 사함과 병 고침을 반드시 전해야 합니다. 예수 그리스도께서 복음을 증거하시자 소문이 퍼졌습니다. 무엇 때문입니까? 죄를 사해 주셨기 때문인가요? 아닙니다. 병 고침 때문입니다. 우리 교회가 계속 왕성하게 성장하는 것은 그리스도의 말씀을 전파한 것도 주원인의 하나겠지만 무엇보다 병자를 위해 기도했기 때문입니다. 많은 병자들이 고침을 받았기 때문에 소문이 나고 교회가 성장한 것입니다.

교회마다 자리가 비는 이유는 병자를 위해서 기도하지 않기 때문입니다. 병자를 위해 기도하지 않으니까 많이 기도하지 않게 되고, 손을 얹고 기도해도 소용이 없게 됩니다. 목사가 기도를 하고 성령이 충만해야 병자를 위해 기도를 할 때 병이 낫고 귀신이 쫓겨나가지, 기도도 하지 않고 학문적으로 공부만 해서는 성령의 역사와 치료가 나타나지 않습니다. 그러므로 병자를 위해 기도하는 목사의 생활은 고달픕니다. 남보다 더 많이 기도해야 하고 부르짖어야 하기 때문에 대개는 하지 않으려고 합니다. 하지만 편안하게 목회하려고 기도를 적게 하면 하나님의 역사는 절대 나타나지 않습니다.

하나님의 능력이 나타나는 목회를 하려면 고달픕니다. 육신의 고달픔을 걸머지고 목회해야 합니다. 사람들이 예수께 데려온 병자들을 보면 각색 병든 자였습니다. 귀신 들린 자, 간질하는 자, 중풍병자, 혈루병 환자 등이었습니다. 옛날이나 지금이나 병은 똑같습니다. 옛날 귀신이나 지금 귀신이나 똑같은 귀신인데 상황이 달라진 게 있겠습니까? 그때 예수님은 그런 병을 다 고치셨는데 지금은 병도 못 고치고 귀신도 쫓아내지 못하면 예수님이 달라졌다는 뜻입니까? 오히려 예수님이 부활하여 성령의 능력으로 우리 가운데 와 계시므로 반드시 예수님의 사역은 계속되어야 합니다. 예수님은 치료하시는 하나님이십니다.

허다한 무리가 예수님을 좇은 것은 예수님께서 병 고치는 일을 행하셨기 때문입니다. 사람들이 병도 낫고 예수님의 말씀도 들으려고 온 것입니다. 그래서 병도 치료받고 예수님의 말씀을 듣고 구원도 받게 되었습니다. 천국은 병을 고쳐 주는 나라입니다. 예수님께서 마지막 떠나시기 전에 최후의 명령으로 "믿는 자들에게는 이런 표적이 따르리니 곧 그들이 내 이름으로 귀신을 쫓아내며 새 방언을 말하며 뱀을 집어 올리며 무슨 독을 마실지라도 해를 받지 아니하며 병든 사람에게 손을 얹은즉 나으리라"(막 16:17-18)고 말씀하시지 않았습니까? 그러므로 우리는 병 고치는 일을 해야 합니다.

왜 여러분을 통해 질병이 치료되지 않는지 아십니까? 스스로 '나 같은 평신도가 무슨 병을 고치겠느냐?' 는 불신앙을 가지고 있고, 성령 충만하지 않기 때문입니다. 여러분 모두는 "택하신 족속이요 왕같은 제사장들이요 거룩한 나라요 그의 소유가 된 백성"(벧전 2:9)입니다. 그러므로 여러분은 그 역할을 해야 합니다. 어디를 가든지 복음을 전파하고, 가르치고, 병 고치는 일을 해야 합니다.

제 5 장

산 위에서 말씀을 주신 **예수님**

A COMMENTARY
ON THE GOSPEL OF
MATTHEW I

산상수훈(山上垂訓)은 예수님의 첫 번째 강론으로서 그리스도인의 윤리를 보여 주고 있습니다.

천국 시민의 윤리적 동기는 사랑이며, 그 결과는 은혜입니다. 천국 시민 된 자는 보이지 않는 것을 기뻐할 줄 알아야 합니다. 따라서 심령이 가난한 자, 애통하는 자, 온유한 자, 의에 주리고 목마른 자, 긍휼히 여기는 자, 마음이 청결한 자, 화평하게 하는 자, 의를 위하여 박해를 받은 자들은 천국 시민의 성품을 가진 자로서 보이지 않는 하나님께서 주시는 위로와 함께 하나님의 아들이라 일컬음을 받는 복 있는 사람입니다. 예수님은 모세의 율법을 완전하게 하는 새 규범을 제시하셨습니다. 그것은 성도들의 완전한 윤리적 규범의 핵심인 '사랑으로 온전하라' 는 것입니다. 이제 율법은 예수 그리스도의 십자가 안에서 더 이상 심판하는 권세가 없습니다. 율법은 다만 우리의 허물을 보게 하여 더욱 깨끗하고 아름답게 단장하게 하는 거울일 뿐입니다. "하늘에 계신 너희 아버지의 온전하심과 같이 너희도 온전하라"(48절). 하나님께서 우리를 향해 요구하시는 온전함의 수준은 하나님 아버지의 온전하심만큼입니다. 그것은 형제와 화목하며, 우리를 박해하는 자를 위하여 기도할 수 있는 수준을 말합니다. 그 요구가 부당하지 않은 것은 어마어마한 능력의 소유자이신 성령이 우리 안에 들어와 우리와 함께하시기 때문입니다.

1. 복 있는 사람들(5:1-12)

1. 예수께서 무리를 보시고 산에 올라가 앉으시니 제자들이 나아온
지라 2. 입을 열어 가르쳐 이르시되 3. 심령이 가난한 자는 복이 있
나니 천국이 그들의 것임이요 4. 애통하는 자는 복이 있나니 그들이
위로를 받을 것임이요 5. 온유한 자는 복이 있나니 그들이 땅을 기
업으로 받을 것임이요 6. 의에 주리고 목마른 자는 복이 있나니 그
들이 배부를 것임이요 7. 긍휼히 여기는 자는 복이 있나니 그들이
긍휼히 여김을 받을 것임이요 8. 마음이 청결한 자는 복이 있나니
그들이 하나님을 볼 것임이요 9. 화평하게 하는 자는 복이 있나니
그들이 하나님의 아들이라 일컬음을 받을 것임이요 10. 의를 위하여
박해를 받은 자는 복이 있나니 천국이 그들의 것임이라 11. 나로 말
미암아 너희를 욕하고 박해하고 거짓으로 너희를 거슬러 모든 악한
말을 할 때에는 너희에게 복이 있나니 12. 기뻐하고 즐거워하라 하
늘에서 너희의 상이 큼이라 너희 전에 있던 선지자들도 이같이 박해
하였느니라

1-2절 **예수께서 무리를 보시고 산에 올라가 앉으시니 제자들이 나아 온지라 입을 열어 가르쳐 이르시되**

예수님은 제자들을 일반 대중과 다르게 생각하셨습니다. 예수님에게 있어 제자들은 장차 당신의 사역을 맡아서 계속해 나갈 사람들이었습니다. 그래서 예수님은 이 제자들을 친히 가르치셨습니다. 왜냐하면 이들이 주님께로부터 잘 배워서 주님이 누구신지 알아야 나중에 온 천하에 나가서 주님의 복음을 전할 사람들이 되기 때문이었습니다.

우리 교회도 70만 성도가 있지만 이 중에서도 약 5만여 명 가까운 구역장들은 우리 교회의 제자들입니다. 구역장들을 성경 학교, 성경 대학, 성경 대학원, 구역장 대학 등에서 의무적으로 성경 공부를 하게 하는 것은 이들을 제자로 만들기 위함입니다. 알아야 제자가 되지, 모르는데 어떻게 제자가 될 수 있겠습니까?

예수님께서는 지상에서 사역하시는 동안, 열두 제자를 뽑아서 항상 그들과 함께하셨습니다. 24시간 내내 같이 먹고, 같이 자고, 같이 행하고, 같이 사역하면서 3년여 동안 그들을 친히 가르치셨습니다. 주님은 일반 대중에게는 전도하시고 치료해 주시고, 제자들에게는 24시간 같이 계시면서 천국 복음을 가르쳐 주셨습니다. '가랑비에 옷 젖는다.' 는 말이 있습니다. 제자들은 주님과 함께 있는 동안 특별하게 달라질 게 있겠는가 했지만, 예수님과 함께 먹고 자고 깨고 여행하는 중에 자연스럽게 그리스도의 모습이 마음속에 들어오고, 그리스도의 언행심사를 닮아가고, 그리스도의 진리를 깨달아 알게 되었습니다.

오늘날 교회의 흥망성쇠는 그 교회가 제자를 얼마나 양성하는가에 달려 있습니다. 우리 교회의 자랑은 구역장들입니다. 이들이 열심히 성경을 공부하고 훈련받아 그리스도의 복음, 곧 오중복음과 삼중축복에 투철한 제자가 됐다는 이것이 우리 교회의 자랑입니다. 구역장들이 진리에 확실히 서고 그 진리를 잘 전파하는 한, 우리 교회는 어떠한 역경에도 끄떡없이 이겨 나갈 수 있습니다. 만일 구역장과 같은 제자들을 양성하지 않았다면 우리 교회라 해도 어느 시점에 가면 무너질 수 있습니다. 흩어져 버릴 수 있다는 말입니다. 주일 예배뿐 아니라 수요 예배에 정기적으로 참석하는 사람들은 거의 다 구역장들입니다. 이들은 만사를 제쳐 놓고 주일 예배, 수요 예배, 철야 예배 등 모든 예배에 참석하는 제자들이 되었습니다.

제자화된 사람만이 주님을 적극적으로 따르게 됩니다. 예배에 와서 적극적으로 참여하는 사람은 제자요, 예배에 와도 소극적으로 억지로 자리만 채우는 사람은 제자라기보다는 대중입니다. 물론 예배를 구경하는 사람들은 안 믿는 사람들입니다. 예수님이 산 위에 올라가 앉으셨을 때 제자들이 따라 올라갔습니다. 그러자 예수님은 이들을 한번 죽 둘러보시고는 입을 열어 말씀하시기 시작했습니다. 그렇습니다. 입을 다물고 가만히 있으면 어떻게 가르칠 수 있겠습니까? 입을 열어야 말을 하고, 또 그래야 그 말을 들을 수 있습니다. 구역장은 구역에서 예배나 성경 공부를 인도할 때는 입을 열어서 말을 해야 합니다. 그러나 입을 열어서 가르치려면 속에 아는 것이 있어야 합니다.

제가 신학교 다니던 시절에 이런 일이 있었습니다. 어느 미국 선교사 교수가 강의를 하면서 이렇게 말했습니다.

"여러분은 모두 다 예언할 수 있습니다. 그러니 입을 열고 담대하게 예언하시오."

예언의 은사는 하나님이 주시는 것이지 사람 마음대로 할 수 있는 것이 아닙니다. 그런데 신학생 중에 어떤 사람이 고지식하게 그 말을 듣고는 일대 해프닝을 연출했습니다. 사실 이 사람은 시골에서 지게 지고 농사짓다가 간신히 중학교만 졸업하고 올라온 사람이었습니다. 그는 그 선교사 교수의 말을 가려듣지 못하고, 그냥 '예언' 이라는 말에 홀딱 넘어가 버렸습니다. 이 사람이 갑자기 수업 중에 일어났습니다. 그리고는 눈을 척 감더니 이렇게 말하는 것이었습니다. "내 아들, 딸들아! 내 아들, 딸들아! 내 말을 들으라!" 그렇게 한참 있더니, "쩝, 할 말이 없네!" 하고 앉아 버리는 것이었습니다. 우리는 모두 배를 부여잡고 뒹굴었습니다. 하나님이 예언의 말씀을 주셨으면 왜 할 말이 없습니까? 속에 말씀이 들어 있으면 말씀이 나옵니다. 그런데 하나님이 아무것도 주시지 않았는데 말하려고 하다가 어처구니없는 행동을 저질렀습니다. 그 사람은 신학교를 졸업하고 난 다음에도 이곳저곳 방황하다가 정말 할 말이 없어서 도로 시골로 지게 지러 내려갔습니다.

강단에 서서 복음을 전하는 것도 마찬가지입니다. 속에 들은 것이 있어야 입으로 말이 나옵니다. 속에 들은 것이 없는데 강단에 나와서 입만 열면 말이 나올 것이라고 생각한다면 큰 착각입니다. 그래서 주의 종은 끊임없이 기도하고 공부를 해야 합니다. 많이 듣고, 많이 읽고, 많이 묵상해서 마음에 말씀과 은혜를 꽉 채워 놓아야 말할 것이 있게 됩니다.

구역장도 마찬가지입니다. 구역 공과를 잘 인도하려면 성경을 열심히 읽고, 공과 공부를 열심히 해야 합니다. 또 시간을 내서 책을 읽고, 묵상을 해서 속을 채워 놓아야 합니다. 그리스도의 복음을 속에 꽉 채우고 난 뒤에 구역 예배를 이끌어 나가야 합니다. 속에 진리의 말씀이 없으면 사람들은 쓸데없는 세상 이야기를 합니다. 모여서 남 흉보고, 세상 돌아가는 이야기를 하는데 은혜가 될 턱이 없습니다. 이런 구역 모임에는 사람이 모이지 않습니다. 구역장의 입에서 진리의 말씀이 넘쳐 나고, 생명의 말씀이 넘쳐 나면 왜 안 모이겠습니까? 젖먹이 어린아이에게 빈 젖을 물리면 처음 몇 번은 몰라도 나중에는 포기하고 맙니다. 그러면 아이가 영양실조가 됩니다. 구역장이 열심히 기도하고, 진리의 말씀이 그 속에 있어 그 입을 통해 나오는 말씀이 생명을 살리는 역사를 일으키면 주변의 갈급한 사람들이 다 몰려올 것입니다.

그러므로 본문에서 예수님께서 '입을 열어 가르쳐 이르시되' 라고 하신 것은 참으로 의미가 깊습니다. 예수님은 하늘나라 진리를 가득 가지고 계십니다. 예수님 자체가 진리입니다. 예수님이 입을 여시면 하늘에도 쌓아 놓을 곳이 없고, 땅에도 쌓아 놓을 곳이 없을 만큼 무궁무진하고 영원한 진리가 나옵니다.

오늘날 예수 그리스도께서 입을 열어 가르치신 말씀을 기억나게 하고 가르치는 분은 '보혜사 성령' 이십니다. 성령이 오셔야 우리가 예수님의 진리를 깨달을 수 있고, 성령이 오셔야 예수님이 하신 말씀이 우리 입에서 나올 수 있습니다. 성령 없이는 진리의 말씀 속에 살 수 없습니다. 이러므로 평신도는 물론 구역장들은 반드시 성령 침례 받고, 성령 충만 받기를 힘써야 합니다. 늘 성령님을 인정하고 환영하고 모셔 들이고 의지해야 합니다. 또한 성령께서 은사로 주신 방언으로 많이 기도하여 성령의 은혜 속에서 진리를 깨달아 알아야 합니다.

3절 심령이 가난한 자는 복이 있나니 천국이 그들의 것임이요

이 말씀을 바르게 이해해야 합니다. 많은 사람들이 이 말씀을 '가난한 자' 가 천국을 얻는다고 잘못 해석합니다. 가난하다고 천국을 얻는다면 아프리카나 인도나 동남아시아는 다 천국이 되었습니다. 가난이 예수 믿는 신앙생활에 절대로 필요한 그 무엇이라고 주장하는 사람들의 말대로라면 오늘날 이 지구상에 있는 가난한 사람들은 전부 다 천국에 들어가 있어야 합니다. 반면 부자들은 전부 다 쫓겨나야 합니다. 그렇게 되면 유럽이나 미국같이 잘사는 나라는 아예 천국이 없어야 합니다. 그러나 물질적으로 세계에서 가장 부강한 미국은 오히려 기독교 신앙 또한 가장 강합니다. 이곳에 천국이 많이 임하여 있습니다. 내가 복음을 전하러 다녀보면 인도, 파키스탄, 스리랑카, 베트남, 중국 그리고 아프리카 대륙, 가난한 남미 국가 등지에는 눈을 씻고 보아도 천국이 희박합니다.

물질적으로 가난해야 천국이 임한다거나 가난이 복된 것이라는 말은 참으로 정신없는 말입니다. 여러분, 가난은 축복이 아닙니다. 가난이 축복이라면 하나님께서 에덴동산을 풀 한 포기 없는 황무지로 두실 것이지 왜 그토록 풍요롭고 부요하고 아름다운 낙원으로 만들어 놓으셨겠습니까? 에덴동산은 영적, 육적, 환경적으로 완벽한 낙원이었습니다. 영적으로는 하나님과 직접 대면하며 교제할 수 있었고, 질병이나 죽음의 해함이 없으며, 만물이 풍요하고 평화로운 곳이었습니다. 하나님은 에덴동산을 이와 같이 예비해 놓으셨습니다. 에덴동산에서는 '무엇을 먹을까, 무엇을 입을까, 무엇을 마실까' 를 염려할 필요가 없었습니다.

그렇다면 가난은 언제부터 시작되었습니까? 바로 아담과 하와가 하나님을 반역하여 죄를 짓고 에덴동산에서 쫓겨난 이후로부터 시작되었습니다. 가난은 하나님을 반역한 형벌로써 오는 것이며, 하나님에게서 쫓겨난 사람들이 체험하는 저주입니다. 인간이 범죄한 탓에 땅이 저주를 받아 가시와 엉겅퀴를 내고, 인간은 이마에 땀을 흘려야 먹고 살 수 있게 되었습니다. 이는 명백히 하나님의 형벌입니다. 가난은 축복이 아닙니다. 가난을 축복으로 생각하는 사람은 너무나 잘못된 생각을 하고 있습니다. 예수님께서 오신 것은 우리를 죄와 사망에서뿐 아니라 가난의 저주에서도 건지기 위함이셨습니다. 고린도후서 8장 9절을 보면 "우리 주 예수 그리스도의 은혜를 너희가 알거니와 부요하신 이로서 너희를 위하여 가난하게 되심은 그의 가난함으로 말미암아 너희를 부요하게 하려 하심이라" 고 말씀하고 있습니다.

예수님은 태어나실 때부터 지극히 가난한 곳에서 태어났습니다. 또한 이 땅에 계시는 동안 가난을 온몸에 걸머지고 살다가 떠나셨습니다. 천지 만물의 주인이신 예수님이 그토록 가난을 짊어지고 사신 것은 우리의 가난을 대속하기 위함이셨습니다. 예수님은 우리를 가난의 저주에서 구해 주시려고 십자가에 매달려 우리 대신 저주를 받으셨습니다. 그러므로 이제 예수 그리스도 안에서 가난의 저주는 없습니다. 예수 그리스도 안에 있으면서도 가난을 찬미하고 있다면 그것은 예수님의 고난을 무효로 돌리고 예수님을 모욕하는 것이요, 예수님의 희생을 값없이 만들어 버리는 것입니다.

우리는 주님의 희생을 영화롭게 하기 위해서 가난과 저주에서 해방되어야 합니다. 이를 위해 우리는 주님을 믿고 순종하는 삶을 살아야 합니다. 우리에게 복을 주시는 것이 주님의 뜻입니다. 그러나 우리가 주님을 믿고 순종하지 않는데 주님이 우리에게 복을 주실 수 없습니다. 믿지도 아니하고 순종도 아니한다면 우리를 도와주실 수 없습니다. 그러므로 우리는 주님 앞에서 성도의 3대 의무인 성수 주일과 십일조와 복음 전파를 실천해야 합니다. 성수 주일하여 예배드리며 말씀을 듣고 깨닫고, 물질로 탐욕을 삼지 말고 십일조를 드리고, 때를 얻든지 못 얻든지 늘 그리스도의 복음을 전도하는 그러한 삶을 살아야 합니다. 이렇게 믿음과 순종의 삶을 살면 우리 예수 믿는 사람들이 가난이나 저주에 묶여 살아야 할 이유가 전혀 없습니다.

그러면 심령이 가난하다는 의미는 무엇일까요? 우리의 마음속에서 세상의 것들을 비워 놓는다는 뜻입니다. 빈 병에 물을 부어야 가득 담기듯이 우리의 마음에서 세상의 것들을 비워 놓아야 은혜를 담을 수 있습니다. 유물론, 공산주의, 무신론으로 마음을 채워 놓으면 하나님을 모셔 들일 수 없습니다. 또한 물질, 지위, 돈, 명예, 권세 등으로 마음을 채워 놓으면 예수님이 들어가실 틈이 없습니다. 예수님이 이렇게 비유로 말씀하시지 않았습니까? 어떤 사람이 큰 잔치를 차려 놓고 종들을 보내어 사람들을 초청하게 했습니다. 한 사람이 하는 말이 "나는 소를 샀으니 이 소를 시험해 봐야 합니다. 미안하지만 가지 못하겠습니다."라고 했습니다. 소가 그 마음속에 가득 차 있었습니다. 또 한 사람은 이렇게 말했습니다. "나는 이제 막 결혼해서 내 아내를 즐겁게 해야 하니 갈 수 없습니다." 또 다른 사람들도 다 각기 자기들의 일이 바빠서 못 간다고 했습니다. 마음에 꽉 들어찬 것이 있으면 아무리 좋은 것이라 해도 들어갈 자리가 없습니다.

가난한 사람이라고 해서 마음이 비어 있는 것이 아닙니다. 가난한 동남아는 불교로 가득 들어차 있고, 중동은 이슬람교로 가득 들어차 있습니다. 또한 그 외의 나라들도 미신과 우상, 아니면 세상 탐욕으로 가득 차 있으니 주님이 오셔서 문을 두드려도 소용이 없습니다. 주님이 문을 두드려도 안에서 문을 잠가 놓고 열어주지 않으니 어떻게 주님이 들어가실 수 있습니까? 마음속에 자기가 가득 차서 잔치한다고 앉아 있으니 주님이 문 두드리는 소리가 들릴 턱이 없습니다.

나도 한때는 마음이 부자가 되어서 예수 그리스도가 필요 없다고 생각했습니다. 사람이 언제 마음이 가난하게 됩니까? 얻어맞을 때입니다. 몸에 병이 들고, 가정에 환난이 다가오고, 사업과 생활에 고통이 다가올 때, 그래서 세상에 의지하던 것이 다 떠나가고 친구들이 나를 버릴 때입니다. 의지하던 것들이 다 떨어져 나가 마음이 텅 비게 되는 그때에 예수님이 문을 두드리면 모셔 들이게 됩니다. 나도 얻어맞지 않았다면 절대로 마음이 가난하게 되지 않았을 것입니다.

나도 처음에는 세상에서 출세하고 부자가 되어야겠다는 소원을 마음속 가득히 채우고 있었습니다. 일제 강점기와 6·25 사변 등 너무나 가난하고 굶주리고 어려움을 당하던 시대에 태어나서 자랐기 때문에 나는 출세하여 돈을 많이 벌어야겠다는 생각을 가지게 되었습니다. 사실 그때 내 꿈은 별로 큰 것이 아니었습니다. 출세하고 돈 벌어서 빨간 벽돌집을 짓고, 장가들어 아들, 딸 낳고 잘 살겠다는 소박한 꿈이었습니다. 그러나 그것이 마음속에 가득 들어차서 마음이 가난하지 않았습니다. 중학교 다닐 때 전도를 몇 번 받았지만 교회 가자는 말이 꼭 미친 사람이 하는 말처럼 들렸습니다. '이 바쁜 세상에 교회는 왜 가는가?' 전혀 관심 밖이었습니다. 이것이 마귀가 하는 일입니다. 마귀는 우리 속에서 주님을 완전히 밖으로 내몰고 세상으로 꽉 들어차게 합니다. 그러나 폐병에 걸렸을 때 모든 꿈이 사라졌습니다. 벽돌집은 사라지고 공동묘지밖에 보이지 않았습니다. 출세할 꿈도 다 떠나가 버리고 허공만 바라보게 되었을 그때, 마음이 가난하게 되었습니다. 도와줄 자를 찾았습니다. 그때서야 예수님이 내 속에 들어오실 수 있었습니다. 그렇게 예수님이 들어오시니 내가 구원을 받고 새로운 세계로 들어오게 되었습니다. 내가 50년 가까이 목회를 해봤지만 마음이 가난하지 않은 사람 치고 예수를 믿은 사람을 한 사람도 보지 못했습니다. 마음이 가난하지 않은 사람은 그리스도를 하나의 종교나 형식으로 생각할 뿐 진정한 구세주로 받아들여 거듭나는 역사를 결코 체험하지 못합니다. 거듭났다는 것은 마음이 가난해져서 예수님을 완전히 모셔 들이고 예수님을 주님으로 섬깁니다. 습관적으로 교회를 왔다 갔다 하거나, 예수님을 자신의 의복에 두른 장식 띠로서 생각하는 사람들은 거듭나지 못한 사람들입니다.

간혹 시험이나 환난을 당하지 않고도 마음이 가난하여 하나님을 찾는 사람이 있습니다. 환경적으로 부족한 것 없어도 이 세상의 삶과 세상의 지위, 명예, 권세가 다 허무하다는 것을 느끼고 하나님을 찾는, 마음이 가난한 사람들이 있습니다. 미국이나 유럽 교회에 성회를 가 보면 그곳 사람들은 생활이 부요하고 모든 환경이 다 좋은데도 불구하고, 그리스도의 복음을 기쁘게 받아들이고 눈물을 흘리며 예수님을 모시는 사람이 많습니다. 환경적으로는 부족할 것 없음에도 마음이 가난하여 하나님을 찾는 복된 심령을 가졌습니다.

세상의 부귀, 영화, 공명을 잔뜩 가지고 있는 사람에게는 예수님을 믿으라고 해도 계란으로 바위를 때리는 격입니다. 그러므로 여러분은 환난당한 사람들에게 예수 그리스도의 복음을 들고 찾아가십시오. 개인, 가정, 사업에 환난을 당한 사람은 마음이 깨어졌기 때문에 복음을 받아들입니다. 그러면 그들의 심령에 천국이 들어오게 됩니다.

축복도 축복 나름입니다. 세상이 주는 부귀, 영화, 공명을 받아들이면 멀리 주님을 떠나게 됩니다. 그러나 마음이 깨어져서 주님을 믿고 하나님께로부터 축복을 받으면 하나님께 대한 신앙이 더 깊어지게 됩니다. 그러므로 우리는 하나님께로부터 복을 받아야 합니다. 예수님을 믿을 때 우리는 종교를 얻은 것이 아니라 나라를 얻게 됩니다. 주님의 나라에 들어오면 예수님이 임금이십니다. 주님의 나라에 들어가면 우리 예수님이 십자가에서 몸 찢고 피 흘려 값 주고 사신 은혜를 가지고 다스리십니다.

오중복음과 삼중축복의 구원의 은혜로 다스리시는 예수님을 믿고 순종하여 따라가면 주님께서 영혼이 잘됨같이 범사에 잘되고 강건하게 만들어 주십니다. 주님은 하늘과 땅의 모든 권세를 가진 위대한 임금님이십니다. 우리는 바로 이러한 임금님이 다스리시는 나라에 들어왔습니다. 종교를 믿은 것도 아니고 형식과 의식을 믿은 것도 아닙니다.

우리는 나라에 들어왔기 때문에 그 나라의 임금이 다스리는 것에 따라야 합니다. 그 나라에 들어왔으니 의무를 다해야 합니다. 예컨대 대한민국 국민이면 교육을 받아야 할 의무, 납세의 의무, 병역의 의무 등이 있습니다. 그 의무를 다하지 않으면 우리나라에서 국민으로서의 권리를 주장할 수 없습니다. 하늘나라에서도 주일성수의 의무, 십일조 드릴 의무, 전도할 의무가 있습니다. 그 의무를 다하면 그 나라 백성으로서의 권리를 주장할 수 있습니다. 주님의 나라에서는 용서와 의의 권리가 있고, 주님과 화목하고 성령 충만할 권리가 있고, 병 고침 받을 권리가 있고, 물질적인 축복을 받을 권리가 있고, 천국에 들어갈 권리가 있습니다. 의무를 다하면 우리가 그 나라 백성으로서의 권리를 주 예수의 이름으로 담대하게 주장할 수 있습니다. 그때 주님은 그 권리를 누리도록 돌보아 주십니다. 우리는 나라에 들어왔지 종교를 믿으려고 한 것이 아님을 명심하십시오. 우리가 주님의 나라의 백성으로서 의무를 다하면 오중복음과 삼중축복의 권리를 주장하고 하나님의 축복을 받게 되어 있음을 잊지 마십시오.

그러므로 심령이 가난한 것이 얼마나 복됩니까? 천국이 들어오기 때문에 복된 것입니다. 이 세상의 그 어떤 복된 나라와도 비교할 수 없는 천국이 우리 속에 들어오니 그야말로 축복 중의 축복입니다. 태어날 때부터 복되고 축복 받은 나라에 태어나면 힘쓰지 않고, 애쓰지 않고도 인생을 편하게 출발합니다. 우리가 하늘나라에 태어나면 그 나라의 임금님이 그 나라를 잘 만들어 놓았기 때문에 힘쓰지 않고, 애쓰지 않아도 잘 살 수 있습니다.

예수님 안에 어떤 불가능이 있겠습니까? 전지전능, 무소부재하신 창조주이신 그분이 우리의 임금이 되시는데 그 임금님의 나라에서 무엇을 못하겠습니까? 얼마나 희망차고 소망스럽고 든든합니까? 이러한 임금님의 나라가 우리 속에 들어와 있으니 우리는 얼마나 복 받은 사람들입니까?

그러므로 우리는 언제나 마음이 가난해서 하늘나라가 가득하도록 해야 합니다. 마음에 세상 교만과 오만이 들어오고, 세상 욕심이 꽉 차 버리면 천국이 밀려 나가게 됩니다. 우리 마음은 천국이 점령해 있어야 합니다. 오직 하나님 아버지와 그 아들 예수님을 모시고 성령 충만해서 우리

가운데 하늘나라가 충만하도록 해야 하겠습니다.

4절 애통하는 자는 복이 있나니 그들이 위로를 받을 것임이요

하나님은 우리에게 '항상 기뻐하라.' 고 하셨습니다. 그런데 예수님은 왜 '애통하는 자가 복이 있다.' 고 하셨을까요? 우리는 늘 기뻐해야 하지만 그 중에 애통하는 삶이 되어야 합니다. 애통이란 무엇입니까? 애통이란 우리 자신에게 있는 모자람을 깨닫고 탄식하는 것을 말합니다.

나는 영어 때문에 참으로 애통해했던 사람입니다. 요즘과 같은 세계화의 시대에서는 세계 공용어인 영어를 못하면 도저히 살아갈 수 없습니다. 내가 1958년에 천막 교회를 개척해서 땅에 가마니를 깔고 그 위에서 기도할 때 하나님은 나에게 말씀하셨습니다. "너는 온 천하에 다니며 만민에게 복음을 전파할 것이다. 은빛 날개를 타고 천하에 복음을 전파할 것이니 영어를 공부하라." 그러나 나는 그때 편안하게 영어 공부를 할 처지가 되지 못했습니다. 나는 정규 학교 교육을 못 받았기 때문에 토대가 없었습니다. 더구나 가난하고 어려운 때인지라 학원에 가서 공부할 수도 없었고, 개인 교사에게 배울 수도 없었습니다. 그때부터 애통하는 마음이 들어왔습니다. 내가 학교 교육을 많이 받지 못한 것, 다른 사람처럼 영어를 잘하지 못하는 것에 대해 애통하는 마음이 들어왔습니다. 마음이 애통해지니 밤에 잠을 잘 수 없었습니다. 그래서 영어책과 사전을 갖다 놓고 미친 듯이 공부하기 시작했습니다. 애통하는 마음이 드니까 미친 사람이 되었습니다. 내가 지금 생각해 봐도 성령이 그렇게 해 주시지 않았다면 그렇게 영어에 미친 사람이 되지 못했을 것입니다. 자나 깨나 영어 속에 살았습니다. 그렇게 미친 사람처럼 애통을 했더니 '애통하는 자가 위로를 받는다.' 는 말씀대로 요사이 얼마나 위로를 받는지 모릅니다. 지금 나는 온 천하에 다니면서 영어로 마음껏 말을 합니다. 설교도 영어로 막힘없이 하고, 어떤 사람을 만나도 자유자재로 이야기합니다. 또 책도 마음대로 읽을 수 있고, 영어 방송도 마음대로 들을 수 있습니다. 이 때문에 얼마나 위로가 되는지 모릅니다. 그러나 나처럼 옛날에 영어에 애통하지 않았던 사람은 지금 모든 일이 답답합니다. 이 풍성한 정보 사회 속에서, 책이나 방송이나 모든 정보가 홍수처럼 흘러 넘쳐도 무슨 말인지 몰라서 그림만 보면서 답답해합니다. 진작 옛날에 애통하지 않았기 때문에 위로가 없으니 답답한 것입니다.

이처럼 애통한다는 것은 나의 부족함을 느끼고 마음에 안타깝게 느끼는 것을 말합니다. 우리 예수 믿는 사람은 '성령 침례' 와 '성령 충만' 을 애통해야 합니다. 다른 사람은 성령 충만해서 방언하며 은혜 속에 깊이 들어가는데 나는 성령 충만 받지 못하고 방언도 말하지 못하는 것을 애통해야 합니다. '나도 성령 받아야겠다.' 고 무지무지하게 각오를 하고, 집에서나 교회에 와서나 무슨 일, 어떤 곳에 있더라도 앉으나 서나 기도하고 부르짖으면 단번에 성령을 받습니다.

성령을 받고, 방언을 말하면 마음의 위로가 넘쳐납니다. 그런데 애통하는 마음이 없어서 다른 사람이 성령 받고 방언을 말해도 무관심하고, '성령 충만! 에이, 받아도 좋고, 안 받아도 괜찮다.' 하는 사람은 결코 은혜를 받지 못합니다. 은혜를 받지 못하면 위로도 없습니다.

요사이는 남자들도 피부 관리를 잘해야 직장에 취직이 된다는 웃지 못할 이야기를 들었습니다. 첫인상이 나쁘면 면접시험에서 떨어지기 때문에 남자들도 화장하는 것이 유행하고, 남자 화장품이 날개 돋친 듯이 팔리고 있다고 합니다. 그런데 이것은 세계적인 현상입니다. 미용은 여자들만 신경 쓰는 것으로 알았지만 이제는 옛말입니다. 요사이는 남자들도 성형 수술하고, 피부 미용을 위해 애를 많이 쓰고 있습니다. 좋은 인상을 가지려 하기 때문입니다. 이러한 것을 굳이 부정적으로만 볼 것이 아닙니다. 남자라고 해서 아무렇게나 해도 된다고 생각하면 안 됩니다. 나도 우리 교회의 남자 주의 종들이나 직원들을 볼 때 남자라도 몸 관리를 잘하고 얼굴도 깨끗하면 인상이 좋아 보입니다. 자기 몸을 잘 관리하는 사람은 자기 생활도 잘 관리할 줄 아는 사람입니다. 그러나 이렇게 하려면 애통하는 마음이 있어야 합니다. 여성들은 더욱 몸 관리를 잘 해야 합니다. 느슨하게 되어 자기 관리를 못하면 비만하게 됩니다. 식사도 잘 조절하고, 운동도 정기적으로 하고, 피부 미용에도 신경을 쓰고 머리 손질도 잘해야 합니다. 그렇게 자기 관리를 잘해서 자기도 보기 좋고, 다른 사람들도 보기 좋아야 합니다. 그러나 이렇게 하려면 애통하는 마음이 있어야 합니다. 무슨 일이든지 발전하려면 애통하는 마음이 있어야 합니다. 애통하는 마음 없이, 그저 덤덤한 마음으로 하루하루를 보내면 발전이 없습니다.

수능 시험을 치르려는 학생은 평소에 애통하는 마음을 가져야 합니다. 평소에 늘 '어찌하든지 좋은 성적으로 좋은 학교에 들어가야겠다.' 라고 애통하는 마음을 가져야 목표로 하는 좋은 학교에 들어갑니다. 그러나 평소에 애통하는 마음이 없는 사람은 수능 시험의 결과가 나왔을 때 아무런 위로를 받을 수 없습니다. 오히려 후회의 눈물이 앞섭니다.

그러므로 위로는 거저 오는 것이 아닙니다. 반드시 대가를 지불해야 옵니다. 우리나라가 경제적으로 절대 위기에 처했던 것도 애통하는 마음이 없었기 때문입니다. 국민 전체가 '우리도 기필코 선진국 대열에 들어가야지!' 하고 애통하는 마음을 굳게 가지고 있었다면 무분별하게 해외여행으로 막대한 달러를 낭비하지 않았을 것입니다. 이와 같이 애통하지 못한 결과가 무엇입니까? 외환 위기로 인해 국제적으로 큰 수치를 당했을 뿐 아니라 국민 소득이 반으로 후퇴하는 어려움을 당했습니다.

나는 한동안 해외로 복음 전하러 가는 일을 꺼렸습니다. 우리나라가 외환 위기를 겪고 국제적으로 큰 수치를 당한 뒤에는 내 귀에 한국을 비웃는 소리가 들리기 때문입니다. 그 사람들이 내 앞에서 아무 말 안 해도 내 귀에는 "너희 한국 사람들 별 볼일 없다. 너희 한국 참 한심하다." 하는 말이 들리는 것 같았기 때문입니다. 사실 공공연하게 그런 말을 듣기도 합니다. 그러면 굉장히 자존심이 상하고 국가적인 열등의식이 내 마음에 들어옵니다.

국민 전체가 "우리나라를 선진 대열에 올려 보자!"라고 하면서 애통하는 마음이 있었다면 그토록 큰 국가적 위기를 맞이하지 않았습니다. 정부 인사들이 부정부패하지 않고, 사업가들이 책임 있게 기업을 경영하고, 노동자들이 집단 이기주의를 자제하고 공적 이익을 위해 힘쓰고, 일반 대중은 호화 사치하지 않고 절제하고 절약했다면 우리 민족에게 얼마나 큰 위로가 있었겠습니까?

이솝 우화 중에 개미와 베짱이 이야기를 아시지요? 베짱이는 여름 내내 기타를 치면서 노래만 부르고 놀았습니다. 그러나 개미는 땀을 뻘뻘 흘리면서 일을 했습니다. 베짱이는 열심히 일하는 개미를 비웃었습니다. 그러나 가을이 와서 찬바람이 불고 낙엽이 떨어지는 때가 되니 더 이상 놀 수 없었습니다. 베짱이는 추위와 굶주림에 죽게 되었습니다. 결국 베짱이가 다 떨어진 기타를 들고서 개미굴 옆에 오니 뜨끈뜨끈한 김이 나오고 맛있는 음식 냄새가 풍기는 것이었습니다. 문을 두드리자 개미 아줌마가 나왔습니다.

"누구세요? 무슨 일이에요?"

"춥고 배가 고파요. 먹을 것 좀 주세요."

"누군가 했더니 베짱이 씨군요. 당신이 여름 내내 기타치고 놀 때, 우리 부부는 자식들 먹이려고 열심히 땀을 흘려서 양식을 모았어요. 지금 우리 집에는 애들하고 겨울날 양식이 있지만 당신에게 나누어 줄 것은 없어요. 미안해요. 그만 가 보세요."

이 말을 하고 개미 아줌마는 문을 탁 닫아 버렸습니다. 베짱이는 눈물을 머금고 다 떨어진 옷에 줄 끊어진 기타를 들고서 눈 속을 걸어가다가 얼어 죽고 말았습니다. 이 우화는 우리를 비유해서 한 말입니다. 평상시에 애쓰고 힘쓰고 노력해 놓으면 어려운 날이 와도 편안히 살 수 있습니다. 일할 때 놀아 버리면 어떻게 되겠습니까? 젊고 힘 있을 때 열심히 일해서 저축해 놓으면 나중에 늙어서 힘없을 때 노후를 편안히 보낼 수 있습니다. 젊었을 때 게으르면, 늙고 병들게 되었을 때 어떻게 합니까? 사람이 젊을 때 고생하는 것은 추하지 않지만 늙어서 고생하는 것은 추합니다. 이러므로 우리는 젊을 때 애통하는 마음을 가져야 합니다. 젊을 때 애통하는 마음을 가지고 "나도 잘살아 보자! 나도 편안하게 살아 보자!" 하는 사람은 나중에 늙어서 위로가 옵니다.

우리는 기도할 때 "하나님, 내 마음속에 애통하는 마음을 주옵소서." 라고 해야 합니다. 구역장들은 구역을 위해서 애통하는 마음을 가져야 합니다. 내 구역에 사람이 없으면 안타까운 마음, 애통하는 마음을 가져야 합니다. 그렇게 애통하는 마음이 있으면 기도하게 되고, 한 사람이라도 전도하려고 노력하게 되고, 그러면 사람들이 모이게 됩니다.

5절 온유한 자는 복이 있나니 그들이 땅을 기업으로 받을 것임이요

'온유하다' 는 의미가 무엇입니까? 말 그대로 하면 부드럽고 따뜻한 마음입니다. 그러나 헬라어의 본 뜻은 '잘 배우고 순종하는 마음' 입니다. 하나님 편에서 온유하다는 것은 하나님의 말씀을 잘 배우고 순종을 잘하는 것입니다. 짐승들도 그렇습니다. 짐승 중 온유한 것은 가축입니다. 가축은 주인이 있습니다. 그러나 들짐승은 주인이 없습니다. 자기 마음대로 떠돌아다니면서 자기 마음대로 행합니다.

온유한 짐승들은 봄, 여름, 가을, 겨울 걱정할 것이 없습니다. 주인이 겨울에도 먹이를 다 준비해서 염려 없이 월동 준비를 하고, 사나운 짐승에게 찢기지 않도록 보호해 주기 때문입니다. 주인이 전적으로 가축의 모든 삶을 돌보아 줍니다. 그러면 누가 온유한 사람입니까? 주인이 있는 사람이 온유한 사람입니다. 예수님을 주인으로 모시고, 예수님의 말씀을 잘 듣고 순종 잘하는 사람이 온유한 사람입니다. 예수님을 주인으로 모시지 않고, 믿지도 않고, 순종도 하지 않는 사람은 들짐승과 같습니다. 험난한 세상에서 자기 운명을 자기가 돌보려고 하니 고통을 당할 뿐입니다. 예수님을 주인으로 모시고 말씀 잘 듣고 순종하는 온유한 사람은 천국뿐 아니라 땅을 기업으로 받습니다. 예수 그리스도를 믿는 사람이 천국에 가서만 복을 받는다고 생각하지 마십시오. 천국에서는 물론이고, 이 땅에서 살 동안 주님께서 지상의 축복도 허락하십니다. 영권과 물권을 함께 주십니다.

온유한 자에게는 주님이 물질을 주셔서 부요를 누리게 하시고, 하나님께 영광을 돌리게 하십니다. 하늘과 땅은 주님이 지으셨습니다. 물질은 나쁜 것이 아닙니다. 물질이 나쁜 것이라면 하나님이신 예수께서 물질인 몸을 입고 이 땅에 오셨겠습니까? 이 세상의 금과 은과 보화는 모두 하나님이 만드셨습니다. 그러나 하나님 없이 물질을 쓰면 나빠집니다. 하나님 없이 그 물질로 대포를 만들고 비행기를 만들고 군함을 만들어서 인간들끼리 서로 죽이고 해치는데 사용합니다. 하나님 잘 믿는 사람이 구제하고, 병원과 학교를 세우고, 주의 종의 목회를 돕기 위하여 물질을 쓰면 그 물질이 얼마나 유익한 것이 되겠습니까? 물질 그 자체는 좋은 것도 나쁜 것도 아닙니다. 그러나 그것을 나쁜 사람이 쓰면 나쁜 것이 되고, 좋은 사람이 쓰면 좋은 것이 됩니다. 그러므로 하나님께서는 온유한 자에게 물질을 주셔서 그 물질을 가지고 하나님의 영광을 위해서 사용하도록 하십니다. 우리가 예수님 앞에서 훈련을 잘 받아서 잘 순종하는 온유한 사람이 되면 땅을 기업으로 받게 됩니다.

성경을 보십시오. 그 옛날 이스라엘 백성이 애굽에서 나올 때 빈손으로 나왔습니까? 아닙니다. 이스라엘 백성은 모세가 시키는 대로 애굽 사람들에게 은금 패물과 의복을 구했습니다. 그러자 하나님의 성령이 역사하시므로 이스라엘 백성들은 애굽 사람들로부터 구하는 대로 다 얻을 수 있었습니다(출 12:35-36). 그들이 얼마나 많이 가지고 나왔던지 나중에 시내 광야에서 하나님 말씀대로 성막을 세울 때, 필요한 모든 재료가 차고 넘쳤습니다.

오늘날 우리 예수 믿는 사람은 영적 선민입니다. 그리고 이 세상은 애굽입니다. 이 애굽에서 우리가 하늘나라를 찾아 나갈 때 세상에 은과 금을 구하는 것은 우리의 권리입니다. 우리가 사업을 통해 세상 사람에게 은, 금을 구할 때 그들이 우리에게 은과 금을 주게 되어 있습니다. 예수 믿는 사람이 백화점이나 음식점을 차려서 장사를 하게 되면 세상 사람이 와글와글 모여와서 그들의 은과 금을 마구 쓰게 되어 있습니다. 하나님이 그렇게 하도록 만들어 놓으셨습니다. 그러므로 예수 그리스도를 믿는 사람들은 이 세상에서 잘살 수밖에 없습니다.

"온유한 자는 복이 있나니 그들이 땅을 기업으로 받을 것임이요" 라고 하신 말씀대로 하나님께 훈련을 잘 받고, 말씀에 순종을 잘하는 사람이 땅을 차지하는 것입니다. 신명기 28장 1절부터 14절까지 보면 하나님께서는 하나님 말씀을 잘 듣고 순종하는 자는 세계 모든 민족 위에 뛰어나게 하여 주시고, 먹을 것에 복을 주시고, 원수로부터 승리하게 하여 주시고, 무슨 일을 하든지 형통하게 하고 복을 주셔서 머리가 되고 꼬리가 되지 않게 하여 주신다고 약속하고 있습니다. 개인뿐 아닙니다. 예수님을 잘 믿고 하나님의 뜻을 순종하는 나라 역시 잘살지 못하는 나라가 없습니다. 그러한 나라들은 땅을 기업으로 얻었습니다.

그러므로 우리는 하나님 말씀을 잘 듣고 순종하는 온유한 사람이 되어야 하겠습니다. 또한 우리는 우리 민족에게 열심히 전도하고 기도하여 우리 개인뿐 아니라 우리나라 전체가 예수 잘 믿고 하나님 말씀에 순종하는 나라가 되도록 해야 하겠습니다. 그리할 때 우리나라도 땅을 기업으로 얻어 오중복음과 삼중축복의 은혜를 풍성히 누리며 살게 됩니다.

6절 의에 주리고 목마른 자는 복이 있나니 그들이 배부를 것임이요

'의' 란 무엇입니까? 한자로 '의' 를 한 번 써 보십시오. 한자 '의(義)'

는 '양' 양(羊) 밑에 '나' 아(我)가 있는 글자입니다. 내가 머리에 양을 이고 있으면 의(義)가 됩니다. 이를 보면 한자가 참 놀랍습니다. 어쩌면 그 옛날 한문을 만든 사람이 히브리 사람이 아닌가 싶습니다. 성경의 진리가 참으로 많이 나타나 있기 때문입니다. 예를 들어 볼까요? 한자에서 배 선(船)자를 보십시오. 이 글자는 배를 가리키는 '배' 주(舟)자 옆에 '여덟' 팔(八)자와 사람의 '입' 구(口)자를 붙여 놓았습니다. 노아의 방주에 몇 사람이 들어가 있었지요? 여덟 사람입니다. 배 주(舟)자 옆에 있는 여덟 팔(八)자와 입 구(口)자는 영락없이 노아의 여덟 식구가 방주 속에 있었던 것을 나타냅니다. 또 협력한다고 할 때의 한자 협(協)자는 십자가(十) 옆에 세 사람의 힘이 합쳐 진 것입니다.

예수님은 "진실로 다시 너희에게 이르노니 너희 중의 두 사람이 땅에서 합심하여 무엇이든지 구하면 하늘에 계신 내 아버지께서 그들을 위하여 이루게 하시리라 두세 사람이 내 이름으로 모인 곳에는 나도 그들 중에 있느니라"(18:19-20)고 말씀하셨는데, 두세 사람이 십자가를 중심으로 뭉치면 참으로 놀라운 효과가 나타날 수 있습니다. 이렇게 하나하나 보면 한자에는 예수 그리스도의 진리가 그 속에 들어온 것이 무척 많습니다. 그 중에서 정말 놀라운 것은 '의(義)' 입니다. 의롭게 되는 것은 내가 선한 행동을 많이 해야 되는 것으로 아는데, 한자는 그것이 의가 아님을 말합니다. 내가 양을 머리 위에 모시고 있어야 의가 됩니다. 그 양은 바로 어린양 예수님이 아니겠습니까? 예수님을 내가 머리에 이고 살 때 비로소 의롭게 됩니다. 우리가 주 예수님을 내 안에 모시고 예수님이 기뻐하고 원하시는 일을 행하면 자연적으로 의롭게 됩니다. 나의 결정에 따라 불의와 정의가 결정되는 것이 아닙니다. 예수님이 원하시고 예수님이 기뻐하시는 대로 살면 그것이 정의가 됩니다.

본문은 "의에 주리고 목마른 자는 복이 있다."고 했습니다. 이 말은 예수님을 알고 싶어서 굶주리고 목마른 사람이 복이 있다는 의미입니다. 굶주린 사람이 밥을 먹으려고 하고, 목마른 사람이 물을 마시려고 하지 않습니까? 배고픈 설움은 겪어 본 사람만이 압니다. 사나이 대장부라도 배고프면 웁니다. 배가 고프면 닭똥 같은 눈물이 뚝뚝 떨어집니다. 우리가 예수 그리스도를 간절히 사모하여 구하되, 배고픈 사람이 밥을 구하고 목마른 사람이 물을 구하듯 예수님을 구해야 합니다. 그리할 때 예수님이 찾아와서 우리를 채워 주십니다. 예수님을 간절히 찾고 기다리면 예수님을 만나게 되고 마음에 큰 기쁨과 만족을 얻게 됩니다. 예수님이 멀리멀리 계신 것같이 느껴지는 사람은 지독하게 배고프고 목마를 때의 그 간절하고 안타까운 심정으로 예수님을 찾지 않았기 때문입니다. 예수님은 "구하라 그리하면 너희에게 주실 것이요 찾으라 그리하면 찾아낼 것이요 문을 두드리라 그리하면 너희에게 열릴 것이니 구하는 이마다 받을 것이요 찾는 이는 찾아낼 것이요 두드리는 이에게는 열릴 것이니라"(7:7-8)고 말씀하셨습니다. 간절한 마음과 정성이 있는데 예수님이 만나 주시지 않을 리 없습니다.

'의'는 바로 예수님입니다. 예수님에게 주리고 목말라 간절히 찾는 사람은 예수님 안에서 먹고 마시고 평안을 누리게 됩니다.

7절 긍휼히 여기는 자는 복이 있나니 그들이 긍휼히 여김을 받을 것임이요

'긍휼'이란 다른 사람을 불쌍히 여기는 것을 말합니다. 사람은 무엇을

심든지 그대로 거두게 되어 있습니다. 내가 남을 불쌍히 여기면, 나도 남에게 불쌍히 여김을 받습니다. 메아리와 마찬가지입니다. 내가 "야호!" 하면 저쪽에서도 "야호!" 하고, 내가 "나쁜 놈!" 하면 저쪽에서도 "나쁜 놈!" 이라고 합니다. 좋은 메아리를 들으려면 내가 좋은 말을 해야 합니다. 내가 나쁜 말을 했는데 좋은 산울림이 들려올 턱이 있습니까? 우리가 이웃에게 긍휼을 베풀고, 불쌍히 여겨 돌봐 주면 하나님은 그것을 언젠가 우리에게 돌려주십니다. 내가 긍휼히 여김을 받을 필요가 있을 때 긍휼히 여김을 받게 하십니다.

우리는 서로 긍휼히 여길 줄 알아야 합니다. '자식 키우는 사람, 남의 자식 욕하지 못한다.' 는 우리나라 속담이 있습니다. 자녀를 키우는 사람은 절대로 큰소리 못합니다. 내가 지금 남의 자녀를 욕하고 흉보지만 나중에 내 자녀를 다른 사람이 흉보고 욕할 때가 오지 말라는 법이 없습니다. 남의 자녀가 잘못되는 것을 볼 때 오히려 긍휼히 여기고 감싸 주고 보호해 주면 나중에 내 자녀도 긍휼히 여김을 받게 됩니다. 자녀들은 열두 번도 더 변할 수 있습니다. 새롭게 될 수 있습니다. 교회사를 보면 위대한 주의 종들도 젊은 시절에 방탕하여 부모님 속을 썩인 사람이 많습니다. 어거스틴 같은 위대한 주의 종은 젊은 시절에 방탕한 삶을 살았습니다. 이 때문에 그의 어머니 모니카는 늘 통곡의 기도를 드려야 했습니다. 그러나 그 어머니의 눈물의 기도로 인해 마침내 어거스틴은 교회사에 길이 빛나는 성자가 되었습니다. 그는 교회의 신학적인 기초를 세워 놓았습니다. 젊은이는 언제든지 변화받아서 새롭게 될 가능성이 있습니다. 그러므로 우리는 우리의 자녀들을 서로 긍휼히 여겨야 합니다.

또 우리 사이에도 그러합니다. 이웃이 상처 입고 괴로움당할 때 좋다고 박수를 치면 안 됩니다. 하나님께서는 이러한 사람은 축복하지 않으십니다. 이웃이 곤경을 겪을 때, 그에게 손을 내밀어 위로하고 격려하고 긍휼을 베풀어 줘야 합니다. 나 또한 상처 입고 고통당할 때가 오지 말라는 법이 있습니까? 그때는 나 역시 위로가 필요해집니다.

주님께서는 "우리가 우리에게 죄지은 자를 사하여 준 것같이 우리 죄를 사하여 주시옵소서."라고 기도하라고 가르쳐 주셨습니다. 우리는 예수님께 한없는 용서를 받았습니다. 우리는 용서에 빚진 사람들입니다. 그러므로 우리는 우리에게 죄지은 사람을 최대한 용서해 주어야 합니다. 내가 남을 용서해 주어야 주님께 떳떳이 나가 "주여 나의 죄를 용서해 주옵소서."라고 말할 수 있습니다. 나는 남을 용서하지 못하면서 "주여 내 죄만 용서해 주옵소서."라고 하는 것은 통하지 않습니다. 예수님은 "서서 기도할 때에 아무에게나 혐의가 있거든 용서하라 그리하여야 하늘에 계신 너희 아버지께서도 너희 허물을 사하여 주시리라"(막 11:25)고 말씀하셨습니다. 주님께 기도할 때 나의 허물을 용서받아야 기도가 열납될 것인데, 남의 허물을 용서하지 않으면서 내 허물만 용서해 달라고 하면 기도가 상달되지 않습니다.

사람이 무엇으로 심든지 그대로 거둡니다. 부부 사이도 마찬가지입니다. 아내는 남편을 불쌍히 여기고, 바가지 긁지 말고 남편을 잘 내조해야 합니다. 바가지 긁어서 남편을 변화시키지 못합니다. 아내가 24시간 남편을 따라다닐 수 있습니까? 남편이 마음만 먹으면 얼마든지 도박도 하고, 바람도 피우고, 거짓말도 할 수 있습니다. 바가지를 긁어서 남편을 코너에 몰아넣으면 남편이 겉으로는 지는 체 하지만 속으로는 자기가 하고 싶은 일을 다 합니다. 그러나 부인이 남편을 긍휼히 여기고 사랑으로 내조하면 남편이 양심의 가책을 느낍니다. '내 아내가 나를 얼마나 사랑하고 헌신적으로 내조하는가? 내가 이래서는 안 되지.' 하고 반성합니다. 그래서 점점 변화되어 아내를 속이지 않고 정직하고 믿음직한 남편이 됩니다.

나는 신앙 상담을 많이 해 봐서 이 사정을 잘 압니다. 많은 남자들이 신앙 상담을 하면서 이렇게 고백합니다.

"목사님, 내가 이렇게 못됐는데도 불구하고 우리 집사람이 나를 지극히 사랑하고, 관용하고, 헌신적으로 내조하기 때문에 양심에 가책이 생겨서 견딜 수가 없습니다. 이제 더 이상 방황하지 않고 제자리를 찾아야겠습니다. 목사님, 나를 위해서 기도해 주십시오. 내 힘으로는 안 되니, 바로 돌아올 수 있도록 기도를 좀 해 주십시오."

반면 이렇게 하소연하는 남자들도 있습니다.

"목사님, 내가 아무리 올바르게 살려고 해도 우리 집사람이 인정을 안 해주고 인정사정없이 비난하고 몰아대기 때문에 원수를 갚기 위해서라도 방탕해야겠습니다. 나를 보고 자꾸 방탕하다고 몰아대니 그 말이 옳다는 것을 내가 증명해 줘야 되지 않겠습니까? 아내가 미워서 나는 변화받을 수 없습니다. 오히려 반감이 생깁니다."

왜 예수님이 십자가에 못 박히셨습니까? 예수님이 호령하고 명령해서 될 수 있으면 하늘에서 청천벽력을 내리고 호령하고 명령하지 않으셨겠습니까? 위협과 엄포를 놓으면 겉으로는 억지로 순종해도 속으로는 더욱 반항심을 가질 뿐입니다. 예수님은 그것을 다 아십니다. 예수님은 모든 능력을 다 가지고 계심에도 불구하고 우리를 긍휼히 여기셨기 때문에 위협하고 명령하지 않고 오히려 사랑과 희생의 십자가를 지셨습니다.

"수고하고 무거운 짐 진 자들아, 다 내게로 오너라. 내가 너희를 쉬게 하리라. 참으로 너희의 불의, 추악, 저주를 내가 다 짊어져 주마. 너희의 죄를 다 내게 맡겨라. 내가 너희를 위해 대신 십자가에 못 박혀 피 흘리고 몸 찢어 너희를 구해 주리라. 너희 스스로는 할 수 없다. 내가 너희를 위해서 대신 해 주마." 이 사랑과 긍휼에 우리는 그만 녹아질 수밖에 없습니다. 예수님의 십자가를 바로 쳐다본 사람은 안 녹아질 수 없습니다. 이 십자가를 바라 본 사람들은 예수님의 그 긍휼과 자비 때문에 가슴을 치면서 양심의 가책을 느끼고, "주여, 내 일생을 바쳐서 주님을 따라가겠습니다." 하고 변화됩니다. 예수님께서는 인간을 변화시키는 길이 사랑과 자비와 긍휼밖에 없음을 알았기 때문에 십자가의 길을 택하셨습니다. 하나님 자신이 범죄하여 추하고 못난 피조물인 인간을 대신하여 십자가를 걸머지고 매달리는 그 길을 택하셨습니다.

나폴레옹이 세인트 헬레나 섬에서 귀양살이를 하면서 한 말이 있습니다.

"나사렛 예수여, 당신은 위대하오. 나는 총칼로 유럽을 정복하고 호령했지만 지금 나에게는 아무도 없소. 나를 위해 죽을 사람은 한 사람도 없소. 그러나 당신은 조그마한 땅 팔레스타인에서 겨우 3년 동안 사람들을 가르치다가 십자가에 못 박혀 죽었건만, 오늘날 당신을 위해서 죽을 사람은 이 세상에 수백만, 수천만이 넘소이다. 나사렛 예수여, 당신은 진정한 승리자요!"

나폴레옹은 무력으로 유럽을 정복했지만 세상 사람들로부터 버림받고 쓸쓸히 세인트 헬레나 섬에서 유배살이를 하다가 죽고 말았습니다. 예수 그리스도는 무기력하게 십자가를 걸머지고 비참하게 죽었지만 오늘날 그리스도를 위해 죽을 사람은 세상에 수백만, 수천만이 있습니다. 무엇이 사람들을 그렇게 만듭니까? 바로 그리스도의 사랑과 긍휼입니다.

그러므로 여러분은 서로 긍휼한 마음을 가지고 따뜻하게 돌보십시오. 아내는 남편을 긍휼로 대하고, 율법으로 대하지 마십시오. 율법으로 대하면 남편의 마음은 아내의 마음으로부터 천리만리 멀어져 버리고 말 것입니다. 남편도 마찬가지입니다. 아내를 긍휼하게 생각하고 말 한 마디, 행동 하나라도 따뜻하고 자상하게 하십시오. 그리하면 아내는 바가지를 그치고, 남편을 사랑하고 존경하는 사랑스러운 아내로 변화됩니다. 여러분, 마음속에서 우러나오는 변화가 참된 변화입니다. 이 변화를 일으키는 것은 긍휼밖에 없습니다. 긍휼로도 변화받지 못할 사람은 영원히 변화받지 못합니다.

8절 마음이 청결한 자는 복이 있나니 그들이 하나님을 볼 것임이요

하나님은 영이시기 때문에 눈으로 볼 수 없고, 귀로도 들을 수 없고, 손으로도 만질 수 없습니다. '영'(靈)은 헬라어로 '프뉴마' (*πνεῦμα*) 라고 하는데, '바람' (風)도 헬라어로 '프뉴마' (*πνεῦμα*)입니다. 그래서 성령은 '하기온 프뉴마' (*ἅγιον πνεῦμα*) 곧 '거룩한 바람' 입니다. 바람은 눈에 보이지도 않고, 손으로 잡을 수도 없지만 느껴집니다. 바람이 지나가면 시원함과 상쾌함을 느낄 수 있습니다.

이처럼 우리는 영이신 하나님을 눈으로 볼 수는 없지만 느낄 수는 있습니다. 하나님이 임재하시면 우리 안에 평안과 기쁨이 넘쳐나고, 장엄하고 거룩한 마음이 생겨나고, 두려움과 공포심마저 생겨나는 것을 느낄

수 있습니다. 하나님을 느끼지 못한다는 것은 거짓말입니다. 예수님을 영접하고 회개하고, 신앙생활하는 사람은 사람마다 차이는 있지만 모두 다 하나님을 느껴 본 사람입니다.

하나님은 인간의 이성이나 추론으로 알 수 없습니다. 하나님은 삼차원의 세계를 뛰어넘은 영원의 차원에 계십니다. 인간은 삼차원의 세계 속에서 공간과 물질의 제약을 받고 있기 때문에 아무리 이성적으로 생각하고, 추론해도 하나님을 결코 알 수 없습니다.

그러므로 하나님은 당신 자신을 우리에게 계시해 주십니다. 하나님은 어떤 사람에게 당신 자신을 보여 주실까요? 흐린 물에는 하늘이 비춰지 않습니다. 또 바람이 많이 불어서 물결이 치면 하늘이나 달이나 전부 비뚤어져 보입니다. 하지만 아주 맑고 조용한 호수를 들여다보면 하늘이 호수인지, 호수가 하늘인지 알 수 없을 정도로 그대로 비추입니다. 하늘이 호수 속에 다 들어와 있고, 호수가 하늘 속에 다 들어와 있습니다.

우리의 마음은 호수와 같습니다. 우리의 마음이 세상의 부정부패로 흐려져 있으면 아무것도 비치지 않습니다. 육신의 정욕, 안목의 정욕, 이생의 자랑으로 욕심이 꽉 들어차서 죄악으로 혼탁해진 그 마음은 아무리 하나님에 대해 들어도 마이동풍(馬耳東風)입니다. 아무리 하나님이 옆에 와 계셔도 그 마음에 하나님이 비치지 않습니다.

또 예수 그리스도를 믿고 구원받아 마음의 물이 맑아졌지만 염려 근심의 바람 때문에 그 마음에 비취는 것이 일렁거리고 찌그러진 사람이 있습니다. 이 같은 마음에는 하나님이 바로 비춰지 않습니다. 하나님이 계신 것을 알기는 알지만 마음이 너무나 요동하기 때문에 하나님이 제대로 보이지 않습니다. 그래서 하나님께 원망 불평하고 시험에 듭니다.

그러나 죄를 회개하여 마음이 정결하게 되고 젖 뗀 어린아이같이 하나님만 바라보아 그 마음이 고요해지면 하나님이 마음에 비춰 옵니다. 머리나 생각으로가 아니라 자연스럽게 알아집니다. 하나님은 살아 계시고 나와 함께 계시다는 것이 마음에 비춰옵니다.

죄를 회개하고 하나님 앞에 엎드려 한 시간 이상 기도해 보십시오. 하나님이 내 마음속에 있고, 내가 하나님 속에 있는 것을 느낄 수 있습니다. 하나님이 내 온몸을 통해 비춰 오고 마음과 영을 통해 비춰 옵니다. 무슨 설명이 필요 없습니다. 누가 뭐라고 설명해 주지 않아도 하나님이 내 안에 계신 것을 체득하게 됩니다. 이런 체험을 통해 우리의 신앙이 자라납니다. 이 같은 체험이 깊어지면 깊어질수록 하나님의 살아 계심과 하나님의 사랑을 가슴 깊이 깨달아 알게 됩니다. 하나님도, 신앙도 단순히 머릿속으로 생각하는 것은 쉽게 무너져 버리고 맙니다. 그러나 가슴속으로 하나님의 사랑을 체험하면 하나님을 떠날 수 없게 됩니다. 우리는 예수님의 보혈로 몸과 마음과 영혼을 늘 정결하게 보존해야 하겠습니다. 그리하면 마음속에 비춰오는 하나님을 보고 느끼는 은혜를 누리게 될 것입니다.

9절 화평하게 하는 자는 복이 있나니 그들이 하나님의 아들이라 일컬음을 받을 것임이요

아담과 하와가 하나님을 배반하고 난 다음 에덴에서 쫓겨날 때 에덴의 문은 굳게 닫혀 버렸습니다. 성경에 보면 "하나님이 그 사람을 쫓아내시고 에덴동산 동쪽에 그룹들과 두루 도는 불 칼을 두어 생명 나무의 길을 지키게 하시니라"(창 3:24)고 기록하고 있습니다. 인간이 타락하여 에덴에서 쫓겨날 때 다시는 에덴에 들어오지 못하도록 하나님이 막으셨습니다. 에덴은 하나님이 임재하신 곳이었습니다. 이제 아담과 하와는 하나님께 버림받고 하나님과 원수가 되었습니다.

아담과 하와의 처지를 한번 상상해 보십시오. 그들이 하나님께 쫓겨나서 황막한 광야로 나오자 그들을 위해 예비된 것이라고는 아무것도 없었습니다. 그들은 자기 손으로 먹을 것, 입을 것, 마실 것, 거할 곳을 해결해야 했습니다. 아마 아담과 하와는 제일 먼저 토굴을 팠을 것입니다. 추위를 피하고 잠을 잘 곳을 얻기 위해 바위굴이나 토굴을 파 들어가고, 짐승을 잡아서 가죽을 벗겨 옷을 해 입었습니다. 또한 먹을 것을 얻기 위해 땀 흘리며 농사를 지어야 했습니다.

에덴에서는 하나님께서 모든 것을 예비해 주셨기 때문에 풍요와 부요를 누렸지만, 이제 모든 것을 자기들 손으로 마련해야 하니 얼마나 힘이 들고 괴로웠겠습니까? 그들은 이런 괴로움을 견디다 못하여 그리운 에덴으로 돌아가려고 했습니다. 아담은 하와의 손을 잡고서 몇 번이나 에덴의 문 근처까지 갔습니다. 그러나 문은 굳게 닫혔고 아무리 하나님을 불러도 대답이 없습니다. 가까이 접근하려고 하면 무시무시한 화염검이 돌아가므로 '아차!' 하면 파멸을 당하고 맙니다. 결국 그들은 눈물을 흘리며 뒤돌아설 수밖에 없었습니다. 이처럼 그들은 하나님과의 관계도 끊기고, 절망적인 상태에서 살아가야 했습니다.

사랑의 하나님께서는 이 같은 인간을 구원해 주시고자 계획하시고, 아브라함을 부르셨습니다. 하지만 피 없이는 나타나지 않으셨습니다. 죄지은 인간이 하나님께 나아가려면 반드시 자신의 피 대신 짐승의 피를 흘려야 됩니다. 짐승을 잡아 피를 흘려야 그 제단을 통해서 하나님의 계시를 받을 수 있었습니다. 이것도 하나님이 택하신 사람만 그렇게 할 수 있었습니다. 예수님이 오시기 전까지는 아브라함, 이삭, 야곱, 그다음 이스라엘 백성 등 소수의 택함을 받은 자 이외에는 온 인류가 완전히 하나님과 원수가 되었습니다.

예수님은 하나님과 인간 사이에 원수된 담을 헐고 화목하게 하기 위해 화목 제물로 오셨습니다. 성경은 "아버지께서는 모든 충만으로 예수 안에 거하게 하시고 그의 십자가의 피로 화평을 이루사 만물 곧 땅에 있는 것들이나 하늘에 있는 것들이 그로 말미암아 자기와 화목하게 되기를 기뻐하심이라"(골 1:19-20)고 말씀하고 있습니다. 죄의 삯은 사망입니다(롬 6:23). 죄인 된 우리가 하나님 앞에 보인다면 죽임을 당합니다. 그런데 하나님의 아들이신 예수님, 즉 완전한 하나님이 완전한 사람으로 오시어 하나님과 사람 사이에 화목 제물이 되셔서 십자가에서 몸을 찢기고 피를 흘리심으로 하나님과 우리의 원수 된 담을 헐어 버리셨습니다. 예수께서는 자신의 몸으로 하나님의 진노와 심판을 다 받으셨습니다. 그러므로 이제 예수 그리스도의 보혈을 통해 하나님의 보좌 앞에 나가면 하나님의 진노가 없습니다. 그리스도의 보혈 안에서는 하나님의 화평밖에 없습니다.

예컨대 요란스럽게 산불이 붙어올 때 미리 맞불을 붙여서 태워 버리면 산불이 와도 타죽지 않습니다. 맞불을 붙여 놓고 불타 버린 그 가운데 들어앉아 있으면 불이 번져올 때 태울 것이 없으므로 뛰어 넘어갑니다. 그런데 예수님의 십자가 위에 하나님의 무시무시한 죄와 반역에 대한 진노의 심판의 불이 떨어졌습니다. 예수께서 십자가 위에서 그 심판의 불을 다 받으셨습니다. 그러므로 예수님 안에 뛰어 들어가면 하나님의 심판의 불이 오더라도 더 이상 태울 것이 없습니다. 이미 그 불은 예수님을 지나가 버렸습니다. 물론 예수님 밖에 있는 사람은 하나님의 진노의 심판의 불을 그대로 받습니다. 이미 불탄 자리 안에 있는 사람은 불에 타지 않지만, 밖에 있는 사람은 몇 발자국 도망가지 못하고 그대로 타 버립니다. 이 세상에서 예수를 믿지 않는 모든 사람들, 그리스도 안에 있지 않는 사람들은 무시무시한 하나님의 진노의 심판의 불길을 그대로 맞을 수밖에 없습니다.

그러나 예수님 안에는 화평이 있습니다. 예수님 안에는 진노도 지나가고, 심판도 지나갔기 때문에 불에 탈 것이 없습니다. 그 안에는 오직 화목과 화평밖에 없습니다. 그러므로 주님의 은혜가 얼마나 큰지 말로 다 할 수 없습니다. 예수 그리스도의 이름을 부르고, 그 대속의 피를 의지하는 자에게는 진노와 심판이 아닌 하나님의 사랑의 손길과 위로의 음성이 있습니다. 이러므로 우리 예수님은 화평하게 하는 하나님의 아들입니다. 그리스도로 말미암아 비로소 우리는 하나님과 화평할 수 있습니다. 예수님의 보혈이 있는 그곳은 하나님이 와 계신 곳이고, 우리가 그 안에서 하나님 품에 안겨 대화를 할 수 있는 곳입니다.

그 옛날, 아담과 하와가 쫓겨난 이후로 인간은 하나님을 만날 길이 없었습니다. 그러나 예수님은 "나는 양의 문이라……내가 문이니 누구든지 나로 말미암아 들어가면 구원을 받고 또는 들어가며 나오며 꼴을 얻으리라"(요 10:7-9)고 말씀하셨습니다. 예수님 문을 통해 들어가면 하나님을 만나게 됩니다. 다른 데 가서는 절대로 하나님을 만날 수 없습니다. 하나님은 성령을 통해서 우리 안에 와 계십니다. 우리가 찬송하면 하나님이 들으시고, 기도를 하면 응답하시고, 은혜를 베풀어 주십니다. 우리는 하나님과 화평을 이루었습니다.

본문은 "화평하게 하는 자는 복이 있나니 그들이 하나님의 아들이라 일컬음을 받을 것임이요"라고 했습니다. 하나님의 아들 예수 그리스도께서 화평을 가져오셨기 때문에 우리가 가서 다른 사람들에게 전도하여 예수 믿어 하나님과 화평하게 하면 하나님의 아들 예수 그리스도의 하신 일을 우리도 하는 것입니다. 그러므로 우리가 하나님의 아들이라 일컬음을 받게 됩니다.

하나님께서는 화목케 하는 직분을 우리에게 맡겨 주셨습니다. 그러므로 우리는 화목하게 하는 역사를 끊임없이 해야 합니다. 성경은 고린도후서 5장 18절에서부터 20절에서 "모든 것이 하나님께로서 났으며 그가 그리스도로 말미암아 우리를 자기와 화목하게 하시고 또 우리에게 화목하게 하는 직분을 주셨으니 곧 하나님께서 그리스도 안에 계시사 세상을 자기와 화목하게 하시며 그들의 죄를 그들에게 돌리지 아니하시고 화목하게 하는 말씀을 우리에게 부탁하셨느니라……너희는 하나님과 화목하라"고 하였습니다. 우리는 화목하게 하는 사람들이 되었습니다. 예수 그리스도로 말미암아 하나님이 우리를 당신과 화목하게 하시고, 그다음 우리에게 화목하게 하는 직분을 부탁하셨으므로 이제 우리는 처처에 나아가 화목을 선포해야 합니다. "하나님과 화목하시오. 진노하시는 하나님과 화목하시오. 그 길은 예수님을 믿는 길밖에 없습니다. 예수님께서 우리 대신 죄를 짊어지셨으므로 예수님만 믿으면 하나님의 진노에서 피하여 화목할 수 있습니다."

우리는 이와 같이 열심히 전도해서 화목하게 하는 직분을 감당해야 하겠습니다. 우리는 이 땅에서 하나님의 대사입니다. 그러므로 우리 하나님을 대신해서 화목하게 하는 복음을 열심히 전도해야 합니다. 한 영혼이라도 더 하나님의 진노의 불에서 구원을 받고 하나님과 화목하도록 전도해야 합니다. 화목하게 하는 사람은 길이길이 '하나님의 아들' 이라 일컬음을 받는 영광을 누리게 됩니다.

10절 의를 위하여 박해를 받은 자는 복이 있나니 천국이 그들의 것임이라

진실로 의인은 예수님 한 분밖에 없습니다. 예수님은 바로 우리의 의가 되십니다. 본문에서 '의를 위하여 박해를 받은 자' 란 말은 '예수 그리스도를 위해서 박해를 받는 자' 와 같은 말입니다.

어떤 사람이 의의 왕이신 예수님을 위해 박해를 받는다면 바로 그 사실이 그가 하나님의 자녀라는 것을 증명합니다. 세상을 따라가는데 왜 박해가 다가오겠습니까? 내가 예수님을 따라가고, 예수님을 섬기려고 하니까 세상과 마귀가 박해합니다.

우리 앞에는 세상 나라와 하늘나라, 두 나라가 있습니다. 두 나라 사이의 싸움입니다. 모든 사람들은 이 둘 중 하나에 속해 있습니다. 이 세상은 마귀의 나라이며 마귀가 임금입니다. 마귀가 자신의 부하들인 귀신들과 함께 사람들을 다스립니다. 그런데 예수님께서 이 세상에 오셔서 십자가를 통하여 몸 찢고 피 흘리심으로 이 땅에 하늘나라를 세우셨습니다. 이 나라는 예수님이 임금님이 되시고, 성령이 보혜사가 되시고, 천군 천사가 군대입니다. 이 나라에는 용서와 의, 화해와 사랑, 치료와 축복, 천국과 영생이 넘쳐납니다.

교회는 바로 이 하늘나라의 대사관입니다. 우리나라에 5만 교회가 있으니 우리나라 땅에 하늘나라의 대사관이 5만 개가 있는 것과 같습니다.

우리나라나 미국에는 교회가 수없이 많으니 그만큼 하늘나라가 크게 임하여 있는 셈입니다. 그러나 일본은 눈을 씻고 보아도 교회가 잘 보이지 않습니다. 일본은 완전히 세상 나라입니다. 동남아 여러 나라도 전부 불교가 점령하고 있습니다. 하늘나라가 거의 없습니다. 중동에는 이슬람교 사원만 꽉 들어차 있습니다. 이 땅에 하늘나라가 가장 능력 있게 임하여 있는 나라들은 미국, 남미, 한국, 유럽과 아프리카의 몇몇 나라들입니다. 원하든, 원하지 않든 이 땅에서는 영적인 전쟁이 끊임없이 벌어집니다. 하늘나라와 세상 나라가 끊임없이 싸우고 있습니다. 바울 선생은 우리에게 권면하기를 "우리의 씨름은 혈과 육을 상대하는 것이 아니요 통치자들과 권세들과 이 어둠의 세상 주관자들과 하늘에 있는 악의 영들을 상대함이라 그러므로 하나님의 전신 갑주를 취하라 이는 악한 날에 너희가 능히 대적하고 모든 일을 행한 후에 서기 위함이라"(엡 6:12-13)고 하였습니다.

사실 예수 그리스도를 믿는 것은 끊임없는 영적 전쟁 상태에 있는 것을 말합니다. 우리는 지금 평안한 데에 있지 않습니다. 지금 이 순간에도 전쟁을 하고 있습니다. 세상 나라는 하늘나라를 파괴하려고 하고, 반면 하늘나라는 마귀의 나라를 멸하고 이 세상을 구원하려고 하는 무시무시한 영적 전쟁이 벌어지고 있습니다. 예를 들어 중국 같은 나라는 지하 교회가 끊임없이 하늘나라를 확장하고 있습니다. 그런데 정부는 세상 나라에 속해 있기 때문에 지하 교회를 찾아내어 신자들을 잡아 감옥에 가둬 놓는 일을 합니다. 그 외 여러 나라들이 세상 나라에 속하여 복음 전파를 법으로 금지하며 박해하여 하늘나라를 파괴하려고 합니다. 중동의 이슬람교 나라들은 절대로 교회를 세우지 못하게 합니다. 복음을 전하거나 교회를 세우려 하다가 잡히면 당장 감옥행이고, 사형까지 당합니다. 이슬람교는 무시무시하게 하늘나라를 반대하는 마귀의 단체입니다. 그러므로 기도하고 나가서 전도하고 설교하는 것은 전쟁입니다. 어떤 사람은 나에게 이렇게 말합니다. "조 목사님, 목사님은 자주 해외로 다니면서 외국 사람에게 복음을 전하고 설교하러 다니니 참 신바람 나고 좋으시겠습니다." 모르는 소리입니다. 신바람 나고 좋은 것은 제가 한국에 있을 때이지, 해외 선교하러 나갈 때가 아닙니다. 우리나라는 하늘나라가 강하게 임하여 있기 때문에 설교를 하거나 부흥회 때 복음 전하는 일이 아주 편합니다. 그러나 해외 선교하러 나가면 얼마나 마음에 압력을 받는지, 아마 여러분은 상상조차 못할 것입니다. 마음에 당하는 스트레스와 압박감이 얼마나 큰지 압니까? 마귀가 어마어마한 영적, 정신적 압력을 가합니다. 게다가 대중 앞에 서서 말씀을 선포하는 일은 순간마다 전쟁입니다. 그냥 강단에서 기분 좋게 좋은 말이나 하는 것이 아닙니다. 설교할 때 마귀가 얼마나 방해를 하는지 모릅니다. 야곱이 얍복 강가에서 씨름하는 것과 똑같습니다. 정신적으로 강하게 무장하지 않으면 견뎌내지 못합니다. 마귀의 끊임없는 압력과 싸워 이겨서 영혼을 구원하는 일이기 때문입니다.

이렇기 때문에 해외 선교를 나간다는 것은 사실 굉장히 괴롭습니다. 어지간하면 우리나라에 있는 것이 편합니다. 여기는 이미 이겨 놓은 자리요, 이미 하늘나라가 점령한 곳이기 때문에 편합니다. 그러나 해외 선교는 일선에 나가서 부딪쳐 싸우는 일입니다. 해외에 도착해서 집회에 나가는 순간, '나는 이제 죽었다. 이 일을 어떻게 할꼬?' 라고 합니다. 그러다가 하루쯤 설교하고 호텔에 들어오면 '휴, 하루는 살았다. 그렇지만 내일은 어떻게 할꼬?' 라고 합니다. 이렇듯 마음의 고통이 말로 다할 수 없습니다. 이것은 조용기 목사가 안 되어본 사람은 모릅니다. 정말 그 마음의 부담과 괴로움은 하나님과 나만 압니다. 그러나 하나님께서 이 같은 사명을 주셨으니 이 전쟁을 하지 않을 수 없습니다. 내가 살아있는 한, 하나님께서 "이 전선으로 나가라! 저 전선으로 나가라!" 고 하시면 나가서 싸워야 합니다.

오늘날 우리의 삶은 흑암에 대한 광명의 싸움이요, 불의에 대한 의의 싸움이요, 사탄에 대한 그리스도의 싸움이요, 세상 나라에 대한 하늘나라의 싸움입니다. 오늘날 우리 한국은 우리 믿음의 선조들이 많은 피를 흘려 순교를 당해서 이 영적 전쟁에 이겼기에 하늘나라가 우리 국민의 20% 이상을 점하고 있으며, 5만 교회가 곳곳에 서 있습니다. 우리나라에는 하늘나라가 아주 왕성하고 강해졌기 때문에 이제는 정부도, 그 어떤 사회단체도 하늘나라에 정면 대결하지 못합니다.

우리는 통일이 되면 이 여세를 몰아 북한도 완전히 하늘나라가 점령하도록 해야 합니다. 뿐만 아니라 기도와 능력으로 무장해서 일본과 중국과 주변 나라에 나가 그곳에 하늘나라가 왕성할 수 있도록 도와주어야 합니다. 이것이 선교 사업입니다. 그래서 '의', 즉 예수님을 우리가 모시고 하늘나라를 확장하려면 박해를 받게 되어 있습니다. 불신의 세계, 마귀의 나라가 가만히 물러날 것 같습니까? 결코 아닙니다. 물고 찢고 싸우고 대결하고 박해를 합니다. 그러나 분명 주님은 "의를 위하여 박해를 받은 자는 복이 있나니 천국이 그들의 것임이라" 고 말씀하십니다. 예수님이 없으면 그 아무리 좋은 곳이라도 지옥입니다. 반면 아무리 지옥 같아도 예수님이 거기에 계시면 천국이 됩니다. 예수님은 우리의 '만왕의 왕이요, 만주의 주' 가 되십니다. 예수님을 모시고 예수님을 위해서 싸우는 사람은 천국의 백성이요, 천국이 그 속에 들어와 있습니다. 그러므로 우리는 하늘나라를 위해 전쟁하는 용사들입니다. 우리는 하늘나라의 오중복음과 삼중축복을 받음과 동시에 그와 함께 우리를 끊임없이 도둑질하고 죽이고 멸망시키려는 원수 마귀와 싸워야 합니다.

믿음으로 기도하십시오. 그래서 우리가 어디에 서 있는가를 확인하고 우리의 나라를 확장해 나가야 합니다. 우리가 가만히 있어도 마귀가 자꾸 공격해 오기 때문에 영적 전쟁에서 끊임없이 싸워 이겨 우리의 위치를 확보하고 우리의 삶을 보존해야 합니다. 그 싸움은 어떤 것입니까? 열심히 기도하고, 열심히 말씀을 읽고, 탄약을 준비해서 때를 얻든지 못 얻든지 끊임없이 전도해 나가는 일입니다. 우리 모두 성령님을 의지하여 날마다 영적 전투에서 싸워 이겨 하늘나라를 확장하며 주님 오시는 그 날, 흠도 없고 점도 없이 주님 앞에 서도록 예비해야 하겠습니다.

11-12절 나로 말미암아 너희를 욕하고 박해하고 거짓으로 너희를 거슬러 모든 악한 말을 할 때에는 너희에게 복이 있나니 기뻐하고 즐거워하라 하늘에서 너희의 상이 큼이라 너희 전에 있던 선지자들도 이같이 박해하였느니라

예수님 믿는다고 욕먹고, 사나운 박해도 받지 않습니까? 아내가 예수님을 믿는데 남편이 믿지 않으면 주일에 분란이 많이 일어납니다. 주일에 아내가 교회 가자고 하면 남편은 "등산 가자, 공원에 가자, 낚시하러 가자, 친구들하고 놀러가자." 고 요구합니다. 아내가 기어이 교회 가야 한다고 하면 남편이 화를 내고 "두고 보자, 네 마음대로 해라." 하고 으름

장을 놓습니다. 그다음부터 박해하기 시작합니다.

제가 1950년대, 불광동에서 처음 목회하던 시절은 지금보다 상황이 훨씬 어려웠습니다. 우리 자매님들 중에는 예수 믿는다고 집에서 쫓겨 나온 사람들이 참 많았습니다. 예수 믿고 제사를 지내지 않겠다고 한 대가로, 집에서 쫓겨나 오갈 데 없어 교회에 나와 금식하며 엎드려 있는 사람들이 수두룩했습니다.

참으로, 예수를 믿으려면 단호한 결심을 해야 합니다. 우리나라 여성들은 하늘나라에서 크게 칭찬을 받을 것입니다. 오늘날 한국의 기독교가 이렇게 성장한 것은 여성들이 단호한 신앙을 가지고 예수님을 섬겼기 때문입니다. 남자들은 쉽게 타협을 해도 여성들은 어지간해서 타협하지 않습니다. 여성들은 일단 예수를 믿으면 친정에서든지, 시집에서든지 그 어떤 고난이라도 무릅쓰고 주님 중심으로 삽니다. 주일성수하고 예배드리려는 신앙 때문에 얻어맞기도 하고, 밥도 굶고, 그보다 심한 환난과 고통의 폭풍우를 만납니다. 그러나 이러한 희생 때문에 결국은 가족이 다 구원을 받습니다.

제가 군대 있을 때 군목으로부터 이런 이야기를 들었습니다. 자기가 목회하는 교회에 얼굴과 전신에 화상을 입은 여 집사님 한 분이 나온답니다. 그런데 그 집사님이 온 전신에 화상을 입은 데는 기가 막힌 사연이 있었습니다. 그 자매님이 시집을 가서 보니 온 가족이 예수를 믿지 않는 집안이었습니다. 그런데 이제 갓 시집온 새댁이 주일이면 교회에 갔습니다. 농촌이니까 주일에는 일이 많습니다. 온 가족이 주일이면 논, 밭에 나가 일하는데 평소에는 그렇게 어린아이같이 순종 잘하고 새벽부터 밤늦게까지 희생적으로 일하는 며느리가 주일이 되면 시아버지, 시어머니,

남편 할 것 없이 누가 무슨 말을 해도 단호하게 교회를 가는 것이었습니다. 그래서 하루는 시아버지, 시어머니, 남편까지 합세하여 그 며느리를 혼내 줄 작정을 하고 며느리가 교회 갔다 오는 것을 기다리고 있었습니다. 며느리가 교회 갔다가 집에 들어서자 다짜고짜 시아버지와 남편이 머리채를 끌고 가서 안방 구들을 괭이로 팠습니다. 시골의 온돌방은 돌을 쌓아 밑에 연기가 지나가도록 되어 있습니다. 그런데 자매님을 그 구들 사이에 집어넣고 나무판자로 덮어 버렸습니다. 그리고는 부엌에서 불을 땠습니다. 정말 무지막지합니다. 자매님이 그 안에서 죽는다고 아우성을 치니까 그때서야 끄집어냈습니다. 어떻게 되었겠습니까? 참으로 처참하기 짝이 없습니다. 머리카락은 다 타고, 온몸은 한 군데도 성한 곳 없이 모조리 화상을 입었습니다. 그런데도 그 비정한 가족들은 눈 하나 깜짝하지 않고 불구덩이에서 나온 며느리에게 "너 이래도 교회 가겠느냐?" 고 물었습니다. 그 며느리가 뭐라고 했겠습니까? 그 자리에서 이렇게 기도했습니다.

"하나님 아버지, 우리 가족들이 몰라서 이런 일을 했습니다. 그러니 우리 시아버지, 시어머니, 남편을 구원하여 주옵소서. 나는 지금 이렇게 죽더라도 우리 가족을 구원하여 주옵소서."

그런데 하나님이 얼마나 진노하셨던지, 불에 타서 쓰리고 아픈 그 말할 수 없는 고통이 그 자매님의 시아버지와 남편에게 옮겨갔습니다. 멀쩡한 두 사람이 그 순간 화상의 고통으로 뒹굴었습니다. 자매님의 고통이 그들에게 그대로 옮겨졌습니다. 그들은 고통을 못 이겨 뒹굴면서 자매님에게 애원했습니다.

"아이고, 며늘아기야! 나 죽는다!"

"여보, 나 죽소!"

"아이고, 하나님이 우리를 때렸나 보다. 제발 우리 좀 살려 다오!"

그래서 그 자매님은 몸에 화상을 입고 고통스러운 중에도 그 시아버지와 남편을 위해 눈물을 흘리며 그들의 죄를 용서해 달라고 하나님께 기도했습니다. 그러자 그들의 고통이 사라졌습니다. 그 자리에서 시아버지, 시어머니, 남편 온 가족이 다 회개하고 교회에 나가게 되었습니다. 그래서 그 군목이 사무하는 교회에서 그 시아버지는 장로가 되었고, 남편은 집사가 되었습니다. 하지만 자매님은 머리부터 발끝까지 온 전신이 고기가 익은 것처럼 화상을 입었기 때문에 나병 환자같이 되었습니다. 그래도 그 가정이 화목하고 다 함께 교회를 나온다는 것이었습니다. 과거 우리나라의 예수 믿는 사람들은 참으로 많은 박해와 환난을 겪었습니다. 그런 단호한 믿음 때문에 한국에 기독교가 전파되고 오늘날처럼 하늘나라가 왕성하게 되었습니다. 오늘의 한국 기독교가 결코 쉽게 이루어진 것이 아닙니다.

본문을 보면 "나로 말미암아 너희를 욕하고 박해하고 거짓으로 너희를 거슬러 모든 악한 말을 할 때에는 너희에게 복이 있나니"라고 하였습니다. 예수 믿는 것 때문에 억울한 소리, 억울한 누명을 들을 때가 참 많습니다. 그러나 반드시 하늘나라의 보상이 있습니다. 세상에서는 아무리 고생해도 알아주지 않는 것이 많지만, 주님은 작은 것 하나라도 우리가 하늘나라를 위하여 수고한 것은 모두 다 기록해 놓았다가 보상해 주십니다. 누가복음 10장에는 주님이 말씀하신 선한 사마리아인의 비유가 나옵니다. 선한 사마리아인은 길거리에서 강도 만난 사람을 보고 다른 이들처럼 외면하지 않고 그에게 다가가 치료해 주었습니다. 그뿐 아니라 그 사람을 주막에까지 데려가서 돌보아 주고, 자기 볼일 때문에 며칠간 떠나갔다 와야 했을 때 주막 주인에게 그 사람을 부탁하면서 수고비를 다 갚아 주겠다고 약속까지 했습니다.

우리가 복음 사업을 위해 개인적으로 시간과 물질을 드리며 노력한 것이 있으면 그 자체도 하나님이 주신 것이지만 하나님께서는 그것에 대하여 반드시 갚아 주십니다. 하늘나라는 꼭 보상이 있습니다. 여러분이 장차 천국에 올라갈 때, 세상에서 박해받고 고난을 많이 당한 사람은 하늘의 해처럼 빛납니다. 그다음으로 수고한 사람은 달처럼 빛나고, 그다음은 별처럼 빛납니다. 전혀 수고한 것이 없다면 개똥벌레처럼 희미하게 빛날 것입니다. 이처럼 하늘나라에서는 해와 달과 별처럼 각 사람의 영광이 다릅니다. 우리의 영광은 오늘 이 땅에서 하늘나라를 위해서 얼마나 투자했는가에 따라서 달라지도록 되어 있습니다. 해같이 빛나는 사람은 얼마나 영광스럽겠습니까? 하늘나라에서 누리게 될 영광 중 제일 큰 상급은 순교의 상급입니다. 하늘나라를 위해서 목숨을 바친 자는 최고의 영광을 얻습니다. 하지만 이 순교는 하나님이 허락하시지 않으면 할 수 없습니다.

북한을 방문하는 교계의 인사들 중에는 김일성 동상에 절하는 사람들이 있다고 하는데 하늘나라에서 이 같은 일을 한 사람들이 영광을 얻겠습니까? 다니엘서에 나오는 사드락과 메삭과 아벳느고를 보십시오. 그들은 느브갓네살 왕의 신상에 절하지 않으면 무섭게 불타는 풀무불구덩이에 던져질 처지였습니다. 그럼에도 불구하고 그들이 무엇이라고 말했습니까? "왕이여 우리가 섬기는 하나님이 계시다면 우리를 맹렬히 타는 풀무불 가운데에서 능히 건져내시겠고 왕의 손에서도 건져내시리이다 그렇게 하지 아니하실지라도 왕이여 우리가 왕의 신들을 섬기지도 아니하고 왕이 세우신 금 신상에게 절하지도 아니할 줄을 아옵소서"(단 3:17-18)라고 했습니다. 이런 신앙이 진짜 신앙입니다.

일제 강점기 때에 안이숙 씨 같은 이는 일본 신에게 절하지 않겠다고 해서 젊은 처녀의 몸으로 감옥에 갇혀 얼마나 고생을 했습니까? 그녀가 쓴 『죽으면 죽으리라』는 책을 보면 그녀가 감옥에서 일본 관원들에게 당한 고통은 참으로 말로 다 할 수 없습니다. 그녀는 그 고통을 이기려고 감옥에서 늘 찬송을 했습니다. 그녀가 감옥에서 부른 찬송 중에 우리에게 잘 알려진 찬송이 "내일 일은 난 몰라요" 입니다.

이렇게 우리의 믿음의 선배들은 믿음을 지키기 위하여 고통을 마다하지 않았는데, 오늘날 목사, 장로라고 하는 사람들이 북한에 가서 김일성 동상에 경배를 한다는 것이 될 법한 일입니까? 느브갓네살 신상이나 김일성 동상이나 같은 것입니다. 어떤 사람은 "나는 김일성 동상에 절하지 않았다. 엎드려서 하나님께 기도했다." 라고 변명하는 사람이 있습니다. 여러분, 성경에서 뭐라고 말씀했습니까? "악은 어떤 모양이라도 버리라"(살전 5:22)고 했습니다. 김일성 동상에 꽃다발을 바치며 절해 놓고도 '나는 절하는 체하면서 엎드려서 기도했다.' 라는 말은 통하지 않습니다. 그러한 말은 하나님을 진노하시게 만드는 변명입니다.

하나님이 제일 싫어하시는 일은 우상 숭배입니다. 이스라엘 백성은 약속의 땅에 들어갔지만 우상 숭배를 하다가 앗수르와 바벨론에 포로로 잡혀갔습니다. 하나님은 우상 숭배를 몸서리치도록 미워하십니다. 몇몇 사람일지라도 한국 교회의 지도자들이 북한에 가서 김일성 동상 앞에 가서 절하는 것은 우상 숭배입니다. 그렇게 해 놓고 와서 하나님께 기도하면 그 기도를 하나님께서 받으시겠습니까?

우리의 신앙은 타협이 없어야 합니다. 우리의 믿음의 조상이나 선배들처럼 '마음을 다하고 뜻을 다하고 정성을 다하고 목숨을 다하여' 믿어야 합니다. 이 세상 그 누가 여러분을 위해서 몸을 찢고 피를 흘려 주겠습니까? 오직 주님 한 분만이 자신의 몸을 찢고, 피를 흘리기까지 우리를 사랑하셨습니다. 가슴에 손을 얹고 생각해 보십시오. 우리 모든 사람은 다 이기주의자입니다. 모두 다 내 편리대로 말하고 행동합니다. 진실로 남을 위해 희생적으로 마음을 연 사람이 없습니다. 우리에게는 예수님밖에 없습니다. 참으로 우리의 영혼이 위로를 받고 생명이 하나가 되어서 살아갈 분은 예수님밖에 없습니다. 그런데 그 예수님을 우리가 어떻게 배반할 수 있습니까? 그 예수님을 슬프게 하고 난처하게 하는 일을 우리는 결코 할 수 없습니다.

내가 예수 믿는 것 때문에 세상이 나를 욕하고 박해하고, 그 어떤 거짓으로 나를 거스른다 해도 나를 위해 저 높이 십자가 위에서 몸 찢고 피 흘리시는 예수님을 바라보십시오. 주님의 사랑을 굳게 믿고, 그 어떤 박해에도 타협 없이 신앙을 지켜 나가십시오. 그러한 사람에게 오늘 주님은 말씀하십니다. "너희에게 복이 있나니 기뻐하고 즐거워하라 하늘에서 너희의 상이 큼이라." 그렇습니다. 이 땅에서 박해받을 때는 슬프고, 고통스럽고, 외로워도 하늘나라 주님 앞에 서서 상급을 받을 때에는 너무나 감격스럽고 기쁘고 즐겁습니다. 이 즐거움과 영광을 기대하시고 오늘도 굳세게 신앙을 지켜 나가십시오.

2. 완전하게 하러 오신 예수님(5:13-20)

13. 너희는 세상의 소금이니 소금이 만일 그 맛을 잃으면 무엇으로
짜게 하리요 후에는 아무 쓸데없어 다만 밖에 버려져 사람에게 밟힐
뿐이니라 14. 너희는 세상의 빛이라 산 위에 있는 동네가 숨겨지지
못할 것이요 15. 사람이 등불을 켜서 말 아래에 두지 아니하고 등경
위에 두나니 이러므로 집 안 모든 사람에게 비치느니라 16. 이같이
너희 빛이 사람 앞에 비치게 하여 그들로 너희 착한 행실을 보고 하늘
에 계신 너희 아버지께 영광을 돌리게 하라 17. 내가 율법이나 선지
자를 폐하러 온 줄로 생각하지 말라 폐하러 온 것이 아니요 완전하게
하려 함이라 18. 진실로 너희에게 이르노니 천지가 없어지기 전에는
율법의 일점 일획도 결코 없어지지 아니하고 다 이루리라 19. 그러
므로 누구든지 이 계명 중의 지극히 작은 것 하나라도 버리고 또 그같
이 사람을 가르치는 자는 천국에서 지극히 작다 일컬음을 받을 것이
요 누구든지 이를 행하며 가르치는 자는 천국에서 크다 일컬음을 받
으리라 20. 내가 너희에게 이르노니 너희 의가 서기관과 바리새인보
다 더 낫지 못하면 결코 천국에 들어가지 못하리라

13절 너희는 세상의 소금이니 소금이 만일 그 맛을 잃으면 무엇으로 짜게 하리요 후에는 아무 쓸데없어 다만 밖에 버려져 사람에게 밟힐 뿐이니라

소금은 썩는 것을 막고 맛을 내는 두 가지 일을 합니다. 내가 어릴 때

만 해도 냉장고가 없었습니다. 그래서 갈치 같은 것은 이것이 소금인지, 생선인지 알 수 없을 정도로 소금에 완전히 절여 놓았습니다. 지금도 생각나는 것은 내 어릴 때 한두 달에 한 번씩 어쩌다 시장이 서면, 어머니가 소금절이 된 갈치를 한두 마리 사오셨습니다. 그것으로 찌개를 하면 건더기는 어른 밥상에 올라가고 우리는 굉장히 짜고 비린내 나는 국물만 먹었는데, 그래도 그것이 얼마나 맛이 있었는지 모릅니다. 그 당시에는 소금으로 짜게 절이지 않으면 갈치 같은 생선은 수송도, 저장도 못했습니다. 그렇지 않으면 썩어 버리기 때문입니다. 이처럼 소금은 썩는 것을 막는 데 씁니다. 옛날에는 소금 없이는 도저히 부패를 막을 수 없었습니다.

본문을 보면 주님께서 우리에게 "너희는 세상의 소금이다."라고 하셨습니다. 오늘날 우리 한국에서 부정부패로 인해 법에 걸린 사람치고 예수 믿지 않는 사람이 몇이나 됩니까? 전부 다 어느 교회의 장로 아니면 집사입니다. 예수 잘 믿는다는 사람들이 장관도 되고, 높은 지위에도 올랐지만 부정부패를 앞장서서 저지릅니다. 주님은 믿는 자에게 썩는 것을 막는 소금이 되라고 하셨는데 오히려 썩었습니다. 이는 오늘날 우리 한국 교회가 얼마만큼 성령 없이 육체만 남은 교회가 되었는가의 실상을 보여 줍니다. 우리 믿는 사람들이 어지간히만 짠맛을 가지고 있었어도 우리 한국 사회는 지금과 같지 않았습니다. 은행이 부도내면 그 날려 버린 돈은 누가 갚아야 합니까? 다른 사람이 아니라 바로 우리입니다. 우리가 먹고 싶은 것 안 먹고, 쓰고 싶은 것 안 쓰고, 보고 싶은 것 참으면서 한 푼씩 모은 그 돈을 은행이 날리면 원금은커녕 그 빚을 우리가 갚게 됩니다. 그 돈을 갚지 않으면 국가가 파산하기 때문에 결국 우리의 혈세로 그 빚을 막게 됩니다. 우리가 낸 세금은 지하철 건설, 수도 정비, 복지 시설에 투자해야 함에도 불구하고 무책임하게 기업을 경영해서 부도를 낸 사람들의 빚을 갚아 준다는 말입니다. 그동안 여러 기업들이 부실 경영을 해서 초래한 막대한 부도가 국민에게 떠넘겨졌습니다.

앞으로는 큰 기업을 하는 사람들이 기업 경영에 실패하면 그 책임을 엄중히 물어야 합니다. 그래서 그 책임을 절감하게 해야 합니다. 어떤 기업가가 책임 없이 경영을 해서 망해 놓은 뒤처리를 국민이 해야 된다는 것은 말이 되지 않습니다. 우리 한국의 은행들이 경영에 실패한 것도 정부와 결탁해서 거금을 끄집어내고는 할 줄도 모르는 사업을 무작정 벌인 연고입니다. 그렇게 해서 다 망해 버리고 난 다음 그로 인해 뚫린 구멍, 막대한 빚을 국민에게 떠넘겨 우리 국민들이 그것을 걸머지고 고생하게 되었습니다. 만일 우리 정부 안에 있는 예수 믿는 사람들에게 소금과 같은 짠맛이 있었다면 이런 부정부패는 일어나지 않았습니다. 자신의 자리가 위태로워도 목숨을 내걸고서라도 뻔히 실패할 것, 망할 것이 예견되는 일을 막았을 것입니다. 그러나 너도나도 뇌물을 받고서 '공익' 을 외면했기 때문에 부정부패가 끊이지 않습니다.

기업이 무너지고 은행이 무너진 일이 내 개인과 별 상관없는 일이 아닙니다. 당장 내 주머니 속에 있는 돈이 나가는 일입니다. 간단히 말하면 세금을 많이 내야 합니다. 그러면 그만큼 우리의 생활이 궁핍해집니다. 또한 세금이 빚 막는 데로 빠지기 때문에 실제로 국민 생활을 편리하게 만들 국가 기간산업의 건설이나, 복지 시설의 확충이 뒷전이 되었습니다. 그러면 우리의 삶은 자꾸 불편해지고 어려워집니다. 반면 이러한 곤궁의 주범인 정치인이나 기업인들은 여전히 쓸 돈 다 쓰고 국민들만 힘들게 됩니다. 이것은 수수방관할 일이 결코 아닙니다. 우리 국민들이 정신을 차려서 앞으로 그런 정치인이나 기업인들은 정계든지, 경제계든지 발을 붙이지 못하게 만들어야 합니다.

소금이 짠맛을 잃어버리면 어떻게 된다고 하였습니까? '아무 쓸데없어 다만 밖에 버려져 사람에게 밟히게 될 뿐' 이라고 하였습니다. 안타깝게도 지금 우리 한국 교회의 많은 예수 믿는 사람들이 이렇게 되고 말았습니다. 그래서 세상으로부터 천덕꾸러기가 되고 말았습니다. 국민들에게 우리 한국 사회의 발전에 교회가 필요한지를 물어보십시오. 부정적인 반응을 피할 수 없습니다. 이유가 무엇입니까? 많은 크리스천들이 소금의 역할을 하지 못하고 부정부패에 함께 휩쓸려 갔기 때문입니다. 그래서 길거리에 버려진 소금처럼 발에 밟히고 있습니다. 교회도 성도도 세상의 차가운 시선과 멸시를 받고 있습니다.

이제 우리는 이 어려운 처지에서 진정으로 소금이 되어야 할 때가 왔습니다. 이제는 정치, 경제, 사회 그 어디에서든지 예수 믿는 우리 한 사람 한 사람이 제대로 소금의 역할을 할 때가 왔습니다. 여기 있는 우리부터 다시 한번 소금의 본분을 회복합시다. 그리하여 우리 사회의 부정부패를 막고, 우리의 삶을 맛나게 하는 일에 앞장서야 하겠습니다.

14-16절 너희는 세상의 빛이라 산 위에 있는 동네가 숨겨지지 못할 것이요 사람이 등불을 켜서 말 아래에 두지 아니하고 등경 위에 두나니 이러므로 집 안 모든 사람에게 비치느니라 이같이 너희 빛이 사람 앞에 비치게 하여 그들로 너희 착한 행실을 보고 하늘에 계신 너희 아버지께 영광을 돌리게 하라

어둡고 캄캄해서 아무것도 보이지 않을 때 빛이 쫙 비치면 그 순간 온 천지가 밝아지고 눈이 확 뜨입니다. 본문을 보면 예수님은 우리에게 "너희는 세상의 빛이라!" 고 하셨습니다. 우리 예수 믿는 사람은 세상의 빛이기 때문에 세상 사람이 보지 못하는 것을 봅니다. 우리는 하나님의 말씀을 통해서 무엇이 '죄' 고, 무엇이 '의' 인지를 압니다. 십계명에 비춰 보면 어떤 것이 죄고, 어떤 것이 의인지 알 수 있습니다.

우리는 마치 산 위에 있는 동네에서 비추는 빛과 같습니다. 산 밑에 있다면 사람들이 볼 수 없지만 산 위에 있기 때문에 잘 보입니다. 사람들은 우리를 보고 말합니다.

"저 집은 예수 믿는 집이다."

"저 사람은 예수 믿는 직원이다."

"저 사람은 예수 믿는 사업가다."

그러면서 사람들이 우리에게 자연히 기대하는 것이 있습니다. 예수 믿는 사람이니까 정직하고 성실하고 근면하고 충성스러워야 한다고 합니다. 사람들은 우리에게 그런 기대를 합니다.

작은 일이든지, 큰일이든지 "저 사람은 예수 믿는 사람 아니에요? 그런데 예수 믿는 사람이 어떻게 그런 일을 할 수 있어요?" 라고 합니다. 그뿐 아닙니다. "예수 믿는 사람이 어떻게 그런 말을 할 수 있어요?", "예수 믿는 사람이 그렇게 사기 칠 수 있어요?" 라고 합니다. 이 세상에 많은 사람들이 사기도 치고 거짓말도 하는데 굳이 예수 믿는 사람한테 그렇게 따지고 비난하는 이유가 무엇입니까? 그것은 예수 믿는 사람이 세상의 빛이기 때문에 사람들에게 주목의 대상이 되기 때문입니다.

등불을 켜서 가려 두면 아무리 빛을 비추어도 보이지 않습니다. 그러나 등경 위에 높이 두면 집 안을 환히 비춥니다. 하나님께서는 우리가 예수 믿고 난 다음 빛으로 만드셔서 등경 위에 얹어 놓으십니다. 모든 사람에게 두드러지게 보이도록 만들어 놓으십니다. 그러므로 예수 믿는 사람으로서 우리의 존재가 모든 사람에게 빛처럼 비춰져야 합니다. 어둠의 세력을 몰아내고 광명을 가져오는 존재가 되어야 합니다. 우리는 가는 곳마다 어둠의 세력을 물리쳐야 합니다. 거짓과 탐심과 도둑질과 부정과 부패의 이 어둠의 세력을 물리치고 그곳에 정의와 진실을 가져오는 빛이 되어야 합니다. 우리는 이 세상의 부패를 방지하는 소금이어야 하고 이 세상의 어둠을 밝히는 빛이어야 합니다. 그래야 우리의 존재가 의미있게 됩니다. 우리가 도덕적으로 소금과 빛이 되지 못하면 우리 존재의 의미를 상실하게 됩니다.

빛을 비춘다는 것이 무엇입니까? 그것은 착한 행실입니다. 다른 이가 욕해도 나는 욕하지 않는 것이요, 다른 이가 도둑질할 때 나는 도둑질하지 않는 것이요, 다른 이가 부정부패할 때 나는 정의롭게 사는 것입니다. 우리가 삶 속에서 빛을 비추면 사람들은 우리를 보고 말합니다. "저 사람은 예수 믿는 사람이래요. 저 사람은 하나님 믿는 사람이래요." 결국 믿지 않는 사람들조차 하늘에 계신 아버지께 영광을 돌리게 됩니다. 우리가 빛을 비추면 하나님을 자랑하는 것이 됩니다. 그래서 사람들은 "그래, 예수 믿는 사람들은 역시 다르구나."라고 말하게 됩니다.

우리가 예수님을 믿으면 구원받고 천당에 가는 것은 물론입니다. 그런데 우리는 이 땅에 사는 동안 우리가 '소금이요, 빛' 이라는 사실을 인식하고 살아가야 합니다. 우리는 이 세상에서 소금의 역할을 해야 하고, 빛의 역할을 해야 합니다. 하나님께서 우리에게 이 사명을 주셨기 때문입니다. 작든지, 크든지 그 어떤 환경에서든 우리는 부정부패를 막고 정의와 진실한 광명을 비추는 역할을 해야 합니다. 문제는 천연 자원이 아니라 정신적, 영적 자원입니다. 우리나라가 외환 위기로 인해 경제적으로 큰 곤경에 처했던 것은 천연 자원이 모자라서가 아니라 정신적 자원이 모자랐기 때문입니다. 정신적, 영적 자원이란 무엇입니까? 정직, 성실, 근면, 충성입니다. 우리 민족이 이것을 결여하고 거짓말하고 불성실하고 게으르고 불충성한 결과 그러한 위기에 직면했던 것입니다.

정신적 자원이 없으면 나라가 다 망합니다. 아무리 외국에서 돈을 빌려 와도 우리가 정신적인 자원을 가지지 못하면 나아질 것이 없습니다. 알코올 중독자를 도와주려고 돈을 주어도 갱생하기는커녕 그가 그 돈으로 술을 마셔 버리면 무슨 소용이 있겠습니까? 도박꾼에게 자꾸 돈을 대주는 것도 다를 바 없습니다. 우리 민족도 마찬가지입니다. 정신적, 영적인 개혁이 일어나야 합니다. 우리 예수 믿는 사람들이 각성하여 빛과 소금의 역할을 제대로 해서 우리 국민에게 정직, 성실, 근면, 충성의 정신적인 자원을 공급해야 합니다. 우리 국민 전체가 영적, 정신적 자원을 새롭게 할 때 우리나라가 발전할 수 있습니다.

1960년대만 하더라도 필리핀은 아시아에서 일본 다음으로 잘살았습니다. 그러나 국민정신이 해이해지고, 정부나 기업이 정경 유착으로 부정부패한 결과 그 나라는 완전히 뒷걸음질치고 말았습니다. 국민들의 삶의 질도 말할 것 없이 떨어지고 말았습니다. 여러분, 개인이든 국가든 정신적인 자원 없이 발전한다는 일은 있을 수 없습니다. 우리는 이 세상의 부패를 방지하고 어둠을 밝히는 소금과 빛이 되어 국민정신을 새롭게 하는 데 앞장서야 하겠습니다. 우리가 솔선하여 정직, 성실, 근면, 충성의 영적, 정신적 자원을 우리 민족에게 제공할 때 우리나라는 다시금 눈부신 발전을 이룩하게 될 것입니다.

17절 내가 율법이나 선지자를 폐하러 온 줄로 생각하지 말라 폐하러 온 것이 아니요 완전하게 하려 함이라

마태복음 17장 1절부터 8절까지는 예수님께서 베드로, 야고보, 요한을 데리고 함께 높은 산에 올라가셨을 때의 일이 기록되어 있습니다. 그들이 산 정상에 올라섰을 때 예수님은 제자들의 눈앞에서 변형되셔서 얼굴은 해같이 빛나고 옷은 빛같이 희어졌습니다. 또한 모세와 엘리야가 나타나 예수님과 이야기를 하였습니다. 너무나 황홀하고 장엄하여 정신을 차리지 못할 지경이었습니다. "사람이 죽었는데 어떻게 다시 살 수 있습니까?" 라고 질문하는 사람들이 있습니다. 그런데 이 장면에 나오는 모세와 엘리야는 예수님 당시로 보아도 최소한 900-1300년 전 사람들입니다.

오늘날 어떤 교파에서는 '영혼 수면설' 을 주장하면서 사람이 죽으면 예수님이 재림하실 때까지 수면 상태로 있게 된다고 주장합니다. 그렇다면 모세와 엘리야가 어떻게 예수님을 만나러 올 수 있습니까? 그러나 성경은 900년 내지 1,300년 전에 죽었던 모세와 엘리야가 예수님을 만나러 온 것을 베드로와 야고보와 요한이 두 눈으로 똑똑히 본 것을 기록하고 있습니다. 사람이 죽으면 자는 것이 아닙니다. 우리 예수 믿는 사람이 육신의 장막 집을 벗어 버리면 예수 그리스도와 함께 있게 됩니다. 바울 선생은 "만일 땅에 있는 우리의 장막 집이 무너지면 하나님께서 지으신 집 곧 손으로 지은 것이 아니요 하늘에 있는 영원한 집이 우리에게 있는

줄 아느니라 참으로 우리가 여기 있어 탄식하며 하늘로부터 오는 우리 처소로 덧입기를 간절히 사모하노라 우리가 담대하여 원하는 바는 차라리 몸을 떠나 주와 함께 있는 그것이라"(고후 5:1-2, 8)고 고백하였습니다.

우리가 죽으면 육신의 장막 집은 무너져도 하나님의 형상과 모양대로 지음받은 우리의 '속사람', 곧 우리의 영혼은 곧장 주님의 품으로 돌아갑니다. 그리하여 하나님의 영광에 들어가서 부활의 그날까지 주님과 함께 거합니다.

사람은 죽으면 없어지는 것이 아닙니다. 그리스도를 믿어 구원받은 사람은 영원한 영광 속에서 주님과 함께 부활의 그날을 기다리게 되고, 반면 주님을 거역한 사람은 음부에 내려가서 심판의 그날을 기다리게 됩니다. 그렇기 때문에 우리 예수 믿은 사람들은 마음속에 끝없는 소망을 가지고 내일을 바라볼 수 있습니다. "사망아, 너의 승리가 어디 있느냐! 사망아, 네가 쏘는 것이 어디 있느냐!" 라고 담대히 말할 수 있습니다. 우리는 예수 그리스도의 보혈로 사망을 다 이겨 버렸기 때문에 죽음을 두려워하지 않습니다. 죽음의 음침한 골짜기는 예수 그리스도의 부활의 광명한 빛으로 밝아졌습니다. 이러므로 우리는 우리의 믿는 가족이나 일가친척이 죽을 때 믿지 않는 이들처럼 과도하게 슬퍼하거나 탄식하지 말아야 합니다. 왜냐하면 주님 오시는 날, 우리는 주 안에서 그들과 다시 만나게 되기 때문입니다.

그런데 왜 모세와 엘리야가 변화산에 나타났을까요? 그것은 예수님께서 예루살렘으로 향해 가는 도중이었기 때문입니다. 예수님이 예루살렘으로 가면 이제 곧 유대인에게 팔리고 로마 사람의 심판을 받아서 십자가에 달려 죽게 됩니다. 그러므로 이것은 예수님의 고난과 죽음 직전에 모세와 엘리야가 나타나서 우리 주님을 경외하는 장면입니다. 주님은 변화산에서 큰 은혜를 체험하고 난 다음에 갈보리 십자가를 걸머지셨습니다. 은혜를 받지 않고는 십자가를 걸머질 수 없습니다. 큰 은혜를 받아야 그 은혜의 능력으로 십자가의 고통을 걸머질 수 있습니다. 모세와 엘리야가 변화산에서 주님을 경외한 것은 무슨 의미가 있을까요? 모세는 구약의 율법을 대표하고, 엘리야는 구약의 선지자를 대표합니다. 그러므로 모세와 엘리야는 예수님께, 구약의 율법이 예수님이 십자가에서 못 박혀 죽으시고 부활하심으로 완성된다는 것과 또한 모든 선지자의 예언들도 예수님이 십자가에 죽으셨다가 부활하심으로 다 이루어진다는 것을 보여 줍니다.

예수님의 십자가의 죽음은 율법의 완성이요, 예언의 완성입니다. 예수님은 거기서 모세와 엘리야로부터 성경이 완전히 완성되었다는 격려를 받으셨습니다. 주님께서는 십자가에서의 죽음이 하나님 아버지의 정하신 뜻이요, 헛된 것이 결코 아님을 확신하셨습니다. 이미 율법을 통해서 성경에 예시해 놓았고 선지자를 통해서 끊임없이 반복되었던 그 예언이 이제 십자가에서의 죽음으로 완성된다는 것을 예수님은 완전히 확신하셨습니다. 그리하여 예수님은 큰 용기를 얻으시고 변화산에서 내려와 곧 예루살렘으로 향하셨습니다. 예루살렘에 가시면 걸머지게 될 십자가를 피하려고 하지 않으셨습니다. 주님이 지실 십자가가 율법의 완성이요, 예언의 완성임을 확신하셨기 때문입니다. 주님은 조금도 동요하지 않고 확신을 가지고 십자가를 걸머지실 수 있었습니다.

우리도 우리에게 다가올 크고 작은 시련을 이기려면 변화산의 체험을 가져야 합니다. 하나님의 큰 은혜를 받으면 다가오는 십자가를 걸머질 수 있습니다. 그러나 은혜를 체험하지 못했는데 고난이 다가오면 그만 완전히 산산조각이 나고 맙니다. 성령 충만이 없으면 개인도 나라도 다가오는 수많은 시련과 고난을 이겨 나갈 수 없습니다. 그러므로 반드시 성령 충만의 은혜를 받아야 합니다. 은혜 없이 율법주의로 신앙생활을 할 수 없습니다. 은혜를 받지 못하고서 어떻게 율법을 지킬 수 있습니까? 은혜를 받지 못하면 시험과 환난과 고통을 이겨낼 수 없지만 은혜만 받으면 모든 것을 이겨 나갈 수 있는 것입니다. 이러므로 우리는 첫째도, 둘째도, 셋째도 성령 충만받고 그리스도의 그 깊은 은혜 속에 들어가야 합니다.

베드로와 야고보와 요한은 변화산에서 예수님이 모세와 엘리야와 함께 이야기하는 것을 보고 너무나 황홀하고 감동이 되어 정신을 못 차릴 지경이었습니다. 그래서 베드로는 예수님께 나아가 이렇게 말했습니다.

"주여 우리가 여기 있는 것이 좋사오니 만일 주께서 원하시면 내가 여기서 초막 셋을 짓되 하나는 주님을 위하여, 하나는 모세를 위하여, 하나는 엘리야를 위하여 하리이다"(17:4).

베드로는 하나님의 영광 중에 주님이 계시고, 모세와 엘리야가 주님께 예수님의 사명에 대해 고하는 놀랍고도 영광스러운 장면에 너무나 감격했던 것입니다. 베드로는 이 땅에서 주님이 하셔야 할 사명이나, 주님의 제자로서 자기들이 해야 될 사명을 다 잊어버렸습니다. 그냥 그 영광 중에 영원히 있고 싶었습니다. 그러나 그때 구름 속에서 하나님의 음성이 들려왔습니다. "이는 내 사랑하는 아들이요 내 기뻐하는 자니 너희는 그의 말을 들으라"(17:5). 그 순간 정신이 번쩍 들어 살펴보니 구름도 사라지고, 모세와 엘리야도 온데간데없고 예수님만 서 계셨습니다. 여기서 베드로는 예수님과 모세와 엘리야를 나란히 동격으로 생각하는 큰 오해를 했습니다. 예수님은 완전한 하나님으로서 완전한 사람으로 오신 분입니다. 예수님을 모세와 엘리야와 동격으로 놓을 수 없습니다. 모세나 엘리야는 예수님을 섬기기 위한 종입니다. 모세는 율법을 통하여 예수님이 오시기까지 하나님의 집을 섬긴 종이요, 엘리야는 예언을 통해서 섬긴 종입니다. 주인이신 예수님을 종과 동격으로 놓을 수 없습니다.

우리는 예수님과 우리를 동등으로 여기면 안 됩니다. 예수님을 우리의 신랑이요, 우리의 맏형이라 하지만 예수님은 하나님이시고 우리는 하나님께 지음 받은 인간입니다. 창조주와 피조물 사이에는 도저히 서로 가까이 갈 수 없는 구렁이 있습니다. 지으신 자와 지음을 받은 자가 어떻게 똑같이 행동을 할 수 있습니까? 예수님은 하나님이십니다. 우리가 아무리 은혜를 받고, 그리스도의 이름으로 충만한 역사를 베푼다고 해도 역시 우리는 피조물이며 인간인 것을 알고 겸손히 그 발아래 엎드려야 됩니다.

베드로와 야고보와 요한이 정신이 들어 눈을 들어 바라보았을 때 예수님만 보이지 않았습니까? 이는 예수님만 바라보고 예수님의 말씀만을 들으라는 것입니다. 이제 예수님 복음의 시대가 도래하였습니다. 예수님께서는 "내가 율법이나 선지자를 폐하러 온 줄로 생각하지 말라 폐하러 온 것이 아니요 완전하게 하려 함이라" 고 말씀하셨습니다. 예수님이 오신 것은 율법을 완전하게 하고, 예언을 완전하게 하기 위함이었습니다. 그러므로 예수 그리스도는 율법의 마침이 되십니다. 율법의 모든 법이 그리스도 안에서 이루어집니다. 예수님은 그 일생을 통해서 율법을 다 이루셨으며, 율법을 어길 모든 인류의 죄를 이미 한 몸에 걸머지시고 율법의 정죄와 심판을 받아 그 죄를 다 갚아 버리셨습니다.

빚쟁이가 빚을 달라고 아우성치지만, 빚을 다 갚아 버리고 나면 빚쟁이의 독촉은 아무런 위협이 되지 않습니다. 빚을 다 갚아 버렸으니 빚 독촉을 받을 필요가 전혀 없습니다. 이처럼 율법은 죄인을 향해서 "죄의 값은 사망이다. 사망이다. 죽여라!" 하는데, 예수님이 그 죗값을 영원히 갚아 주셨으므로, 예수님의 보혈 앞에서는 율법의 독촉은 사라져 버리고 말았습니다. 율법의 여부가 예수님 안에서 완성되어 버렸습니다. 이제는 율법을 지킴으로 구원받는 것이 아니라 예수님을 믿음으로 구원받게 되는 것입니다. 다른 조건은 없습니다.

또한 구약의 예언은 종국적으로 하나님의 아들 예수님이 오신다고 늘 말해 왔습니다. 예수님이 오셔서 말씀을 완성한다고 선포해 왔습니다. 그 예수님이 이제 오셨으므로 예언도 완전히 이루어집니다. 그러므로 예수님께서 오신 것은 율법을 무시하거나 예언을 폐하기 위함이 아닙니다. 주님께서는 이 모든 것을 품에 안아서 완성을 시켜 버리셨습니다. 이제 예수님 안에서는 율법도 활짝 웃고, 예언도 싱글벙글 웃습니다. 자신들의 사명이 예수님 안에서 모두 완성됐기 때문입니다.

18-19절 진실로 너희에게 이르노니 천지가 없어지기 전에는 율법의 일점일획도 결코 없어지지 아니하고 다 이루리라 그러므로 누구든지 이 계명 중의 지극히 작은 것 하나라도 버리고 또 그같이 사람을 가르치는 자는 천국에서 지극히 작다 일컬음을 받을 것이요 누구든지 이를 행하며 가르치는 자는 천국에서 크다 일컬음을 받으리라

율법은 하나님께서 주셨습니다. 그 무엇이든지 하나님이 주신 것은 감히 인간이 범할 수 없습니다. 히브리어는 글자에 점과 획이 있습니다. 그런데 본문을 보면 하나님께서 율법을 적어놓은 히브리어 글자의 일점 일획도 없어지지 아니하고 다 이루신다고 하였습니다. 천지와 만물을 지으신 창조주 하나님의 말씀은 절대로 무효가 되지 않는다는 말씀입니다. 그것은 완성될지언정 절대로 무시되어질 수 없습니다.

예수님이 오시지 않았다면 율법은 그대로 다 유효합니다. 율법에 따라 모든 사람이 정죄받고 죄인으로서 심판받고 멸망받습니다. 천지가 없어지기 전에는 율법은 없어지지 않습니다. 그러나 이천 년 전에 예수님이 오셔서 율법을 다 이루어 주셨습니다. 이제는 구원을 받습니다. 예수님의 십자가의 보배로운 피로 율법의 정죄의 기능은 사라지고 용서와 의로움만이 천지에 가득 차게 되었습니다. 우리는 예수님을 믿음으로 용서와 의를 받아서 살게 되었습니다.

율법이나 계명은 바로 하나님의 성품을 드러내 줍니다. "내 앞에 다른 신을 두지 말라. 우상에 절하지 말라. 하나님의 이름을 망령되이 부르지 말라. 안식일을 기억하여 거룩히 지키라. 네 부모를 공경하라. 살인하지 말라. 간음하지 말라. 도둑질하지 말라. 네 이웃에 대해 거짓 증거하지 말라. 네 이웃의 것을 탐하지 말라."는 십계명은 하나님의 성품을 말해 줍니다. 하나님은 이러한 것들을 미워하십니다. 그런데 그 하나님의 성품을 우리가 마음대로 고쳐서 "그렇지 않다. 우상에 절해도 좋다. 부모 공경 안 해도 좋다."고 하면 하나님을 거역하게 됩니다. 이것이 단지 율법을 거역하는 것 같지만 율법은 하나님의 성품이기 때문에 이런 일을 하면 하나님께 직접적으로 대적하는 것이 됩니다. 하나님께서 그런 사람을 칭찬하시겠습니까? 하나님의 계명은 크고 작은 것이 없습니다. 하나님의 말씀은 다 지극히 크고 거룩합니다.

하나님이 행하신 것 중에 그 무엇이 작은 것입니까? 다 크고 위대합니다. 그런데 자기 마음대로 생각하여 하나님의 계명 중에서 '이것은 지극히 작은 것이다. 이것은 무시해도 좋다.' 라고 하면 하나님께서는 하늘에서 그 사람을 지극히 작은 인생으로 취급하십니다. 그러나 지극히 작아 보이는 계명 하나라도 공경하고 귀중히 여기고 받드는 사람은 하늘에서 귀중하고 훌륭한 사람으로 인정받게 됩니다.

우리는 예수를 믿어 용서와 의를 받고 구원을 받았습니다. 그렇다고 해서 율법이 없어진 것이 아닙니다. 우리는 구원받았기 때문에 하나님의 말씀을 따라 살아야 합니다. 우리가 율법을 지켜서 구원받는 것은 아닙니다. 구원을 받았기 때문에 율법을 지키고 살아야 합니다. 하나님의 성품을 지키고 살아야 합니다. '와! 이제 예수 믿었으니 율법은 다 없어졌다. 그러므로 이제는 내 마음대로 살아도 된다.' 라고 생각한다면 큰 오해입니다. 예수 믿는 사람은 계명의 신발을 신고 살아야 합니다. 예수님을 믿고 구원을 받았기 때문에 더욱 하나님의 법을 지키며 하나님을 기쁘게 하고 살아야 합니다.

하나님의 율법과 계명은 우리를 때리는 채찍이 아니라 우리를 비춰 주는 거울이 되었습니다. 여성들은 늘 거울을 보고 화장을 하지 않습니까? 아름답게 되려고 그렇게 합니다. 이제 우리는 율법의 거울을 들여다보면서 우리의 마음과 행실의 잘못된 것을 다 씻어내고 하나님의 말씀으로 우리를 아름답게 단장합니다. 이것이 율법의 역할입니다. 율법은 우리를 심판하지 아니하고 이제는 우리를 하나님의 뜻대로 신령하게 살도록 도와주는 역할을 하고 있습니다.

예수님께서는 하나님의 모든 것을 완전하게 하기 위해 오셨습니다. 예수 믿고 구원받은 우리는 주님 안에서 완성된 율법을 거울로 삼아 하나님을 기쁘시게 하는 삶을 매일매일 살아가야 하겠습니다. 그리할 때 하늘나라에서 우리의 상급과 칭찬이 풍성하게 준비될 것입니다.

20절 내가 너희에게 이르노니 너희 의가 서기관과 바리새인보다 더 낫지 못하면 결코 천국에 들어가지 못하리라

'서기관' 이란 성경을 필사하는 사람이고, '바리새인' 은 유대교의 바리새 종파(宗派)의 사람을 말하는데, 이들은 율법을 엄격하게 지킵니다. 바리새인들은 일주일에 두 번 금식했으며 모든 소득의 십일조, 예를 들어 밭에 나는 채소의 십일조까지 철저히 따져서 드렸습니다. 그러나 예수님은 서기관이나 바리새인의 의를 혐오하시고, 그들의 행위를 심히 꾸짖으셨습니다. 주님은 위선적인 그들의 행동을 이렇게 꾸짖으셨습니다.

"화 있을진저 외식하는 서기관들과 바리새인들이여 회칠한 무덤 같으니 겉으로는 아름답게 보이나 그 안에는 죽은 사람의 뼈와 모든 더러운 것이 가득하도다 이와 같이 너희도 겉으로는 사람에게 옳게 보이되 안으로는 외식과 불법이 가득하도다"(23:27-28).

주님께서 그들을 이렇게 꾸짖으신 이유가 무엇입니까? 그것은 그들의 하는 것이 사람 보기에는 굉장히 의롭게 보였지만 실제 내용은 위선으로 가득 차 있었기 때문이었습니다. 그들은 안 보이는 데서는 고아를 압제하고, 과부의 재산을 탈취하고, 마음속의 온갖 탐욕대로 사는 사람

들이었습니다. 한마디로 겉과 속이 달랐습니다.

그러므로 본문에서 "너희 의가 서기관과 바리새인보다 더 낫지 못하면 결코 천국에 들어가지 못하리라" 고 주님께서 말씀하신 것은 바리새인이나 서기관 같은 위선자의 삶을 사는 그런 사람의 의보다는 우리가 더 낫게 살아야 하늘에 들어갈 수 있다는 것입니다. 바리새인이나 사두개인들은 사람들이 보는 앞에서는 길고 장엄하게 기도하고 경건한 체했지만 실제 마음속으로는 탐욕이 꽉 들어차서 위선을 행하고 탐욕과 욕심에 젖어서 살았습니다. 우리 예수 믿는 사람들은 성령을 의지하여 내 마음 중심이 늘 투명하도록 해야 합니다. 사실 잘 살펴보면, 겉으로는 잘 믿는 체하는데 속으로는 엉터리인 신자가 적지 않습니다.

나는 지방에 있는 어떤 교회에 부흥회를 인도하러 갔다가 거기서 참으로 놀라운 간증을 들었습니다. 그 교회는 오랫동안 성전 건축을 완공하지 못하고 있었습니다. 그런데 그 교회 장로님 한 분이 죽었다가 살아난 다음, 자기의 전 재산을 다 내놓아 성전 건축을 완공했습니다. 그 장로님이 자기의 전 재산을 내놓으면서 교회에 헌신한 데에는 사연이 있었습니다. 사실 그 장로님은 상당한 재산가였음에도 불구하고 교회 짓는 일에 조금도 힘쓰지 않았습니다. 그런데 그 교회에 과부 할머니 한 분이 계셨습니다. 그 할머니는 날마다 새벽 기도를 나와서 열심히 기도할 뿐 아니라, 늘 교회에 나와서 아침에는 아궁이에 장작을 넣고 불을 때서 교회당을 따뜻하게 하고, 교회당을 쓸고 닦으면서 교인들을 섬겼습니다. 하지만 그 교회 교인들은 그 과부 할머니가 수고하는 것을 알아주지 않았습니다. 사람들은 "에이, 저 할머니! 할 일 없으니까 매일 교회 나와서 저렇게 하는구나." 라고 했습니다. 그 장로님도 다른 사람들과 다름없이 '저 할머니가 할 일이 없어 저렇게 하는 것이지.' 라고 생각하면서 '나는 장로인데…….' 하며 거드름을 피웠습니다. 그런데 이 장로님이 어느 날 갑자기 죽고 말았습니다. 갑자기 일을 당한 가족들이 울면서 초상을 치르려고 하다가 기절초풍을 했습니다. 죽었던 사람이 도로 살아난 것입니다. 죽었던 사람이 살아났으니 얼마나 놀랄 일입니까? 그런데 그 장로님이 도로 살아나서 눈을 뜨자마자 아들들을 불러 이렇게 말했습니다. "얘들아! 우리 집에 있는 땅문서를 다 가지고 오너라. 그거 우리 교회 짓는 데에 다 내놓아라."

놀란 아들들은 아버지를 만류했습니다.

"아버지! 왜 이러세요. 정신 차리세요."

그럼에도 불구하고 "잔소리 말고 내가 시키는 대로 해라." 하고는 자기가 가지고 있는 땅을 다 내어 놓아 교회 건축을 위해 헌금했습니다.

그 장로님에게 도대체 무슨 일이 있었을까요? 그 장로님은 죽어서 천국에 갔습니다. 그가 눈을 떠보니 천국이었고, 예수님이 앞에 서 계셨습니다. 그래서 "예수님. 아무개가 왔습니다." 했더니 예수님께서 "내가 네가 영원히 살 곳을 소개해 주겠다."고 하셨습니다. 그래서 따라가다가 한 곳에 들르게 되었는데 보니 어마어마하게 멋있고 좋은 집이었습니다. 그런데 그 집에 바로 자기가 이 땅에 있을 때 별 볼일 없게 생각했던 그 과부 할머니가 살고 있었습니다. 그 할머니는 그 장로님보다 먼저 세상을 떠나셨습니다. 놀라기도 했지만 한편 이런 생각이 들었습니다. '그래. 이 할머니가 이만한 집이면 내 집은 보통 어마어마한 집이 아니겠구나. 저 할머니는 직분도 하나 없이 우리 교회에서 불 때고, 청소나 하는 봉사밖에 더 했나? 나야 그래도 장로였으니까, 훨씬 어마어마하겠지.' 그런데 그 집을 지나서 예수님이 자기를 데려가는데 점점 작은 집들이 나오는 것이었습니다. 장로님은 참지 못하고 예수님에게 물었습니다.

"주님, 혹 주소를 잘못 아신 것 아닙니까? 여기는 작은 집들밖에 없는데요."

그러나 예수님은 아무 말씀하지 않고 자꾸만 더 가시는 것이었습니다. 할 수 없이 따라가다 보니 이 땅으로 치면 판자촌 같이 허술한 집들이 나왔습니다. 그 중에 한 집에서 예수님은 걸음을 멈추시고 장로님에게 말씀하셨습니다.

"여기가 네 집이다."

그래서 보니 자기 이름이 기록되어 있었습니다. 장로님은 그만 너무나 실망하고 섭섭해서 주님께 말했습니다.

"주님이시여! 이럴 수는 없습니다. 아까 그 할머니도, 나도 다 같이 같은 교회에서 주님을 섬겼는데, 어떻게 그 할머니 집은 저렇게 좋고 내 집은 이렇게 초라할 수가 있습니까? 저는 그래도 장로였지 않습니까?"

그러자 예수님께서 이렇게 말씀하시는 것이었습니다.

"이 사람아, 그 딸은 있는 정성, 없는 정성 다해서 나의 교회를 섬겼다. 내가 준 달란트를 훨씬 넘어 교회를 섬겼다. 그가 많은 공로를 세웠으므로 이 하늘나라에서는 아름다운 집을 상으로 받았다. 하지만 나는 너에게 많은 재물을 주었건만 너는 나의 교회를 섬기지 않았다. 그러니 이 하늘에서 너의 집은 이와 같을 뿐이다."

장로님은 그 자리에서 엎드러져 예수님의 옷자락을 잡고 잘못을 빌었습니다.

"예수님! 제가 잘못했습니다. 한 번만 기회를 주십시오. 그래서 주님이 주신 모든 것을 다하여 주님의 교회를 섬길 수 있게 해 주십시오. 주여! 한 번만 더 기회를 주십시오."

장로님이 너무나 간절히 구하며 매달리자, 주님께서 마침내 허락해 주셨습니다.

"좋다. 그러면 내려가서 나의 교회를 세우고 오너라."

그래서 이 어른이 다시 깨어나자마자 그 길로 자녀들을 총동원하여 논, 밭을 다 팔아 교회를 세운 것입니다. 교회를 잘 세우고 봉헌한 다음 장로님은 세상을 떴습니다. 아마 이번에는 천당에 갔을 때 좋은 집에 들어가 기뻐하며 만족해했을 것입니다.

성경에서 뭐라고 말씀했습니까? "스스로 속이지 말라 하나님은 업신여김을 받지 아니하시나니 사람이 무엇으로 심든지 그대로 거두리라"(갈 6:7)고 하지 않았습니까? 이 땅에서 심어야 하늘나라에서 거두지, 이 땅에서 심지도 아니하고 하늘나라에서 거둘 수 없습니다. 우리가 이 땅에 살고 있는 동안에 열심히 주를 위해서 봉사하면 그 모든 것이 바로 하늘에 올라갑니다. 우리가 주를 위해서 애쓴 것은 그 어느 하나도 허무하게 돌아가지 않습니다.

이러므로 우리는 주님을 섬길 때 마음으로도, 행실로도 진정으로 충성을 다해야지 위선자가 되어서는 안 됩니다. '나는……인데' 하면서 직분만 내세우고 실제로는 아무것도 하지 않는 위선자가 되어서는 안 됩니다. 하나님은 우리의 마음 중심과 숨은 동기를 다 보고 계십니다. 내가 정말로 주님 앞에서 주일성수하고, 십일조 드리고, 열심히 말씀 읽고, 기도하고, 전도하면서 주의 영광을 위해서 살면 그 내실을 주님께서 보십니다. 이렇게 하는 사람에게 천국에서 영광과 칭송이 있습니다.

우리는 예수님이 꾸짖으신 바리새인이나 서기관처럼 사람에게 보이기 위해서 의를 행하는 위선적인 행위를 하지 말아야 합니다. 우리의 의가 그보다 낫지 않고는 천국에 들어가지 못합니다. 왜냐하면 예수 믿는다고 하면서 하나님이 아니라 사람에게 보이려고 위선적으로 사는 사람이라면 진실로 예수님을 믿는 사람이 아니기 때문입니다. 예수님을 믿는 사람이라면 어떻게 바리새인이나 사두개인처럼 하나님이 아닌 사람을 보고 살 수 있겠습니까?

진실로 우리는 두려운 마음을 가져야 합니다. 주님이 원하시는 기준은 참으로 높습니다. 우리의 생각과 비교할 수 없을 정도로 높습니다. 우리는 예수 그리스도의 보배로운 피를 믿음으로 말미암아 구원을 받았지만 주님께서 요구하시는 이 윤리, 도덕, 인격의 기준에 도달하는 일은 새까맣게 먼 길입니다. 그러므로 우리는 노력하고 애써야 합니다. 구원은 믿음으로 거저 받았지만 우리의 신앙의 성장과 발전은 노력하고 애써야 가능합니다. 이미 주님께서는 우리가 일상생활에서 어떻게 주님의 기대대로 살 것인지를 말씀으로 보여 주셨습니다. 우리의 기대가 아니라 주님이 우리에게 기대하는 바의 삶에 대해서 말입니다. 여러분의 삶을 주님의 말씀에 비추어 보십시오. 말씀에 합당하지 못한 것을 알았다면 회개하고, 주님의 기대대로 살아가도록 날마다 애쓰고 노력해야 합니다.

3. 먼저 가서 형제와 화목하라(5:21-32)

21. 옛사람에게 말한바 살인하지 말라 누구든지 살인하면 심판을 받
게 되리라 하였다는 것을 너희가 들었으나 22. 나는 너희에게 이르
노니 형제에게 노하는 자마다 심판을 받게 되고 형제를 대하여 라가
라 하는 자는 공회에 잡혀가게 되고 미련한 놈이라 하는 자는 지옥
불에 들어가게 되리라 23. 그러므로 예물을 제단에 드리려다가 거
기서 네 형제에게 원망들을 만한 일이 있는 것이 생각나거든 24. 예
물을 제단 앞에 두고 먼저 가서 형제와 화목하고 그 후에 와서 예물
을 드리라 25. 너를 고발하는 자와 함께 길에 있을 때에 급히 사화하
라 그 고발하는 자가 너를 재판관에게 내어 주고 재판관이 옥리에게
내어 주어 옥에 가둘까 염려하라 26. 진실로 네게 이르노니 네가 한
푼이라도 남김이 없이 다 갚기 전에는 결코 거기서 나오지 못하리라
27. 또 간음하지 말라 하였다는 것을 너희가 들었으나 28. 나는 너
희에게 이르노니 음욕을 품고 여자를 보는 자마다 마음에 이미 간음
하였느니라 29. 만일 네 오른 눈이 너로 실족하게 하거든 빼어 내버
리라 네 백체 중 하나가 없어지고 온몸이 지옥에 던져지지 않는 것이
유익하며 30. 또한 만일 네 오른손이 너로 실족하게 하거든 찍어 내
버리라 네 백체 중 하나가 없어지고 온몸이 지옥에 던져지지 않는 것
이 유익하니라 31. 또 일렀으되 누구든지 아내를 버리려거든 이혼
증서를 줄 것이라 하였으나 32. 나는 너희에게 이르노니 누구든지
음행한 이유 없이 아내를 버리면 이는 그로 간음하게 함이요 또 누구
든지 버림받은 여자에게 장가드는 자도 간음함이니라

21절 옛사람에게 말한바 살인하지 말라 누구든지 살인하면 심판을 받게 되리라 하였다는 것을 너희가 들었으나

여기서 '옛사람' 이란 구약 성경을 말합니다. 구약 성경은 "살인하지 말지니라"(신 5:17), "사람을 쳐 죽인 자는 반드시 죽일 것이나"(출 21:12)라고 하였습니다. 다른 사람의 생명을 빼앗은 자는 자기의 생명으로 대신해야 하지 않겠습니까? 구약 성경에서 하나님은 마땅히 정의롭게 말씀하십니다.

요사이 우리나라에서도 법적으로 사형 제도를 철폐하자는 캠페인을 하는 사람들이 있는데, 그것은 성경적으로 볼 때 맞지 않습니다. 흉악한 범죄자에게 사형을 면해 주어야 한다고 캠페인을 하는 것을 볼 때 참으로 한숨이 나옵니다. 예를 들면 남편과 자식이 보는 앞에서 임신한 부인을 폭행하고, 저항하는 남편을 칼로 찔러 죽인 살인강도가 잡혔는데, 사형은 안 되므로 그 범죄자를 살려 준다면 이 사회의 법과 정의는 과연 어떻게 되겠습니까? 감옥에서 회개하고 예수님을 믿어서 그 영혼이 구원받는 것은 좋습니다. 그러나 육체는 죄의 대가를 지불해야 합니다.

고린도전서 5장을 보십시오. 고린도 교회에 그 아비의 아내 즉 서모(庶母)에게 음행을 행한 자에 대해서 바울 선생은 이와 같이 하였습니다. "그리하고도 너희가 오히려 교만하여져서 어찌하여 통한히 여기지 아니하고 그 일 행한 자를 너희 중에서 쫓아내지 아니하였느냐……주 예수의 이름으로 너희가 내 영과 함께 모여서 우리 주 예수의 능력으로 이런 자를 사탄에게 내주었으니 이는 육신은 멸하고 영은 주 예수의 날에 구원을 받게 하려 함이라"(고전 5:2, 4-5). 비록 회개하였더라도 영혼만 구원받고 그

육체는 멸하라고 했습니다. 그러므로 어떤 자가 사형받을 만한 살인죄를 지었으면 다른 이의 생명을 빼앗은 이상, 회개하여 영혼은 구원을 받아도 육체는 그 대가를 지불해야 될 것입니다. 그러므로 하나님의 말씀에 비추어 볼 때 사형 제도를 없애라는 것은 동의할 수 없는 일입니다. 남의 생명을 빼앗은 사람은 자기 역시 그에 상응하는 대가를 지불해야 합니다. 하나님의 자비와 긍휼로 회개하고 구원받되, 대가는 반드시 지불해야 합니다.

22절 나는 너희에게 이르노니 형제에게 노하는 자마다 심판을 받게 되고 형제를 대하여 라가라 하는 자는 공회에 잡혀가게 되고 미련한 놈이라 하는 자는 지옥 불에 들어가게 되리라

"형제에게 노하는 자마다 심판을 받는다." 이 말씀대로 하면 나는 제일 많이 심판을 받을 사람입니다. 우리 교회 70만 성도가 나의 형제이니, 나는 70만 번 노할 수 있는 위치에 있지 않습니까? 대부분이 다 착한 성도들이지만 그 중에는 나의 속을 썩이는 교인도 있습니다. 그로 인해 마음이 심히 상하고 화가 납니다. 그런데 주님은 "형제에게 노하는 자마다 심판을 받는다."고 하셨으므로 나는 하나님의 심판을 받을 수밖에 없습니다. 우리가 노하면 몸속에 아드레날린이 분비되어서 몸이 병들고 지치니 벌써 대가를 받는 것입니다. 그러나 기뻐하면 우리 몸에서 엔돌핀이 분비되어 젊어지고, 병도 낫고, 좋아집니다. 화를 내면 몸을 상하고 망칩니다. 그러므로 노하면 벌써 스스로 심판을 받습니다. 하나님께서 그렇게 만들어 놓으셨습니다. 성경은 "마음의 즐거움은 양약이라도 심령의 근심은 뼈를 마르게 하느니라"(잠 17:22)고 하였습니다. 기뻐하고 즐

거워하고 감사하면 축복을 받게 되어 있고, 원망하고 불평하고 노하면 심판을 받게 되어 있습니다. 그러므로 우리가 건강하게 살려면 항상 마음에 즐거움을 가지고 살아야 합니다. 성경은 "항상 기뻐하라 쉬지 말고 기도하라 범사에 감사하라 이것이 그리스도 예수 안에서 너희를 향하신 하나님의 뜻이니라"(살전 5:16-18)고 말씀합니다. 마음의 즐거움이 우리에게 가장 좋은 양약이 됩니다.

본문에는 "형제를 대하여 라가라고 하는 자는 공회에 잡혀 가게 된다."고 하였습니다. 이 '라가' 라는 말은 우리말로 '바보' 라고 욕하는 것입니다. 공회는 예수님 당시에 종교적으로 이스라엘 백성을 치리(治理)하는 회(會)의 중심인데, 형제가 나쁘게 한다고 욕하면 공회에 잡혀 갔습니다.

또 본문은 나아가서 "형제에게 미련한 놈이라 하는 자는 지옥 불에 들어간다."라고 하였습니다. 참으로 두렵습니다. 우리도 이런 말을 가끔 쓰지 않습니까? 그런데 주님은 형제를 보고 미련하다고 말하면 지옥 불에 들어간다고 말씀하셨습니다. 그만큼 주님께서 엄하게 경고하고 계십니다.

그러므로 우리가 정말로 예수님을 잘 믿고 예수님이 원하시고 기뻐하시는 삶을 살려면 형제에게 바로 행해야 합니다. 우리의 가장 가까운 형제가 누구입니까? 부부 사이에서부터 제일 먼저 조심해야 합니다. 부부 사이에 싸움을 벌여 서로 욕하면서 공격하면 지옥에 가고도 남음이 있지 않겠습니까? 그것은 우리 몸이 실제로 지옥 불에 들어가기 이전, 벌써 내 마음에 지옥 불이 타게 됩니다. 이러므로 우리는 우리 가장 가까이 있는 부부나 형제, 이웃, 더구나 우리 성도들 사이에서 마음의 자세를 올바르게 취해야 합니다. 형제에게 화내거나, 욕하거나, 비난하거나 심한 말을 하지 않도록 노력해야 합니다. 그래야 내 스스로 내 마음의 심판을 받지 않습니다. 또 내 마음의 지옥 불에 고통을 받지도 않습니다. 주님께서 이 말씀을 하신 것은 다른 사람 이전에 내게 유익이 되고 축복이 되기 때문입니다.

23-26절 그러므로 예물을 제단에 드리려다가 거기서 네 형제에게 원망들을 만한 일이 있는 것이 생각나거든 예물을 제단 앞에 두고 먼저 가서 형제와 화목하고 그 후에 와서 예물을 드리라 너를 고발하는 자와 함께 길에 있을 때에 급히 사화하라 그 고발하는 자가 너를 재판관에게 내어 주고 재판관이 옥리에게 내어 주어 옥에 가둘까 염려하라 진실로 네게 이르노니 네가 한 푼이라도 남김이 없이 다 갚기 전에는 결코 거기서 나오지 못하리라

하나님께 경배하고 예물드리는 일은 하나님을 기쁘시게 하는 일입니다. 그러나 하나님께서는 예수 믿는 형제, 자매가 서로 화목하게 지내는 것을 제일 기뻐하십니다. 이 세상의 모든 부모들도 그렇지 않습니까? 자녀들이 부모에게 맛있는 음식을 가져오고, 좋은 의복을 사 오는 것보다 오히려 형제 간에 화목하고 사이좋게 지내는 것이 더 기쁩니다.

저도 장성한 아들이 셋 있습니다. 그런데 이 아이들이 내게 와서 서로 다른 형제를 비판하면 참으로 마음이 좋지 않습니다. 한 아이가 아무리 잘못했어도 아비 된 입장에서는 비판 듣는 것이 좋지 않습니다. 그러나 아이들이 서로 칭찬하고 격려하는 것을 보면 얼마나 마음이 좋은지 모릅

니다. 부모님께 효도하려면 맛있는 것 사 드리고, 좋은 옷 해 드리기보다는 형제끼리 화목하여 앞에서 끌어 주고 뒤에서 밀어 주십시요. 그것이 부모님에게 가장 큰 효도요, 부모님 마음을 제일 기쁘게 해 드리는 일입니다. 하나님도 마찬가지입니다. 주님 안에서 형제 된 우리 성도들이 아무리 하나님을 사랑한다고 예물을 드리고, 경배해도 서로 물고 찢고 싸우면 하나님께서는 그 예물을 싫어하십니다. 주님이 뭐라고 말씀하셨습니까? "예물을 제단에 드리려다가 거기서 네 형제에게 원망들을 만한 일이 있는 것이 생각나거든 예물을 제단 앞에 두고 먼저 가서 형제와 화목하고 그 후에 와서 예물을 드리라" 고 하시지 않았습니까? 오늘날 많은 사람들이 기도를 해도 응답받지 못하는 것은 용서하지 않기 때문입니다. 마음속으로 '너 어디 두고 보자.' 하고 용서하지 않기 때문에 기도 응답을 받지 못하는 것입니다. 한 가정에서도 남편과 아내가 물고 찢고 싸우면 그다음에는 기도가 막혀 버립니다. 기도를 해도 하나님이 들어 주시지 않습니다. 하나님이 뒤로 돌아앉으십니다. 그렇기 때문에 서로 용서해 주고 화목하는 것은 우리 신앙생활에 절대적으로 필요합니다.

우리가 하나님께 드리는 예배도, 우리끼리 서로 용서하고 화해하지 않으면 하나님께서 받아 주시지 않습니다. '예배' 란 하나님께 예물을 드리는 것입니다. 입술로 찬송의 예물을 드리고, 기도로 예물을 드립니다. 그런데 하나님께서 우리가 찬송과 기도로 예물을 드릴 때 그것을 받아 주시지 않으면 우리의 심령이 얼마나 메말라지겠습니까? 그러므로 하나님께 우리의 찬송과 기도가 열납되기 위해서는 서로 용서하는 마음을 가져야 합니다. 예수 그리스도의 십자가를 통해서 용서하고 화해해야 합니다. 이렇게 질문하는 사람이 많습니다. "목사님, 내 편에서 아무리 용서해도 상대편에서 용서를 받아들이지 않는데 어떻게 합니까?" 그것은 내 책임이 아닙니다. 상대편에서 받아들이든지 받아들이지 않든지 내가 할 일은 용서해 주는 것입니다. 하나님께서는 우리 예수 믿는 사람끼리 용서하고 화해하는 것을 제일 기뻐하십니다. 우리가 회개하고 기도하면 성령이 들어오셔서 하나 되게 하시고 서로 용서하고 화해하게 만드십니다. 그다음에 예물을 받으십니다.

본문을 보면 "너를 고발하는 자와 함께 길에 있을 때에 급히 사화하라"고 하였습니다. 고발은 법적으로 다툼하는 것입니다. 주님께서는 문제가 생기면 법정으로 가기 전에 서로 대화해서 화해하라고 권면하셨습니다. 이는 우리에게 지혜를 가르쳐 주시고자 한 것입니다. 내가 잘못했을 때 고소를 당하고 재판을 받으면 감옥에 들어가게 됩니다. 감옥에 들어가기보다는 미리 화해하는 것이 좋습니다. 문제가 생겼을 때 화해를 하면 크게 번질 일을 막을 수 있습니다. 내가 형제와 불화하여 심령으로 화해하지 않으면 내 양심에 고소를 당합니다. 그러면 그때부터 내 심령은 고통의 감옥 속에 갇혀 있어야 합니다.

주님께서는 우리가 서로 화목하면 가장 좋다고 하십니다. 그럴 때 우리의 예물도, 기도도, 찬송도 기쁘게 받으신다고 하십니다. 우리가 날마다 서로 용서하지 않는 마음을 회개하고 형제와 화목하면 우리의 심령에 하나님의 기쁨이 넘쳐나고, 기도 응답의 축복이 우리의 삶 속에 풍성하게 됩니다.

27-30절 또 간음하지 말라 하였다는 것을 너희가 들었으나 나는 너희에게 이르노니 음욕을 품고 여자를 보는 자마다 마음에 이

미 간음하였느니라 만일 네 오른 눈이 너로 실족하게 하거든 빼어 내버리라 네 백체 중 하나가 없어지고 온몸이 지옥에 던져지지 않는 것이 유익하며 또한 만일 네 오른손이 너로 실족하게 하거든 찍어 내버리라 네 백체 중 하나가 없어지고 온몸이 지옥에 던져지지 않는 것이 유익하니라

하나님께서는 "간음하지 말라"(출 20:14; 신 5:18)고 명하셨습니다. 율법에서는 간음하는 자는 돌에 맞아 죽게 되어 있습니다. 이것은 간음을 행동으로 옮긴 사람에게 해당된 벌입니다. 그런데 본문을 보면 주님은 "음욕을 품고 여자를 보는 자마다 마음에 이미 간음하였다." 고 하셨습니다. 이는 행동을 넘어 그 마음속에 있는 동기까지 살펴 정죄하는 말씀입니다. '견물생심' (見物生心)이라는 말이 있습니다. 사람은 환경이 어떠하냐에 따라서 마음에 유혹을 받고 죄를 짓게 됩니다. 요즘 젊은이들 중에 방탕하고 죄짓는 사람이 많다고 비난하고 우려하지만 사실 그들의 주변을 살펴보면 컴퓨터로 얼마든지 접속할 수 있는 음란 사이트, 음란 비디오, 음란 잡지 등 그들을 부추기는 죄의 유혹이 얼마나 많은지 모릅니다. 부모들이 그러한 것을 방치하면 견물생심으로 자녀들이 그러한 것들에 마음이 잡혀서 범죄하기 쉽습니다.

예수님은 우리의 마음의 동기를 살피시고 마음으로 음행하면 벌써 간음한 자로 취급하십니다. 주님이 우리에게 원하시는 기준이 얼마나 높은지 모릅니다. 주님은 예수 믿는 사람들이 마음의 동기조차도 정결해야 함을 말씀하고 계십니다. 주님은 마음의 동기조차도 실제 행동과 같은 것으로 취급하십니다. 마음으로 형제를 미워하면 살인한 죄요, 마음으로

간음하면 이미 간음죄를 지었습니다. 육체적인 행위에 앞선 그 동기조차 이미 주님께서는 죄로 지정합니다. 그렇기 때문에 자기의 의로운 행위로 구원을 받겠다는 사람은 참으로 어리석은 사람입니다. 우리는 모두 다 죄인입니다. 보는 것이 죄요, 듣는 것이 죄요, 사는 것이 죄입니다. 예수님의 보혈을 의지하지 않고는 구원받을 자가 아무도 없고, 죄를 이기고 살 자도 없습니다. 우리는 오직 예수님의 보혈을 의지하고 매일같이 이 죄를 이기고 살아갈 수 있도록 노력하고 기도해야 합니다.

주님은 "만일 네 오른 눈이 너로 실족하게 하거든 빼어 내버리라. 네 백체 중 하나가 없어지고 온몸이 지옥에 던져지지 않는 것이 유익하며 또한 만일 네 오른손이 너로 실족하게 하거든 찍어 내버리라. 네 백체 중 하나가 없어지고 온몸이 지옥에 던져지지 않는 것이 유익하니라."고 하셨습니다. 주님께서 비유로 하신 말씀이지만 이 말씀대로라면 눈이나 손이 성할 사람이 아무도 없습니다. 그것은 주님께서 이 정도로 죄를 미워하라고 하시는 말씀입니다. 죄를 예사롭게 생각지 말고 죄에 대해 두려움을 가져야 합니다. 주님께서는 죄에 대해서 참으로 엄격하게 경고하십니다. '이미 구원받았으니 죄를 지어도 상관없다.' 고 생각한다면 중대한 문제입니다. 주님은 죄를 미워하십니다. 주님이 십자가에 못 박혀 몸 찢기고 피를 흘려 죽기까지 하신 이유가 무엇입니까? 죄를 청산하시기 위함이 아니었습니까? 우리는 죄를 예사롭게 여기면 안 됩니다. 행위로 구원받는 것은 아니지만 우리가 죄를 지을 때마다 주님을 십자가에 다시 못 박는 고통을 안겨 드리게 됩니다.

주님의 정결함을 보십시오. 주님은 마음으로 짓는 죄도 정죄할 만큼 정결한 마음을 가지신 분입니다. 우리가 그러한 주님과 함께 동행하기 위해서는 행위는 물론 우리 마음에서부터 정결해야 합니다. 우리가 마음에 죄를 지으면 기도가 응답되지 않습니다. 항상 회개하고 마음의 변화를 받아 날마다 새로워질 때 우리는 주님의 영광이 우리 가운데 비춰는 삶을 살아가게 됩니다.

31-32절 또 일렀으되 누구든지 아내를 버리려거든 이혼 증서를 줄 것이라 하였으나 나는 너희에게 이르노니 누구든지 음행한 이유 없이 아내를 버리면 이는 그로 간음하게 함이요 또 누구든지 버림받은 여자에게 장가드는 자도 간음함이니라

신명기 24장 1절부터 3절까지를 보면 남자가 결혼한 뒤, 아내가 마음에 들지 않으면 이혼 증서를 써서 내보내는 것을 허락하고 있습니다. 구약 시대에 보면 여자는 남자에 비해 낮은 위치에 있었습니다. 백성의 수를 헤아릴 때에도 여자는 숫자에 포함되지 않았습니다. 그런데 이것은 원래 여자를 무시해서라기보다 하나님께서 여자와 남자를 부부 한 몸으로 만드신 데서 연유한다고 봐야 합니다. 하와는 원래 아담의 갈비뼈로 만들어졌기 때문에 남자가 있으면 자연적으로 여자가 있기 마련입니다. 아담과 하와가 따로 떨어져서 산다는 것은 생각할 수 없습니다. 그렇기 때문에 남자의 숫자를 헤아릴 때 여자의 숫자도 따라오게 됩니다.

그러나 인간이 죄짓고 타락하면서 여자는 남자의 지배를 받게 되었습니다. 구약 시대에는 여자는 남자의 소유물처럼 취급되었습니다. 그런데 예수님께서 오셔서 여성들을 해방시키셨습니다. 이 땅에 오실 때 예수님은 동정녀 마리아를 통해서 오시지 않았습니까? 그리고 나서 주님은 십자가를 통하여 남자나 여자나 유대인이나 헬라인이나 차별이 없도록 만

들어 주셨습니다. 마태복음 19장 3절부터 10절을 보십시오. 하루는 바리새인들이 주님께 나아와 시험하여 물었습니다. "예수 선생이여, 남자가 무슨 이유에서든 자기 아내를 버리는 것이 옳습니까?" 그러자 주님께서는 이렇게 대답하셨습니다. "사람을 지으신 이가 본래 그들을 남자와 여자로 지으시고 말씀하시기를 '그러므로 사람이 그 부모를 떠나서 아내에게 합하여 그 둘이 한 몸이 될지니라.' 하신 것을 읽지 못하였느냐? 그런즉 이제 둘이 아니요, 한 몸이니 그러므로 하나님이 짝지어 주신 것을 사람이 나누지 못할지니라." 그들이 계속해서 "그러면 어째서 모세는 이혼 증서를 주어서 내어버리라고 명하였습니까?"라고 묻자, 주님께서는 다시 한번 분명하게 말씀하셨습니다. "모세가 너희 마음의 완악함 때문에 아내 버림을 허락하였거니와 본래는 그렇지 아니하니라. 내가 너희에게 말하노니 누구든지 음행한 이유 외에 아내를 버리고 다른 데 장가드는 자는 간음함이니라." 구약에서도 하나님께서 분명히 말씀하셨습니다. "이스라엘의 하나님 야훼가 이르노니 나는 이혼하는 것과 옷으로 학대를 가리는 자를 미워하노라 만군의 야훼의 말이니라 그러므로 너희 심령을 삼가 지켜 거짓을 행하지 말지니라"(말 2:16).

음행의 경우를 제외하고(5:32; 19:9) 이혼은 하나님의 뜻이 아닙니다. 이혼을 하면 여성이 불리하게 되므로 여성 분들은 이혼하지 마십시오. 성경은 혹 이혼하더라도 그냥 지내든지, 다시 그 남편과 화합하라고 권면하고 있습니다(고전7:10-11). 예수님은 이 땅에서 억압받는 자, 고통 가운데 있는 자, 마귀와 질병에 눌린 자, 죄와 마귀의 포로 된 자를 해방시키기 위해 오셨습니다. 우리는 예수 안에서 거듭난 피조물입니다. 예수님 안에서는 남자도, 여자도, 유대인도, 헬라인도 다 동등합니다. 우리는 이 땅에 살면서 예수님의 말씀에 따라 살아야 합니다. 그럼에도 불구하고 죄로 인해 억울하고 괴로운 일을 당한다면 하늘의 소망으로 위로를 얻고 예수님을 의지하며 살아가십시오. 이 땅에서의 고난에 대해 반드시 하늘에서 보상이 있습니다. 우리는 그 어느 때에라도 실망하지 않고, 성령님을 의지하여 그리스도께서 원하시는 도덕적인 기준이 우리의 생활 속에서 이루어질 수 있도록 늘 힘쓰고 애쓰며 신앙생활을 해야 하겠습니다.

4. 박해자를 위하여 기도하라(5:33-48)

**33. 또 옛사람에게 말한바 헛맹세를 하지 말고 네 맹세한 것을 주께
지키라 하였다는 것을 너희가 들었으나 34. 나는 너희에게 이르노니
도무지 맹세하지 말지니 하늘로도 하지 말라 이는 하나님의 보좌임이
요 35. 땅으로도 하지 말라 이는 하나님의 발등상임이요 예루살렘으
로도 하지 말라 이는 큰 임금의 성임이요 36. 네 머리로도 하지 말라
이는 네가 한 터럭도 희고 검게 할 수 없음이라 37. 오직 너희 말은 옳
다 옳다, 아니라 아니라 하라 이에서 지나는 것은 악으로부터 나느니
라 38. 또 눈은 눈으로, 이는 이로 갚으라 하였다는 것을 너희가 들었
으나 39. 나는 너희에게 이르노니 악한 자를 대적하지 말라 누구든지
네 오른편 뺨을 치거든 왼편도 돌려 대며 40. 또 너를 고발하여 속옷
을 가지고자 하는 자에게 겉옷까지도 가지게 하며 41. 또 누구든지
너로 억지로 오 리를 가게 하거든 그 사람과 십 리를 동행하고 42. 네**

게 구하는 자에게 주며 네게 꾸고자 하는 자에게 거절하지 말라 43.
또 네 이웃을 사랑하고 네 원수를 미워하라 하였다는 것을 너희가 들
었으나 44. 나는 너희에게 이르노니 너희 원수를 사랑하며 너희를
박해하는 자를 위하여 기도하라 45. 이같이 한즉 하늘에 계신 너희
아버지의 아들이 되리니 이는 하나님이 그 해를 악인과 선인에게 비
추시며 비를 의로운 자와 불의한 자에게 내려 주심이라 46. 너희가
너희를 사랑하는 자를 사랑하면 무슨 상이 있으리요 세리도 이같이
아니하느냐 47. 또 너희가 너희 형제에게만 문안하면 남보다 더하는
것이 무엇이냐 이방인들도 이같이 아니하느냐 48. 그러므로 하늘에
계신 너희 아버지의 온전하심과 같이 너희도 온전하라

33-37절 또 옛사람에게 말한바 헛맹세를 하지 말고 네 맹세한 것을 주께 지키라 하였다는 것을 너희가 들었으나 나는 너희에게 이르노니 도무지 맹세하지 말지니 하늘로도 하지 말라 이는 하나님의 보좌임이요 땅으로도 하지 말라 이는 하나님의 발등상임이요 예루살렘으로도 하지 말라 이는 큰 임금의 성임이요 네 머리로도 하지 말라 이는 네가 한 터럭도 희고 검게 할 수 없음이라 오직 너희 말은 옳다 옳다, 아니라 아니라 하라 이에서 지나는 것은 악으로부터 나느니라

구약 성경의 율법을 보면 "너희는 내 이름으로 거짓 맹세함으로 네 하나님의 이름을 욕되게 하지 말라 나는 야훼이니라"(레 19:12)는 명령이 나옵니다. 따라서 우리는 헛맹세를 하지 말아야 하며 맹세한 것은 반드시 지켜야 합니다. 사람들은 종종 상대방을 확실하게 설득시키려 할 때 맹세를 합니다. 그러나 인생을 살면서 인간은 운명을 좌우할 힘이 없습니

다. 잠언 16장 9절에 "사람이 마음으로 자기의 길을 계획할지라도 그의 걸음을 인도하시는 이는 야훼시니라" 기록되어 있습니다. 아무리 인간이 하늘을 두고 땅을 두고 맹세해도 하나님이 변화시켜 버리면 그 맹세가 다 헛맹세가 됩니다.

나는 결혼식 주례를 많이 서는데 그때마다 신랑 신부에게 결혼 맹세를 시킵니다. 수천 쌍을 주례 서면서 맹세를 시켰는데 그중에 많은 가정이 깨어졌습니다. 그래서 요사이에는 제가 맹세를 안 시킵니다. 그 대신 "좋을 때나 어려울 때나, 부요할 때나 가난할 때나, 병들 때나 건강할 때나 항상 변함없이 서로 사랑하고 도와주어 약속을 끝까지 지키기로 약속하느뇨?"라고 묻습니다. 약속을 어길 수는 있지만 맹세를 어기면 안 되기 때문입니다. 맹세를 어기면 반드시 심판이 따라옵니다. 구약의 하나님께서 맹세한 것을 반드시 지키라고 하셨습니다. 그러나 사람들은 맹세를 지킬 힘이 없기 때문에 그 맹세를 다 깨뜨려 버립니다. 하나님의 법이 잘못되서 깨뜨린 것이 아니라 사람이 약해서 그 법을 지킬 수 없기 때문입니다.

하나님의 율법은 다 좋은 것입니다. 율법은 하나님의 성품을 말해 주는 것이므로 일점일획도 나쁜 것이 없습니다. 그런데 왜 율법이 철폐되었습니까? 이는 사람의 육신이 연약하여 하나님의 율법을 능히 지킬 수 있는 자가 없기 때문입니다. 그래서 성경은 "모든 사람이 죄를 범하였으매 하나님의 영광에 이르지 못하더니"(롬 3:23)라고 말씀하고 있고, "그러므로 율법의 행위로 그의 앞에 의롭다 하심을 얻을 육체가 없나니 율법으로는 죄를 깨달음이니라"(롬 3:20)라고 말씀합니다. 율법으로 말미암아 의롭다함을 얻을 육체는 없습니다. 왜냐하면 육체는 하나님께 버림받은 사람의 실상이어서 하나님의 율법을 감당할 힘이 없기 때문입니다. 물론 타락한 인간이 하나님의 거룩한 성품인 율법을 지켜 나가겠다는 마음의 동기는 좋지만 절대로 불가능합니다.

율법을 지킬 수 있는 분은 오직 예수 그리스도 한 분밖에 없습니다. 예수님은 참하나님이시며 참사람이시기에 능히 율법을 지키실 수 있습니다. 그러므로 죄 없으신 분이 죄 많은 인생들을 대신해 십자가 위에서 내가 "다 이루었다"(요 19:30) 하심으로 우리의 일평생 지을 죄를 다 청산해 버리셨습니다. 그러므로 오늘날 우리가 구원받는 길은 예수 그리스도를 믿음으로 회개하고 죄 용서받는 길밖에 없습니다. 용서받은 의인이 되어야 합니다. 우리 주 예수 그리스도의 십자가 보배로운 피로 말미암아 우리는 용서받아 의인이 되었기 때문에 입이 백 개라도 할 말이 없습니다. 그러므로 우리는 영광과 찬양과 존귀를 오직 예수님께 돌려야 합니다.

하나님은 전지전능 무소부재 하신 분이므로 모든 것을 하실 수 있습니다. 하나님은 어떠한 맹세를 해도 그 맹세를 지키십니다. 그렇기 때문에 하나님의 말씀은 일점 일획도 변화가 없습니다. 그러나 사람은 하나님이 아니므로 도저히 자기 말로써 맹세를 지킬 힘이 없습니다. 말할 때는 분명 참말로 맹세합니다. 참말이지만 그것을 지킬 만한 힘이 없어 맹세가 무너지게 되므로 주님께서 도무지 맹세하지 말라고 하십니다. 하늘에는 하나님의 보좌가 있는데 우리가 어떻게 하늘에 두고 맹세를 할 수 있습니까? 우리가 감히 하나님을 보증으로 세울 수 있나요? 없습니다. 또한 내가 맹세한 것과 하나님의 뜻이 다르면 그 맹세는 소용이 없습니다. 하나님의 뜻대로 한 맹세는 되지만 하나님의 뜻대로 하지 않은 맹세는 하나님이 절대로 보증하시지 않습니다. 그러므로 "하늘로도 말라",

즉 하나님을 보증으로 세우지 말라고 하십니다. 그리고 "땅으로도 말라"고 했습니다. 땅은 하나님의 발등상이기 때문입니다. "예루살렘으로도 말라"고 했습니다. 예루살렘은 큰 임금의 성이기 때문입니다. 우리 주님께서 예루살렘에 보좌를 두고 만국을 다스릴 터이므로 예수님이 그 큰 임금의 성으로 우리의 맹세에 보증하시지 않겠다는 것입니다.

"네가 머리를 두고 맹세하지만 어떻게 그 머리를 보증하느냐, 너희가 머리털 하나도 검게 하거나 희게 하지 못하면서 어떻게 네 머리를 보증할 수 있느냐?"고 주님이 말씀하십니다. 물론 요사이 염색약으로 머리카락을 검게도, 희게도 할 뿐만 아니라 온갖 색으로도 물들이지만 그것은 가짜입니다. 진실한 의미에서 내 머리 하나도 내 마음대로 검게 하거나 희게 만들 수가 없습니다. 그러므로 그런 힘없는 맹세는 소용이 없습니다.

사업에 빚지고 어려운 사람에게 돈이 한 푼도 없는 사람이 "내가 돈을 대 주마!"라고 하면 그 맹세가 무슨 소용이 있습니까? 헛된 맹세에 불과한 것입니다. 신뢰가 있어야 맹세를 지킬 수 있습니다. 신뢰가 없는 것은 절대로 소용이 없습니다. 이 세상에 맹세뿐만 아니라 약속도 신뢰가 있는 사람이 해야 합니다.

한때 우리나라 경제도 외국의 투자가들이 한국을 신뢰하지 못했기 때문에 돈을 전부 회수해 갔습니다. 이것은 한국의 경제가 실제로 돈이 없어서 어려움을 당했던 것이 아닙니다. 기초 경제는 상당히 튼튼합니다. 공장과 기계 설비 등 자본이 풍부하고, 기술자도 많아 생산도 활발합니다. 그러나 우리가 신뢰를 잃어버렸기 때문에 외국 투자가들이 "한국에 투자해 봤자 다 날아간다. 믿을 수가 없다." 하여 자금을 회수해 갔습니다. 그렇지 않아도 흔들흔들한 은행의 돈을 외국에서 빼내 가니까, 마치

폐, 위장, 간, 모두 다 건강한 몸에서 피를 뽑아가 버린 것과 같이 되어서 그 건강한 몸이 다 소용없게 되어 버리고 말았습니다. 이래서 한국이 대 경제공황에 빠졌습니다. 그러면 그 경제공황이 어디서 왔습니까? 신뢰할 수 없는 것에서 비롯되었습니다.

이 세상에 살면서 우리에게 중요한 것은 눈에 보이지 않는 자산입니다. 정직과 성실, 근면과 충성 같은 자산을 잃어버리면 눈에 보이는 모든 세계가 무너져 버립니다. 지금 한국이 무너진 것은 신뢰를 잃어버렸기 때문입니다. 신뢰를 왜 잃어버렸는가? 정부가 나라 운영을 잘못해서 불신 분위기를 만들어 온 세계가 한국을 못 믿게 만들었기 때문입니다. 그러므로 어떠한 사람으로 대통령과 정부를 세우는가가 중요합니다. 신뢰가 없는 사람을 세우면 언제나 박살납니다.

우리는 IMF 경제 위기 상황에서 집도 가지고, 공장도 가지고, 기술도 가지고 있으면서 거지가 되었습니다. 그것은 신용 공황으로 그렇게 되었습니다. 정부가 빨리 대처해서 정부 여유 자금이나 한국은행 자금으로 은행을 건실하게 만들고 부족한 외화는 외국에서 차입해서 들여왔어야 했는데, 언제나 한 발자국 늦게 발표함으로 사람 죽고 난 다음에 약 처방을 가져온 것과 같이 되었습니다. 죽고 난 다음에 약 처방을 한들 무슨 소용이 있습니까? 우리 정부는 이 책임을 역사적으로 걸머져야 합니다. 역사와 민족 앞에 책임을 져야 합니다. 우리 국민이 잘못한 것도 아닙니다. 그동안 호화 사치하는 부류가 있었지만 그것은 전체 국민의 10%도 되지 않습니다. 전체 국민은 세금도 잘 내고, 열심히 일도 하며 건실하게 잘 살아 왔습니다. 일을 망친 것은 정부입니다.

인간의 운명은 주의 손에 있기 때문에 하나님께 맡겨야 합니다. 그리고 '이것이 옳다, 저것은 나쁘다.' 라는 생각은 말할 수 있습니다. 그러나 함부로 보증을 하거나 맹세를 해서는 안 됩니다. 우리는 언제나 주님의 뜻에 의지해서 주님을 바라보고 주님의 능력으로 인생을 살아야 합니다.

우리가 신뢰할 분은 오직 주님밖에 없습니다. 그 이외는 아무리 진실된 마음으로 해도 그 말을 뒷받침할 만한 신뢰가 인간에게는 없습니다. 자기 머리털 하나도 검게 못하고 자기 키도 크게 못하는 우리가 어떻게 맹세를 하겠습니까? 그러므로 맹세는 하지 말아야 합니다. 상거래 하는 것도 마찬가지 아닙니까? 요사이 사업이 안 되니 사람들은 돈 빌리려고 혈안이 되어 있습니다. "나를 믿어라. 절대로 내가 거짓말하지 않을게!" 그 사람은 거짓말할 사람이 아닙니다. 그러나 은행이 문을 닫고, 종금사도 문을 닫았으니 사업도 안 돌아갑니다. 돈 갚을 날은 돌아오는데 갚을 수가 없습니다. 아무리 계약서를 쓰고 해도 소용이 없습니다. 그러므로 반드시 담보가 있어야 합니다. 사람이 나빠서가 아니라 상황이 나빠지면 거짓말을 하지 않을 수가 없습니다. 반드시 상거래나 물질 거래는 담보를 전제로 해야 합니다. 그렇지 않으면 친구도 잃고 돈도 잃어버립니다. 아니면 아예 공짜로 주는 것이 좋습니다. 그것이 가혹하다고 생각하십니까? 하나님께서 담보 없이 우리를 구원하신 줄 아십니까?

하나님께서도 우리를 구원하시는데 예수님을 담보로 잡으셨습니다. 그렇지 않았다면 우리를 어떻게 믿고 하나님께서 구원하신단 말입니까? 오늘은 "주여! 주여!" 하다가 내일은 "모른다" 고 하는 사람을 하나님은 예수 그리스도를 담보로 잡아 그 죄도 용서하시고 우리의 기도도 들어 주십니다. 우리가 하나님께 기도할 때 막연히 기도합니까? 우리도 보증물을 가지고 기도합니다. 예수 그리스도의 십자가의 희생으로 우리에게 주는 오중복음을 가지고 기도합니다. 그러므로 예수의 이름으로 기도해야 예수님이 내 보증이 됩니다. 예수의 이름으로 기도할 때 하나님께서 들어주시고 축복해 주십니다. 주님 없이는 하나님과 우리 사이에 거래가 되지 않습니다. 그렇기 때문에 예수 그리스도가 귀합니다. 하나님께서는 그리스도를 통해서 우리를 천국까지 데리고 가십니다.

38-42절 또 눈은 눈으로, 이는 이로 갚으라 하였다는 것을 너희가 들었으나 나는 너희에게 이르노니 악한 자를 대적하지 말라 누구든지 네 오른편 뺨을 치거든 왼편도 돌려 대며 또 너를 고발하여 속옷을 가지고자 하는 자에게 겉옷까지도 가지게 하며 또 누구든지 너로 억지로 오 리를 가게 하거든 그 사람과 십 리를 동행하고 네게 구하는 자에게 주며 네게 꾸고자 하는 자에게 거절하지 말라

하나님께서 주신 말씀의 핵심이라 할 수 있는 모세 오경 가운데 "눈은 눈으로, 이는 이로, 손은 손으로, 발은 발로"(출 21:24)라는 말씀이 있습니다. 구약 시대는 "행한 대로 보응하라."는 것이 하나님의 정의였습니다. 그러나 눈에는 눈, 이에는 이로 갚다 보면 세상에 살아남을 자가 없습니다. 그래서 주님은 잘 살아남을 수 있는 길을 말씀해 주셨습니다. 구약 시대 사람은 자기들이 율법대로 살 수 있다고 자신했기 때문에 하나님께서는 인간 스스로 율법대로 못 산다고 자백하도록 하시기 위해 이 엄한 법을 주셨습니다. 하나님 앞에서 회개하지 않고 대적하는 사람은 정말로 피해야 합니다. 이런 사람은 자기 속에 악이 있습니다. 때문에 자기도 고통스럽고 옆에 있는 사람에게도 고통을 줍니다. 악한 남편을 만나면 그

부인이 일생 동안 고통을 당하고, 악한 부인을 만나면 남편이 일평생 고통을 당하게 됩니다. 또 악한 이웃을 만나게 되면 온갖 악을 다 겪습니다. 매일 같이 부정하다고 이웃집에 소금을 뿌리기도 하고, 또 그 행하는 악을 대적하면 그것을 가지고 물고 찢고 고발하며 끝이 없습니다. 내게 악한 이웃이 있다는 것은 너무나 괴로운 일입니다. 그런데 성경에는 악한 자를 대적하지 말라고 했습니다. 대적하려고 같이 맞서면 상처가 더욱 깊어지므로, 대적하지 말고 차라리 손해 보고 피하는 것이 낫습니다. 그러나 큰 손해를 보게 되거나 운명을 걸어 놓은 일 같으면, 이런 경우에는 죽기 아니면 살기로 맞서야 합니다.

종종 사소한 문제가 큰 문제로 발전되는 경우도 있습니다. 사소한 말다툼이 발단이 되어 이혼으로까지 치달을 수도 있고, 사소한 문제로 인해 국가 간의 전쟁이 발생할 수도 있습니다. 예를 들어 독도 문제도 우리 영토임이 틀림없는데 일본은 계속해서 자기네 땅이라고 우깁니다. 이로 인해 서로 어업할 때 실랑이를 벌여 감정이 오고 가다가 대포라도 쏴서 선박이 가라앉게 되면 전쟁이 날 수 있습니다. 그러므로 우리가 작은 일이라고 절대로 무시하면 안 됩니다. 개미만한 작은 구멍으로 인해 큰 방죽도 무너지는 법입니다.

이러므로 기도할 때 이것을 잊지 말아야 합니다. 매일 시험에 들다 보면 자꾸 일이 꼬여갑니다. 그래서 주님이 우리에게 늘 기도하라고 하십니다. 도저히 감당할 수 없는 시험이 다가오거나 악이 다가오면 "시험에 들게 하지 마시옵고 다만 악에서 구하시옵소서." 이 기도를 끊임없이 해야 합니다. 마귀는 언제나 시험에 들게 해 놓고 도둑질하고 죽이고 멸망시키는 일을 합니다. 인생을 살면서 시험을 당하지 않을 수는 없습니다.

시험을 당하는 것과 시험에 드는 것은 다릅니다. 시험이 와도 기도로 무장하고 있으면 시험에 떨어지지 않습니다. 오른편 뺨을 때리면 왼편 뺨을 대면서 "여기도 때리세요." 할 수 있는 사람은 시험에 들지 않는 사람입니다. 시험이 와도 이길 만한 마음의 여유가 있는, 기도를 많이 한 사람입니다. "뭐가 어쩌고 어째!" 라는 식으로 대한다면 이미 시험에 들었습니다. 그러므로 악한 자를 대적하지 말라는 것은 "시험에 들지 말라."는 말입니다. 그리고 "또 누구든지 너로 억지로 오 리를 가게 하거든 그 사람과 십 리를 동행하고"(41절) 하신 말씀은 이왕 오 리를 가야 한다면 십 리를 동행해 주라는 말씀입니다. 직장에서 5시에 끝나야 하는데 6시까지 일하라고 할 때, "경제가 불황이니까 내가 월급을 받지 않더라도 회사를 위해 7시까지 일을 해야겠다."라고 하면 회사와 자신에게 모두 유익이 됩니다.

한 한국 사람이 영어도 모르고 워싱턴 DC에 이민 가서 이탈리아 주인이 경영하는 서비스 공장에서 일했습니다. 자동차 수리를 하는 일이었습니다. 그런데 화장실에 들어가니까 화장실이 어찌나 더러운지 바닥이 새까맣고 세면대는 때가 끼어 도저히 손을 씻을 수가 없었습니다. 그래서 이분은 직장 업무가 끝난 다음에 바깥에서 물을 떠 와 화장실을 안방처럼 깨끗이 닦아 놓았습니다. 그랬더니 사람들이 칭찬하는 것이 아니라 욕을 하는 것이었습니다.

"한국에서 건너와 미친 짓 한다."

"월급을 더 받으려고 하는 수작이다."

그러나 이분은 욕을 하거나 말거나 오 리를 가자면 십 리를 가겠다는 마음으로 일을 끝낸 다음 화장실을 깨끗이 청소했습니다. 그러자 하루는 사장이 대노하여 이분을 불렀습니다.

"자네가 그렇게 한다고 돈을 더 줄 줄 아는가? 당장 그만 두게!"

이분은 호되게 야단만 맞았습니다. 이분은 좋은 일하고 뺨 맞는다 생각하니 분통이 터져 눈물이 쏟아졌습니다. 그래서 사장에게 설명했습니다.

"사장님, 우리 한국 사람은 언제나 깨끗이 하면서 삽니다. 돈을 더 바라고서 청소를 하는 것이 아닙니다. 내가 일하는 곳은 내 집에서 일하는 것과 마찬가지입니다. 내일 제가 일을 그만두더라도 괜찮습니다. 그러나 오늘 하루 몸담아 일하면 그곳이 바로 내 집입니다. 자기 집이라면 저렇게 해 놓고 살겠습니까? 나는 칭찬받으려고 하는 것도 아니고 돈을 더 받으려고 하는 것도 아닙니다. 그러니 사장님 부담 갖지 마세요."

그렇게 욕을 얻어먹고도 이분은 이삼 년 동안 꾸준히 일을 했습니다. 그러던 중 이제 사장이 나이가 들어 은퇴하게 되었습니다. 그런데 사장이 자식들을 다 불러 앉혀 놓은 자리에서 그에게 이렇게 말하는 것이었습니다.

"회사 경영권을 자네에게 넘겨주겠네. 그동안 아무도 하지 않는 일을 욕을 얻어먹으면서까지 열심히 하는 자네를 보고 참으로 감동을 받았어. 이 회사를 제일 잘 이끌어 갈 사람은 바로 자네라고 생각하네. 내가 이 회사를 자네에게 돈 한 푼 받지 않고 물려줄 테니 후에 돈 벌어서 갚게나."

이분은 하루아침에 벼락부자가 됐습니다. 호박이 넝쿨째 들어온 것입니다. 어떻게 해서 그렇게 됐습니까? 오 리를 가자면 십 리를 가자는 심정으로 살았기 때문입니다. 의무는 오 리를 가게 하지만 십 리를 가는 마음으로 일하면 어떠한 일을 해도 성공하게 됩니다.

일본인들은 오 리를 가자면 십 리를 갈 줄 아는 사람들입니다. 한번은 내가 백화점에서 물건을 사려고 하는데 그 백화점에 사려는 물건이 없었습니다. 주인이 연거푸 미안하다고 말하면서 잠시만 기다리라고 하더니, 다른 백화점에 전화를 걸어 그 물건이 있는지 확인하였습니다. 그러고는 지도 한 장 그려주면 될 것을, "당신은 한국 사람이라 길을 잘 모를 테니 제가 안내하겠습니다."라고 말했습니다. 괜찮다고 만류하는데도 불구하고 그 주인은 지하도를 지나 5백여 미터 떨어진 곳까지 나를 직접 안내했습니다. 그러면서도 줄곧 "미안합니다."를 연발하더니 백화점에 도착해서 매장 주인에게 나를 소개시켜 준 후 "물건 사서 기쁘게 쓰십시오." 인사하며 돌아갔습니다. 덕분에 나는 백화점에서 물건을 살 수 있었고, 그의 친절이 너무 고마워서 눈물이 날 지경이었습니다. 결국 나는 그 백화점에 다시 가서 필요하지도 않은 물건을 샀습니다. '오 리를 가자고 하면 십 리를 가는 심정' 을 가지고 있어야 장사가 됩니다.

보십시오. 일본 사람들은 친절을 팔 줄 압니다. 일본이 세계적인 경제대국이 된 것은 물건도 좋지만 친절을 팔 줄 알기 때문입니다. 요즘은 안 그렇지만, 예전에 우리 한국은 백화점에서 물건 구경하기가 힘들었습니다. 물건 좀 사기 위해 만져 보다가 마음에 들지 않아 돌아서면 상점 주인이 "사지도 않을 물건을 왜 만져!"라고 하며 벼락 치는 소리를 하기 때문에 겁이 나서라도 물건을 만질 수가 없었었습니다.

인생은 서비스입니다. 남편도 의무를 뛰어넘어서 십 리를 가는 심정으로 아내에게 잘하면 아내가 감동합니다. 아내도 남편에게 마찬가지입니다. 그러면 가정이 얼마나 명랑하고 좋아지겠습니까. 우리 이웃도 마찬가지입니다. 아파트에서 엘리베이터를 타고 내려오면서 안부 인사라도 하면 서로 친해지고 좋습니다. 미국 사람들은 호텔 복도를 지나치면서도 인사를 합니다. 그러나 우리 한국 사람들은 "미쳤나!" 하며 무안해 합니다. '오 리를 가자면 십 리를 가는 심정' 으로 살지 못하면 국제적으로도 살아갈 수가 없습니다.

42절 본문 말씀처럼 구하는 자에게 주고 꾸고자 하는 자에게 무엇이든지 다 주면 거덜 납니다. 어느 목사님이 내게 와서 여의도순복음교회를 내놓으라고 한다면 어떻게 되겠습니까? 여기에서 구한다고 하는 것은 사소한 것을 구할 때를 말합니다. 예를 들어 "버스비가 없는데 버스비 좀 꿔 주겠소?" 하면 이것은 꿔어줄 수 있지만, "집 한 채 마련하려고 하는데 집 살 돈 좀 꿔 주세요." 그런 것은 말이 되지 않는 것입니다. 성경에서 말하는 것은 인생에 있어서 도와 줄 수 있는 적은 것을 구하는 자에게 주고, 꿔 달라고 하는 자에게 꿔어주라는 말입니다. 따라서 속옷을 달라는 것이나 오 리를 더 가자고 요구하는 것 같은 적은 것을 이웃에게 베풀어 시험이나 악에 빠지지 않는 것이 좋습니다. 주님께서는 우리에게 놀라운 지혜를 가르쳐 주십니다. 그러므로 적은 것을 소홀히 하지 말고 서로 도와주면서 살아가는 우리들이 되어야겠습니다.

43-44절 또 네 이웃을 사랑하고 네 원수를 미워하라 하였다는 것을 너희가 들었으나 나는 너희에게 이르노니 너희 원수를 사랑하며 너희를 박해하는 자를 위하여 기도하라

성경에 기록된 "네 이웃을 사랑하라." 는 말씀은 인간의 생활에 있어서 자연스러운 것입니다. 이웃사촌이라는 말이 있지 않습니까? 아무리 남남이라도 서로 오고 가고 음식을 서로 나누면 친밀하게 되어 사촌보다 더 가깝게 됩니다. 사람은 서로 교제를 함으로 친밀해집니다. 오늘날 정치

계도 마찬가지입니다. 대통령이 영어를 구사하지 못하면 외국 원수들과 만날 때 꿔다 놓은 보릿자루처럼 가만히 있게 됩니다. 무슨 말을 하려고 해도 꼭 통역관을 통해서 해야 하기 때문입니다. 국제 외교란 것은 비밀인 때가 많습니다. 통역을 세워 놓으면 비밀이 지켜지지 않으니까 이쪽에서도 속마음을 내놓을 수 없고 저쪽에서도 속마음을 내놓을 수 없습니다. 서로가 귓속에다 대고 소곤소곤할 수 있어야 되는데 그러지 못하기 때문입니다.

이러므로 서로 교제하고 교통한다는 것이 얼마나 중요한지 모릅니다. 오늘날에 와서는 전 세계가 이웃이 되었습니다. 이제 온 세계가 하나의 거대한 촌입니다. 인터넷을 통해서 요사이 젊은이들은 온 세계와 같이 이야기를 합니다. 홈페이지를 띄워 놓고 자기 생각을 말하고 또 다른 생각을 받아들입니다. 온 세계가 하나가 된 이러한 상황 속에서 서로 이야기하고 서로 교통하기 위해서는 언어가 통해야 합니다. 언어가 통하지 않으면 대화가 되지 않습니다. 영어는 전 세계의 기본적인 생활필수품이 되었습니다. 앞으로 세계무대에서 영어를 자기 모국어처럼 구사하지 못하면 경쟁할 수 없습니다. 그러므로 자녀들에게 영어 공부는 꼭 시켜야 됩니다. 거기에다가 우리나라는 가까운 이웃인 일본과 중국이 있으니 일본어와 중국어도 필수적으로 해야 합니다.

44절에 예수님이 하신 말씀을 보십시오. "나는 너희에게 이르노니 너희 원수를 사랑하며 너희를 박해하는 자를 위하여 기도하라". 주님이 우리에게 말씀하시는 것은 이제 구약 시대가 아니라 신약 시대라는 겁니다. 예수 그리스도를 믿어 거듭나고 성령이 그 속에 들어와 있는 사람을 보고 말씀하셨습니다. 성령이 들어와 있지 않을 때는 인간의 힘으로는 이웃만 사랑하지 원수를 사랑할 힘이 생기지 않습니다. 그런데 예수를 믿고 육신의 사람이 변하여 신령한 사람이 되면 성령님이 속에 들어와 계시기 때문에 원수를 사랑할 힘이 생겨납니다. 저도 그렇습니다. 나를 물고 찢고 죽이려고 하는 원수가 과거에는 굉장히 많았습니다. 지금도 가끔 있긴 한데 그럴 때마다 육신의 반응은 "이 놈의 자식, 너 죽고 나 죽자!" 입니다. 또한 육신적인 믿음도 "하나님 아버지여, 벼락을 좀 때려 주십시오. 자동차 사고가 나서 가 버리게 해 주시옵소서." 하게 됩니다. 그러나 그것은 어디까지나 육신의 반응입니다. 그러나 기도를 해서 성령이 나를 감동하시면 '아니다. 원수가 주리거든 먹이고, 목마르거든 마시게 하라.' 는 마음을 주십니다. 그래서 "주님께서 저 원수를 용서하여 주시고 저 삶도 복을 받아 올바른 사람이 되게 해 주시옵소서." 라는 기도로 바뀝니다. 그러한 기도를 할 수 있는 이유는 우리 속에 성령이 와 계시기 때문입니다. 인간으로는 안 되지만 우리가 성령님을 인정하고 환영하고 모셔 들이고 의지할 때 원수를 사랑하게 되고 원수를 위해 잘 되라고 기도하게 됩니다.

기도가 효과를 발생하는 이유는 우리가 기도하면 하나님이 기도의 파이프를 통해 역사하시기 때문입니다. 저수지에 아무리 물이 많아도 수도 파이프가 우리 주방으로 연결되어 있지 않으면 주방에서 사용할 수 없는 것처럼, 하나님의 능력이 아무리 위대하여도 인간에게 기도의 파이프가 없으면 하나님의 능력이 나타나지 못합니다. 그러므로 기도해야 합니다. 하나님이 우리와 늘 함께 계셔도 기도해야 하나님의 역사가 일어납니다. 성경에 계속해서 "내 이름으로 구하라", "너희는 내게 부르짖으라" 말씀하시는 것도 기도의 파이프가 있어야 하나님의 능력이 거기에 미쳐서 원수의 마음을 변화시킬 수 있기 때문입니다. 기도하면 이상하게 마음에 변화가 일어나고 귀신의 역사가 그치고 성령의 역사가 일어나기 시작합니다. 기도했기 때문에 그렇게 됩니다. '나 같은 사람이 기도하는데 무슨 큰 역사가 일어날 수 있을까?' 라고 하지만 절대 그렇지 않습니다. 우리가 기도함으로 하나님이 역사하실 수 있는 파이프가 연결됩니다.

한국은 위기에 처해 있을 때 천만 성도가 기도함으로 하나님과의 큰 파이프를 연결해 놓았습니다. 성령의 역사가 그 파이프를 통해서 한국에 임하여서 한국에 여러 가지 부정적인 요소를 없애고 하나님의 축복의 역사를 일으켰습니다. 이 광야 같은 한국에 하나님의 역사를 끌어오는 힘은 바로 5만여 교회와 천만 성도들입니다. 우리의 이웃인 3천 5백만 명이 우리의 기도 덕분에 하나님의 은총을 받고 살게 됩니다. 그러므로 교회가 있다는 것이 얼마나 축복인지 모릅니다. 포도나무인 예수님으로부터 성도 일천 만의 가지들이 이 땅에 내려 있다는 것이 얼마나 큰 축복인지 모릅니다. 우리가 원수를 사랑하며 박해하는 자를 위하여 기도하는 것은 우리의 힘으로는 되지 않습니다. 우리가 하나님께 기도하고 성령님의 도움을 간구하면 하나님의 성령이 오셔서 비로소 원수를 사랑할 수 있는 힘을 주시고 원수를 위해서 기도할 수 있는 힘도 주십니다.

사랑하자면 희생이 따릅니다. 그러나 사랑과 기도는 변화를 가져옵니다. 미워하는 것은 절대로 변화시키지 못합니다. 미워하는 것은 죽기 아니면 살기로 대결하고 끝장을 보는 것이기에 변화시키지 못합니다. 사랑과 기도만이 변화시킵니다. 집안에서도 마찬가지입니다. 내가 예전에 TV를 통해 본 내용입니다. 남편이 술주정뱅이가 되어 돈도 안 벌어오면서 부인을 구박하고 때리다가 뇌출혈로 뇌수술을 했습니다. 병원에 일주일 동안 입원시켜 놓으면 살 수 있었는데, 그 부인은 남편이 너무 미워서 병원 측에 남편을 빨리 퇴원시켜 달라고 요구해서 집에 데려오는 중, 산소 호흡기를 뽑아 그 자리에서 죽게 했습니다. 그래서 부인은 살인죄로 고발이 됐습니다. 얼마나 미웠기에 산소 호흡기를 뽑고 집으로 데려왔겠습니까? 내가 목회를 해 보니 그 심정이 이해가 갑니다. 이런 일들이 내가 40여 년 목회하는 동안 비일비재했습니다. 그런 일을 볼 때면 분이 치밀어 오를 때가 있습니다. 그러니 당사자는 오죽하겠습니까? 남자만 박해하는 것이 아닙니다. 여자가 남자를 박해하는 경우도 많습니다.

서대문교회 시절에 집사님 한 분이 병원에 입원을 했습니다. 남편이 새벽 기도를 하고 집으로 들어가는데, 부인이 그것을 못마땅하게 여긴 나머지 "내가 잠자는데 왜 귀찮게 문을 열어 달라고 그래?" 하면서 다듬이 방망이로 문 열고 들어오는 남편의 머리를 쳤습니다. 그 집사님도 저처럼 머리카락이 없는 분이었습니다. 머리카락이라도 많이 났으면 푹신푹신해서 덜 아팠을 것인데 머리가 완전히 깨어졌습니다. 그런데도 내가 병원에 기도해 주러 갔더니 그 집사님은 "내가 덕이 없어서 그렇습니다. 내가 잘못해서 그렇습니다. 하나님 내 죄를 용서해 주십시오." 말하면서 자기 부인을 위해 기도하는 것이었습니다. "저 사람이 얼마나 피곤하였기에 새벽에 문 열어달라고 하는 게 화가 나서 날 때렸을까!" 하며 주님의 용서를 구하고 자꾸 기도를 하였습니다. 그렇게 하더니만 결국 그 부인이 회개하고 교회에 나왔습니다. 그 부인이 내 앞에 와서 고개도 못 들면서 하는 말이 "그때 제가 왜 그랬는지 알 수가 없습니다. 아무래도 귀신이 들어가서 그랬나 봅니다." 하고 잘못을 고백하는 것이었습니다. 만일 남편이 그 일로 부인과 같이 싸웠으면 그 가정도 깨지고 말았습니다. 그러나 방망이로 얻어맞으면서도 그 부인을 사랑하고 부인을 위해서 기도하니까 결국 그 부인이 변화가 된 것입니다.

인생을 살다보면 부부 사이에도 원수같이 대하는 사람이 있고, 부모 자식과 형제 사이에도 원수같이 되는 사람이 있습니다. 그럴 때, 같이 대결해 싸우면 피를 보고 맙니다. 그러나 사랑하기 위해서는 내가 죽지 않으면 안 됩니다. 시간이 오래 걸릴지 모르겠지만 결국 변화의 역사가 일어나기 시작합니다. 우리 예수님께서도 어지간했으면 십자가를 걸머지지 않았습니다. 호령이나 권세로 우릴 변화시킬 수 있었다면 십자가를 질 필요가 없었습니다. 만약 하나님의 심판만 있었다면 우리는 변화를 받지 않았습니다. 우리 인간은 변명하든지 도망치든지 했을 것입니다. 그러나 예수님의 십자가의 큰 사랑에 감격이 되었기 때문에 우리가 변화를 받고 새사람이 되어 우리도 십자가를 걸머지고 주를 따라가게 되었습니다.

원수를 사랑하고 저들을 위해 기도한다는 것은 정말 육신의 사람으로는 못합니다. 신령한 사람만이 할 수 있습니다. 내가 십자가를 걸머지고, 내가 고통을 당하고, 내가 사랑을 베풀며 기도를 해 주면 놀라운 변화의 바람이 불어오기 시작합니다. 그리고 그 바람에 의해서 원수도 변화를 받게 됩니다.

45-48절 이같이 한즉 하늘에 계신 너희 아버지의 아들이 되리니 이는 하나님이 그 해를 악인과 선인에게 비추시며 비를 의로운 자와 불의한 자에게 내려 주심이라 너희가 너희를 사랑하는 자를 사랑하면 무슨 상이 있으리요 세리도 이같이 아니하느냐

또 너희가 너희 형제에게만 문안하면 남보다 더하는 것이 무엇이냐 이방인들도 이같이 아니하느냐 그러므로 하늘에 계신 너희 아버지의 온전하심과 같이 너희도 온전하라

하나님은 오래 참으시는 분입니다. 당신의 분노대로 우리를 심판하셨다면 이 땅에 살아남을 자는 아무도 없습니다. 그러나 주의 강림하시는 그때까지 하나님께서는 악인에게도 비를 허락해 주시고 선인에게도 비를 주시며, 악인에게도 햇빛을 비춰 주시고 선인에게도 햇빛을 비춰 주십니다. 하나님은 모든 사람이 하나님을 알고 회개하는데 이르기를 원하십니다. 그래서 악인을 미리 멸망시키지 않고 햇빛도 비추어 주시고, 비도 주십니다. 하나님은 악인과 선인을 향해 똑같이 오래 참으십니다. 그러나 주님 강림하시는 그날에는 선인은 영원한 영광에, 악인은 영원한 수치와 멸망으로 들어가 버리고 맙니다. 이처럼 우리도 선인이나 악인을 위해서 사랑하고 기도하고 오래 참아 하나님의 뜻을 이루면 하나님께서 우리에게 예수님과 더불어 "참으로 내 아들이다."라고 칭찬해 주십니다.

남을 변화시키며 구원에 이르게 하기 위해서 고난당한다는 것은 굉장한 영광이 됩니다. 그것은 구속의 고통(redemptive suffering)입니다. 물론 내가 도둑질하다가 죄지어서 병들어 고통당하는 이런 고통은 주님이 원하시지 않는 고난입니다. 하나님을 잘 섬기는 사람이 헐벗고 굶주리고 가난하고 고통당하는 것 또한 주님이 원하시지 않는 고난입니다. 그런 고난은 이미 예수님이 십자가의 보배로운 피로 다 청산하셨습니다. 그러나 하나님이 우리가 고통당하기를 원하시는 경우가 있습니다. 그것은 남을 변화시키기 위해서 십자가를 걸머지는 고난입니다. 그래서 하나님의 사랑이 우리를 통해 넘쳐 나가기를 원하십니다. 이러한 고난은 주님께서 크게 칭찬하시고 환영하시며, 하늘의 큰 상급을 베풀어 주십니다.

한국에서 잘살 수 있음에도 불구하고 자기의 재산을 다 정리하여 아프리카나 동남아로 가서 복음을 전하는 그리스도인들이 있습니다. 그들이 부요함에도 불구하고 가난한 자들과 헐벗은 자들 그리고 굶주린 자들과 함께 고난을 당하는 것은 그들의 변화와 구원을 위해 걸머지는 십자가입니다. 이런 고난은 걸머지면 질수록 더욱 큰 영광이 됩니다. 그러나 내가 죄지어서 당하는 고통과 내가 병들어서 당하는 고통, 그리고 내가 가난하고 헐벗고 굶주려서 당하는 고통은 아름답지 못합니다. 이것은 타인에게 도움이 되는 것이 아니라 오히려 해가 되는 고통일 뿐입니다. 이런 고통은 단호하게 기도와 믿음으로 내쫓아 버리기를 주님은 원하십니다. 주님은 나의 고통으로 인해 다른 사람까지 고통스럽게 되는 것을 원치 않으십니다. 그렇기 때문에 당하지 말아야 할 고통과 우리가 걸머져야 할 고통을 분명하게 분별해야만 합니다.

우리 주님은 세리를 굉장히 미워하셨습니다. 그 당시 세금을 거두는 세리들은 이스라엘 사람들의 세금을 거두어서 로마 사람에게 갖다 바쳤습니다. 그러므로 유대인들이 볼 때, 세금을 바치는 사람은 민족 반역자였습니다. 더욱이 그 사람들은 순수한 세금만 징수한 것이 아니었습니다. 자기 주머니를 채우기 위해 세금을 더 많이 징수하였습니다. 그렇기 때문에 세리들은 유대인들로부터 굉장히 미움을 받아야 했습니다. 예수께서도 언제나 버림받을 자들 가운데 하나로 세리를 들었습니다. 뿐만 아니라 주님은 바리새인, 사두개인, 교법사들도 미워하셨습니다.

그런데 세리 같은 이기주의자들도 자기를 사랑하는 자는 사랑합니다. 그렇기 때문에 "너희가 너희를 사랑하는 자를 사랑하면 무슨 상이 있으리요 세리도 이같이 아니하느냐"(46절) 라고 주님은 말씀하셨습니다. 나를 미워하는 사람을 사랑해야 하는 것은 내가 걸머져야할 십자가입니다. 내가 그 고통의 십자가를 걸머졌다면 그로 인한 고통은 구속적인 고통입니다. 거기에는 상이 따를 뿐만 아니라 남을 변화시키는 능력이 있습니다. 그러므로 우리가 이 땅에 살면서 우리를 미워하는 사람들과 화합해야 합니다.

우리 남북한이 같은 동족이면서도 원수가 되어 있는 현실은 참으로 가슴 아픈 일이 아닐 수 없습니다. 게다가 동서로 대결하는 모습을 볼 때 너무나도 가슴이 아픕니다. 경상도와 전라도가 왜 원수가 되어야 됩니까? 그것은 정치가들이 서로 정치적인 권력을 얻기 위해서 민심을 그렇게 끌어 모았기 때문입니다. 그러므로 우리가 제일 먼저 해결해야 할 것은 영호남이 서로 대적하는 일이 없도록 서로 사랑으로 화해시키는 것입니다. 먼저 동서가 화합되어야 남북이 화합할 수 있습니다. 우리 한국이 가지고 있는 가장 큰 짐이 바로 이것입니다. 같은 동족끼리 서로 사랑하는 일입니다.

나는 여의도순복음교회에서 40년 가까이 목회를 해 오지만 우리 교회 장로, 안수집사, 권사, 서리집사 등을 임명할 때, 출신 도에 대한 차별을 가지고 임명하거나 대해 본 적이 없습니다. 손바닥만한 땅 위에 살면서 우리가 그런 행동을 하면 하나님이 보고 웃으십니다. 영 · 호남 구분이 무슨 의미가 있습니까? 정치 지도자들이 국민들을 이렇게 갈라놓았습니다. 이제는 지도자들이 국민들을 갈라놓지 말고 서로 화합하도록 만들어야 합니다. 나는 이번 선거를 통해 동서 화합이 이루어지길 간절히 바랍니다. 남북이 하나가 되는 일은 그다음 문제입니다. 이러한 바람대로 이루어지기 위해서는 나 먼저 십자가를 걸머져야 됩니다. 사랑받는 사람이 십자가를 걸머지는 것이 아니라 사랑하는 사람이 십자가를 걸머져야 됩니다. 사랑을 베푸는 사람이 십자가를 걸머지고 고통을 참으면, 그로 말미암아 사랑을 받는 사람의 마음에 뜨거움의 체험이 이루어지고 큰 변화의 체험이 나타나게 됩니다.

"또 너희가 너희 형제에게만 문안하면 남보다 더하는 것이 무엇이냐 이방인들도 이같이 아니하느냐"(47절) 하신 말씀은 자기 형제 사랑은 예수 믿지 않는 사람도 다 잘하는 것이니, 예수 믿는 신령한 사람은 이보다 더 나은 것을 하는 것이 당연하다는 말씀입니다. 더 나은 것이 무엇입니까? 예수님은 가까운 형제나 자기가 소속한 그룹 사람만 문안하지 말고 그것을 뛰어넘어 가깝지 않은 사람에게까지 나아가 문안하고 끌어안으라고 하십니다. 우리는 사랑의 영역을 넓혀야 합니다. 예수 믿는 사람들은 동서간의 벽을 깨고 사랑으로 뭉쳐야 합니다. 신령한 사람은 절대로 당을 만들지 말아야 합니다. 형제에게만 문안하면 이방인보다 나을 것이 하나도 없습니다. 교회에서 서클을 만들면 하나님이 미워하십니다. 교회에 오면 오직 한 서클, 예수 서클밖에 없습니다. 예수의 사랑 안에서 다 녹아지고 하나가 되어야 합니다.

하나님은 우리에게 "하늘에 계신 너희 아버지의 온전하심과 같이 너희도 온전하라"(48절)고 요구하십니다. 이것은 참으로 힘든 요구가 아닐 수 없습니다. 하나님 아버지께서 온전하신 것처럼 우리도 온전하라고 했으니 인간인 우리가 어찌 하나님의 온전하심처럼 온전할 수 있겠습니까? '이것은 말도 안 된다.' 그렇게 생각할 수도 있습니다. 그러나 하나님이 이처럼 강한 명령을 우리에게 내릴 수 있는 것은 하나님의 성령이 우리 안에 들어와 계시기 때문입니다. 우리 힘으로는 안 되지만 하나님의 성령의 힘이 들어오면 됩니다. 그만큼 어마어마한 능력을 줄 테니 우리도 하나님처럼 살아 보라는 것입니다. 사람인데 어떻게 하나님처럼 사느냐? 그것은 육신의 사람은 불가능하지만 신령한 사람이 된 우리들에게는 하나님이 성령을 주심으로 말미암아 하나님의 성령의 능력이 들어와서 우리를 붙들어 주시기 때문에 우리가 하나님처럼 살아갈 수가 있습니다. 우리가 성령의 능력을 의지하면 성령이 우리에게 권능을 주셔서 하나님처럼 살아갈 수 있게 만들어 주십니 다. 그러므로 우리는 늘 성령님께 의지해야 합니다. "내가 너희를 고아와 같이 버려두지 아니하리라." 하신 말씀처럼(요 14:18) 성령이 우리와 함께 계십니다. 이 사실을 깨닫고 우리가 늘 성령의 손에 의탁하면 초인간적으로 살아갈 수 있습니다.

하나님은 우리에게 보통 인간으로 살지 말고 예수님처럼 살라고 하십니다. 육의 사람으로 살지 말고 신령한 사람으로 살라고 하십니다. 그냥 교회에 왔다 갔다만 하지 말고, 십자가를 걸머지고 원수까지도 사랑하고 그를 위해 기도하고 자기 영역을 뛰어넘어 서로 사랑하며 살라고 하십니다. 신약 성경에서 하나님이 주신 십계명을 모두 하나로 합친 계명이 바로 사랑임을 우리는 명심해야 합니다.

우리가 사랑하고 살려면 십자가를 메고 살아야 합니다. 나를 부인하지 않고는 사랑할 수 없습니다. 나에게 미움과 고통을 갖다 주는 사람을 사랑해 주는 것은 하나님만이 하실 수 있습니다. 그러한 고차원적인 삶이 나를 통해 나타날 때, 그것은 큰 변화의 바람이 되어 우리 가정과 이웃, 그리고 국가와 세계로 퍼져 나갑니다. 크리스천들이 변화될 때 우리 한국이 변화됩니다. 우리 예수 믿는 사람들이 아웅다웅 다투고 '이에는 이, 눈에는 눈, 주먹에는 주먹' 으로 맞서면 절대로 한국을 변화시킬 수 없습니다. 우리가 있는 처소에서 나의 십자가를 걸머지고 사랑을 베풀어야 합니다. 그리할 때 무시무시하게 솟구치는 엄청난 변화의 힘이 일파만파로 확산됩니다. 모든 사람들이 그 변화의 힘에 거꾸러지게 되고, 더 나아가 이 나라가 복음으로 하나가 되는 것입니다.

제 6 장

신앙의 이정표

A COMMENTARY
ON THE GOSPEL OF
MATTHEW I

예수님은 본 장에서 신앙생활의 바른 자세에 대하여 가르쳐 주셨습니다.

먼저 구제에 대한 가르침입니다. 예수님께서는 당시 유대인들이 세상을 떠받치는 세 기둥 중 하나라고 믿고 있었던 구제를 은밀하게 하라고 말씀하셨습니다. 사람들에게 인정을 받기 위해 하는 구제는 결국 자신을 드러내기 위한 과시용이므로 중심을 보시는 하나님께 인정받지 못합니다.

기도 역시 경건한 신앙생활을 한다는 명목으로 공중 앞에서 하는 것은 하나님께 상달되지 못합니다. 오히려 기도는 단독으로 하나님 앞에 나아가 은밀하게, 마치 어린 아이가 부모님께 자신의 요구를 꾸밈없이 관철시키듯이 해야 합니다. 이에 대한 표본으로 예수님께서는 '주기도문' 을 가르쳐 주셨습니다.

세 번째는 금식입니다. 유대인들에게는 이레에 이틀씩 정기적으로 하는 금식 이외에도 절기마다 하는 금식이 있었습니다. 곡기를 끊는 어려운 일이긴 하지만 때로 외식하는 자들은 금식을 이용해서 사람들로부터 동정과 존경을 얻었습니다. 예수님은 이에 대해 엄중히 경고하셨습니다. 오히려 금식할 때는 사람들이 모르게 하라고 말씀하셨습니다.

신앙생활은 사람들 앞에서 하는 것이 아니라 하나님 앞에서 하는 것입니다. 그러므로 은밀하게 하나님께만 신앙을 드려야 합니다. 사람이 살아가는 데 필수적인 돈에 대하여 예수님은 '주인' 이라는 별칭을 쓰실 정도로 우리가 유의해야 할 대상임을 명시하셨습니다. 우리가 섬겨야 할 대상은 오직 하나님이십니다. 만유의 주인 되시는 하나님께서는 우리를 자녀 삼으시고 돌보십니다. 그러므로 믿는 자들은 이방인과 같이 지나치게 염려하지 말고 하나님 한 분만을 신앙해야 합니다.

1. 구제에 대한 교훈(6:1-4)

1. 사람에게 보이려고 그들 앞에서 너희 의를 행하지 않도록 주의하
라 그리하지 아니하면 하늘에 계신 너희 아버지께 상을 받지 못하느
니라 2. 그러므로 구제할 때에 외식하는 자가 사람에게서 영광을 받
으려고 회당과 거리에서 하는 것같이 너희 앞에 나팔을 불지 말라 진
실로 너희에게 이르노니 그들은 자기 상을 이미 받았느니라 3. 너는
구제할 때에 오른손이 하는 것을 왼손이 모르게 하여 4. 네 구제함을
은밀하게 하라 은밀한 중에 보시는 너의 아버지께서 갚으시리라

1-4절 사람에게 보이려고 그들 앞에서 너희 의를 행하지 않도록 주의하라 그리하지 아니하면 하늘에 계신 너희 아버지께 상을 받지 못하느니라 그러므로 구제할 때에 외식하는 자가 사람에게서 영광을 받으려고 회당과 거리에서 하는 것같이 너희 앞에 나팔을 불지 말라 진실로 너희에게 이르노니 그들은 자기 상을 이미 받았느

니라 너는 구제할 때에 오른손이 하는 것을 왼손이 모르게 하여 네 구제함을 은밀하게 하라 은밀한 중에 보시는 너의 아버지께서 갚으시리라

우리가 구제를 할 때는 사람에게 보이려고 행하지 않도록 주의해야 합니다. 하나님께서는 하나님 앞에서 선을 행하는 사람을 칭찬하십니다. 성경에 나오는 바나바는 자기의 전토를 다 팔아서 구제에 내놓았습니다. 그러나 그는 사람에게 보이려고 하지 않았습니다. 하나님께 드린 것입니다. 하나님께서는 이런 바나바의 모습을 기뻐하시고 그의 선행을 성경에 기록하도록 하셨습니다. 이방인 고넬료의 경우도 마찬가지입니다. 그는 구제를 많이 하고 기도도 많이 했기 때문에 하나님께서 천사를 보내셔서 "욥바에 사람을 보내서 피장 시몬의 집에 있는 베드로를 청하라."(행 10:5)고 하셨던 것입니다. 베드로가 와서 구원의 복음을 전하자 고넬료와 그 가족이 다 구원받고 성령을 받았습니다. 이와 같이 하나님 앞에서 순수하게 희생해서 좋은 일을 많이 하면 하나님께서는 그것을 꼭 기억하시고 축복해 주십니다.

나는 예전에 자칭 예언자라는 사람으로부터 편지를 받은 적이 있습니다. 그는 나에게 "조용기야, 내가 네게 명하노니 오산리 최자실 기념 금식 기도원에서 최자실이라는 이름을 떼라. 왜 최자실이라는 이름을 우상화하느냐?" 며 줄줄이 명령을 했습니다. 나는 그 편지를 보고 웃지 않을 수 없었습니다. 우리가 처음에 오산리 금식 기도원을 세울 때 나는 그 일이 너무 고생스러워서 절대 하지 않으려고 했습니다. 그런데 최자실 목사님이 그곳에 굴을 파고 엎드려 기도하면서 기도원을 세우자고 강력

히 주장해서 결국 기도원이 세워진 것입니다. 하나님 앞에 전토를 드린 바나바도 성경에 기록해 놓았고, 하나님 앞에 봉사한 고넬료나 도르가도 성경에 기록해서 기념하게 했는데 기도원 세우는데 큰 공로를 들인 최자실 목사님을 기념하는 것이 어떻게 하나님 뜻을 거역하는 겁니까?

하나님의 뜻을 거역하는 것은 사람에게 보이려고 선을 행하는 것입니다. 이런 대표적인 경우가 아나니아와 삽비라입니다. 그들은 부부간에 의논해서 자신들의 재산을 일부는 숨기고 나머지는 가지고 나왔습니다. 하나님께 드리려고 한 것이 아닙니다. 베드로와 사람들에게 과시하기 위해서 재산을 가지고 나온 것입니다. 그러므로 그들은 베드로에게 와서 "우리 재산 판 것을 다 가지고 나왔습니다."라고 거짓말을 했습니다. 베드로가 아나니아에게 "네가 어떻게 사탄이 꽉 들어차서 성령을 속이느냐?" 고 호통을 치자 아나니아는 그 자리에서 거꾸러져 죽었습니다. 그 사실을 모른 채 나중에 들어온 삽비라 역시 남편처럼 거짓말을 해서 그 자리에서 죽고 말았습니다. 하나님 앞에 순수하게 드리려고 하지 않고 사람에게 보이려고 했기 때문에 하나님께서 받지 않으신 것입니다.

그러므로 우리가 무슨 일을 하든지 사람에게 보이려고 하면 하나님께서 받지 않으십니다. 우리가 드리는 모든 물질, 헌신, 봉사는 하나님을 향한 것이어야 합니다. 그러면 하나님께서 받으시고 사람 앞에서 칭찬해 주십니다. 사람 앞에서 "이 사람 보아라, 내가 사랑하는 이 사람 보아라. 얼마나 좋으냐?" 며 하나님께서 칭찬하시는 것입니다.

칭찬은 하나님께 받아야지 사람에게 받으면 무효가 됩니다. 사람에게 자랑하면 오히려 하나님께 심판을 받습니다. 사람 앞에서 자랑하는 것은 참으로 허무한 일입니다. 인생은 잠시 있다가 사라지는 안개와 같습니다.

그러므로 우리는 모든 것을 주님을 위해 사용하고 자신을 자랑하지 말아야 합니다. 칭찬은 하나님께로부터 오기 때문에 인간을 자랑하면 안 됩니다. 백 가지 좋은 일을 하고도 한마디 자랑에 무효가 되어 버립니다.

이러므로 사람 앞에 의를 행하고 자랑하지 말아야 됩니다. 그렇지 않으면 하늘에 계신 아버지께 상을 얻지 못합니다. 사람에게 자랑해서 이미 칭찬을 받았는데 하나님께 상을 얻을 턱이 있습니까? 우리가 바나바나 고넬료나 도르가처럼 상 받기 위해서는 사람이 뭐라 하든 상관하지 않고 하나님 앞에서 의를 행해야 합니다. 그러면 하나님께서 상을 주십니다. 이름도 없이 빛도 없이 하나님 앞에서, 하나님을 위해서, 물질과 시간을 드리고 수고하는 사람을 하나님께서는 절대 모른 체하지 않으십니다. 우리가 비밀리에 하나님을 위해 드린 모든 것을 계산하셨다가 훗날에 공개적으로 갚아 주시는 것입니다.

옛날에 유대인들은 구제를 할 때 남이 몰라줄까 싶어서 구제받을 사람을 회당이나 길거리에 데리고 왔습니다. 그리고는 구제할 것을 가지고 와서 '따따라따' 나팔을 붑니다. 나팔 소리를 듣고 사람들이 모이면 그제야 구제를 했습니다. 이와 같이 사람들에게 인정받고 칭찬받으려고 하는 구제는 하나님 앞에서 아무 효과가 없습니다. 하나님 보는 앞에서 구제를 했으면 하나님께서 아시고 공개적으로 칭찬해 주실 것인데, 구제받을 사람을 길거리나 회당까지 끌고 나와서 나팔을 불고 사람을 모아 으스대며 하는 구제는 아무런 효과가 없는 것입니다. 근래에는 자기 PR 시대라고 해서 구제를 할 때도 방송국에 연락해서 마이크, 카메라 다 오게 한 다음 그 앞에서 구제를 합니다. 이렇게 자신을 자랑하기 위해서 구제하는 것은 하나님 앞에서 아무 의미가 없습니다.

예수님은 오른손이 하는 것을 왼손이 모르게 하라고 강하게 말씀하셨습니다. 손이 한 몸에 다 같이 달려 있는데 어떻게 오른손이 하는 일을 왼손이 모르게 할 수 있습니까? 이것은 그 정도로 은밀히 행하라는 것입니다. 하나님만 보시게 하라는 것입니다.

구제는 비밀히 해야 합니다. 사람에게 공표하지 않고 비밀히 해서 하나님이 은밀하게 보시면 하나님께서 갚아 주십니다. 심고 거두는 법칙이 바로 여기에 있습니다. 구제하는 것은 하나님의 손에 심는 것입니다. 그러면 하나님께서 30배, 60배, 100배로 갚아 주십니다.

우리는 모든 것을 하나님을 위해서 해야 합니다. 남편에게 복종하는 것이나 아내를 사랑하는 것도 하나님 앞에 행하는 것이어야 합니다. 남편이 아내를 사랑해서 아내에게 무엇을 해 줄 때도 칭찬을 받기 위해 하면 안 됩니다. 하나님께서는 남편들에게 "아내 사랑하기를 자기 자신과 같이 하라."고 말씀하셨습니다(엡 5:28). 아내들에게도 "남편에게 복종하기를 주께 하듯 하라"(엡 5:22)고 말씀하셨습니다. 아내를 사랑하는 것이나, 남편에게 복종하는 것은 하나님께서 그렇게 하라고 명령하신 것입니다. 그러므로 누가 인정하든 인정하지 않든 하나님 앞에서 행해야 합니다. 그리할 때 하나님께서 칭찬해 주십니다.

부모 공경도 그렇습니다. 하나님께서 부모를 공경하라고 하셨기 때문에 하나님을 공경하기 위해서 부모를 공경하는 것입니다. 그러므로 효도했다고 떠벌리고 자랑하면 그것은 아무 효과가 없습니다.

모든 일은 하나님 중심으로 행해야 합니다. 하나님을 공경하기 위해서 부모를 공경하고, 하나님을 사랑하기 위해서 아내를 사랑해야 합니다. 하나님께 복종하기 위해서 남편에게 복종해야 합니다. 모든 것을 하나님을 위해서 하는 것입니다. 우리는 사나 죽으나 주의 것입니다. 이렇게 살면 하나님이 얼마나 기뻐하시겠습니까? 하나님께서는 이런 사람을 사랑하시고 넘치는 축복을 부어 주십니다.

2. 기도에 대한 교훈(6:5-15)

5. 또 너희는 기도할 때에 외식하는 자와 같이 하지 말라 그들은 사
람에게 보이려고 회당과 큰 거리 어귀에 서서 기도하기를 좋아하느
니라 내가 진실로 너희에게 이르노니 그들은 자기 상을 이미 받았느
니라 6. 너는 기도할 때에 네 골방에 들어가 문을 닫고 은밀한 중에
계신 네 아버지께 기도하라 은밀한 중에 보시는 네 아버지께서 갚으
시리라 7. 또 기도할 때에 이방인과 같이 중언부언하지 말라 그들은
말을 많이 하여야 들으실 줄 생각하느니라 8.그러므로 그들을 본받
지 말라 구하기 전에 너희에게 있어야 할 것을 하나님 너희 아버지께
서 아시느니라 9. 그러므로 너희는 이렇게 기도하라 하늘에 계신 우
리 아버지여 이름이 거룩히 여김을 받으시오며 10. 나라가 임하시오
며 뜻이 하늘에서 이루어진 것같이 땅에서도 이루어지이다 11. 오늘
우리에게 일용할 양식을 주시옵고 12. 우리가 우리에게 죄지은 자를
사하여 준 것같이 우리 죄를 사하여 주시옵고 13. 우리를 시험에 들
게 하지 마시옵고 다만 악에서 구하시옵소서 (나라와 권세와 영광이
아버지께 영원히 있사옵나이다 아멘) 14. 너희가 사람의 잘못을 용
서하면 너희 하늘 아버지께서도 너희 잘못을 용서하시려니와 15. 너

희가 사람의 잘못을 용서하지 아니하면 너희 아버지께서도 너희 잘 못을 용서하지 아니하시리라

5-8절 또 너희는 기도할 때에 외식하는 자와 같이 하지 말라 그들은 사람에게 보이려고 회당과 큰 거리 어귀에 서서 기도하기를 좋아 하느니라 내가 진실로 너희에게 이르노니 그들은 자기 상을 이미 받았느니라 너는 기도할 때에 네 골방에 들어가 문을 닫고 은밀 한 중에 계신 네 아버지께 기도하라 은밀한 중에 보시는 네 아버 지께서 갚으시리라 또 기도할 때에 이방인과 같이 중언부언하지 말라 그들은 말을 많이 하여야 들으실 줄 생각하느니라 그러므로 그들을 본받지 말라 구하기 전에 너희에게 있어야 할 것을 하나 님 너희 아버지께서 아시느니라

진실한 기도는 하나님 중심으로 하는 기도요, 하나님께만 자신의 마음을 아뢰는 기도입니다. 외식하는 사람들은 하나님께가 아니라 주변에 있는 사람들로부터 칭찬받고 인정받기 위해 기도합니다.

나는 로스엔젤레스에 있는 한 집사에게 물질적으로 크게 피해를 입은 일이 있습니다. 그는 로스엔젤레스교회 교인이었는데 무역업자인 그가 한국에 올 때면 으레 공항에 내리자마자 기도원으로 직행합니다. 기도원에서 하루 종일 기도하고 나와서야 사업을 합니다. 1년에 대여섯 번씩 한국에 나오는데, 2, 3년 동안 한결같이 기도원에 먼저 갔다가 나와서 사업을 하는 것입니다. 나는 그 모습을 보고 큰 감동을 받았습니다.

'이렇게 열렬히 주님을 사랑하고 섬기는 사람이 있나?'

그런데 그가 구라파로 가는 선교 여행에 따라 오게 되었습니다. 하루는 나에게 "목사님, 마침 제가 돈을 안 가지고 왔는데 카드 좀 빌려 주십시오. 그러면 제 비용과 목사님의 비용을 미국에 가서 다 갚겠습니다."라고 하는 것입니다. 나는 평소에 신앙심도 돈독하고 사업도 꽤 하는 집사라고 생각하고 아무 거리낌 없이 카드를 빌려 주었습니다. 그는 내 카드를 가지고 양복이며 구두며 자기가 사고 싶은 것을 다 샀습니다. 그런 다음 미국에 가서는 아무 연락이 없었습니다. 말로만 갚는다고 하고는 안 갚아서 결국 내가 그 막대한 빚을 다 갚은 적이 있습니다.

나중에 알고 보니 이 분이 기도원에 오면 담요를 달라고 해서 기도굴에서 내내 자고 갔답니다. 아침에 와서 저녁까지 자고 나오는 것입니다. 나를 속이기 위해 외식했던 것입니다. 이처럼 사람 앞에서 유별나게 눈에 띄는 행동을 하는 것은 불순한 동기가 있기 때문입니다. 그러므로 그런 사람은 경계해야 합니다.

여러분, 기도는 하나님께 하는 것입니다. 하나님께 진실하게 드리는 것입니다. 그래서 예수님은 골방에 들어가 기도하라고 말씀하셨습니다. 어떤 사람은 이 말씀을 근거로 "예수님이 기도할 때는 골방에 들어가서 은밀한 중에 기도하라고 했지, 어디 대중 앞에서 통성으로 기도하라고 그랬느냐?"며 우리 교회를 공격한 적이 있습니다. 그는 이 말씀을 잘못 이해한 것입니다. 요즘 골방이 어디 있습니까? 요사이 방 구조로 보면 골방이 없습니다. 여기에서 골방은 '마음의 골방'입니다. 예수님이 골방에서 기도하라고 하신 말씀은 남에게 보여 주려고 하지 말고 하나님 앞에서만 신령과 진정으로 기도하라는 것입니다.

성경은 우리에게 "간절히 기도하라, 부르짖어 기도하라."고 말씀하고 있습니다. 예수님이 겟세마네 동산에서 기도하실 때에 얼마나 간절히 기도하셨던지 물방울이 변하여 핏방울이 되었습니다. 예수님은 큰 통곡과 눈물로 간절하게 기도하셨습니다. 우리가 하나님 앞에 일대일로 간절하게 나아가 기도하게 되면 통곡이 나오고 고함을 지르게 됩니다. 더 간절하게 기도하는 사람은 부르짖어 애원합니다.

우리가 하나님께 기도할 때에는 부르짖어 기도하는 것이 제일 좋습니다. 기도한다고 점잖게 앉아서 묵상 기도하다가 졸고 난 다음에 일어나면 그 기도는 상달되지 않습니다. 성경은 "너는 내게 부르짖으라"(렘 33:3), "환난 날에 나를 부르라"(시 50:15)고 말씀하고 있습니다. 또 "하물며 하나님께서 그 밤낮 부르짖는 택하신 자들의 원한을 풀어 주지 아니하시겠느냐 그들에게 오래 참으시겠느냐"(눅 18:7)고 했습니다. 그러므로 통성 기도는 마땅히 하나님이 원하시는 기도이며 올바른 기도입니다.

우리가 기도할 때 시작도 없고 끝도 없는 중언부언하는 기도를 한다면 응답을 받을 수 없습니다. 그러나 반복해서 기도하는 것은 좋습니다. 반복 기도는 내가 원하는 것을 질서정연하게 정해 놓고 계속 반복해서 구하는 기도입니다. 그러나 중언부언하는 기도는 목적도 없이 이것저것 말만 많이 하는 기도입니다. 간단한 기도라도 질서정연하게 하는 기도가 좋은 기도입니다.

천막 교회 시절, 한 장로교의 장로님이 오셔서 기도하면서 많은 응답 받는 것을 본 적이 있습니다. 그 분의 기도는 한 시간 내내 꿇어앉아서 "그저 그저 감사합니다!"를 반복하는 것입니다. 그런데 그 장로님이 병자를 위해 기도하면 병이 낫고 귀신이 쫓겨 갑니다. 이렇게 하나님께 정성을 드려서 반복하는 기도는 힘이 있습니다.

하나님께서는 우리에게 무엇이 필요한가를 구하기 전에 이미 다 알고 계십니다. 그러나 우리가 구해야 합니다. 구하지 않으면 하나님께서 역사하시지 않습니다. 하나님이 다 알고 계시다 하여 복잡하고 무질서하게 기도해서는 안 됩니다. 하나님이 알고 계신 마음의 소원을 질서정연하게 아뢰어야 합니다.

특별히 구할 것이 없을 때는 하나님께 감사 기도를 많이 드리는 것이 좋습니다. 그다음에는 대속 기도를 드립니다. 나라와 민족을 위해서 기도하고, 교회를 위해서 기도하고, 가족과 친지들을 위해서 기도하는 것입니다. 대속 기도가 끝나면 소원하는 목표를 세우고 기도합니다. 병이 낫기를 원한다면 "하나님이여, 예수님의 이름으로 내 병을 고쳐 주시옵소서. 주여, 내 병을 고쳐 주시옵소서." 하고 계속해서 기도해야 합니다. 한 시간이고 두 시간이고 계속해서 강력하게 기도하는 것입니다.

누가복음 18장에는 억울한 일을 당한 과부와 불의한 재판관에 대한 이야기가 나옵니다. 과부는 재판관을 찾아가서 복잡한 말을 하지 않았습니다. "오! 높고 귀한 재판관이여, 지식도 많고 미남이고 옷도 멋있게 입고 훌륭한 재판관이여, 나를 긍휼히 보아 주십시오." 이렇게 말하지 않았습니다. 그저 자주 자주 나가서 번거로울 정도로 같은 말을 반복했습니다.

"내 원수에 대한 원한을 갚아 주옵소서. 내 원수에 대한 원한을 갚아 주옵소서."

나중에는 이 재판관이 번거로워서 견디지 못하게 되었습니다. 그는 비록 자신이 하나님을 두려워 아니하고, 사람을 두려워하지 않지만 이 여자가 자신을 번거롭게 하므로 문제를 해결해 주어야겠다고 결심했습니다.

예수님은 이 비유를 들어서 그 택하신 백성들이 밤낮 부르짖을 때 하나님께서 속히 응답하시지 않겠느냐고 말씀하신 것입니다. 그러므로 복잡하게 기도하지 말고 간단하게 계속해서 주야로 부르짖어 보십시오. 반드시 하나님께서 응답해 주십니다.

반복 기도는 병에 물을 붓는 것과 한가지입니다. 계속해서 기도하면 기도의 물이 점차로 차 올라와서 나중에 철철 넘치게 되고 응답이 오는 것입니다. 그렇기 때문에 채워질 때까지 시간을 내서 계속 부르짖어야 합니다. 계속 부르짖어야 기도의 양이 차서 응답을 받습니다.

또한 반복 기도는 여리고 성을 도는 것과 같습니다. 하루 돌고, 이틀 돌고, 사흘, 나흘, 결국 일곱째 날 일곱 바퀴째 양을 채우고 고함을 치니까 성이 무너졌습니다. 그러므로 여리고 성을 도는 것은 바로 기도의 양을 채우는 것입니다. 하늘나라에는 응답에 필요한 기도의 양이 있습니다. 그 기도의 양이 채워져야 사탄의 권세가 무너지고 하나님의 응답이 쏟아집니다. 그러므로 '똑같은 길을 도는 것은 귀찮으니까 여리고 성만 돌지 말고 저기 다른 동네를 돌아보자. 저 들로 산보 좀 갔다 오자. 너무 한 군데만 도니까 귀찮다.' 는 자세로 기도하면 안 됩니다. 똑같은 길로 계속 돌아야 합니다. 무너질 때까지 돌아야 합니다. 대다수의 성도들이 기도의 양을 채우지 못하고 조금 기도하다가 포기합니다. 뇌하수체 암으로 고생하던 집사님 한 분은 주기도문을 천 번 외우며 기도의 여리고 성을 도니까 성령의 불이 떨어져서 암이 나았습니다. 그 간증을 들은 한 성도님은 집을 팔아 달라고 주기도문을 삼천 번 외워서 기도의 양을 채웠더니 그 이튿날 집이 팔리더랍니다. 이처럼 기도는 양을 반드시 채워야 합니다.

한 두 마디 한다고 되는 것이 아닙니다. 평소에 기도를 많이 해서 분량이 찬 사람들은 기도를 짧게 해도 바로 응답을 받지만, 그렇지 못한 사람은 새벽 기도, 작정 기도, 철야 기도, 금식 기도를 통해서 기도의 분량을 채워야 하는 것입니다.

9절 그러므로 너희는 이렇게 기도하라 하늘에 계신 우리 아버지여 이름이 거룩히 여김을 받으시오며

예수님께서는 우리에게 주기도문을 가르쳐 주셨습니다. 개인적으로 나는 아침엔 성막형 기도로, 저녁엔 주기도문으로 기도합니다. 주기도문 한 절, 한 절을 놓고 기도하면 하나님이 우리의 모든 필요를 다 채워 주시는 것을 체험하게 됩니다.

예수님은 제일 먼저 하나님의 이름이 거룩히 여김을 받게 해 달라는 기도를 가르쳐 주셨습니다. 질병 문제, 자녀 문제, 사업장 문제 같은 기도 제목을 내놓기 전에 우리는 먼저 하늘에 계신 아버지의 이름으로 기도해야 합니다. 그런데 우리 아버지 이름을 모르는 사람이 의외로 굉장히 많습니다. 성경은 하나님 아버지의 이름을 일곱 가지로 소개하고 있습니다.

그중 첫 번째가 '야훼 이레', 예비하시는 하나님입니다. 하나님께서는 아담을 위해 에덴동산을 예비하셨습니다. 이스라엘 백성을 위해 고센 땅을 예비하셨고, 우리를 위해 십자가에 못 박혀 피 흘려 죽으심으로 구원을 예비하셨습니다. 또한 하늘나라에 우리가 살 영원한 처소까지도 예비해 놓으셨습니다. 이처럼 우리 하나님은 처음부터 끝까지 예비하시는 분입니다. 그러므로 우리가 어떠한 고난을 당하더라도 우리 하나님

의 이름을 바라보면 그 속에는 예비하시는 역사가 있는 것입니다.

우리는 '야훼 이레' 하나님께서 우리의 일생도 다 예비하셨음을 믿고 "주님이 예비한 길로 나를 이끌어 주옵소서. 사람이 마음으로 자기의 길을 계획할지라도 그 걸음을 인도하시는 이는 야훼라고 하셨사오니 성령으로 주님이 예비하신 길을 보여 주옵소서."라고 기도해야 합니다. 그리할 때 우리 하나님의 이름이 거룩하게 되어 영광을 받으십니다.

두 번째 하나님의 이름은 '야훼 라파', 치료하시는 하나님입니다. 하나님은 의사이십니다. 하나님이 '의사'라는 간판을 내거셨는데 고치시지 못할 병이 어디 있겠습니까? 하나님께서는 예수님을 보내셔서 우리의 연약한 것을 친히 담당하시고 병을 짊어지고 가시도록 치료의 제물로 삼으셨습니다. 그러니 우리가 예수님의 이름으로 병 고침 받는 것이 당연하지 않습니까? 그러므로 우리는 기도할 때 의사 되신 우리 하나님께서 나를 머리끝부터 발끝까지 고쳐 주시고, 내 연약한 육신을 치료하여 주시고, 내 기도를 통해 수많은 사람을 고쳐 달라고 해야 합니다. 하나님은 병 고치기를 원하십니다. 병으로 앓는 것은 절대로 하나님의 뜻이 아닙니다. 아버지가 병 고치는 것이 뜻이 아니면 어떻게 아버지의 이름이 '치료하는 의사'가 될 수 있습니까? 의사 되신 아버지 하나님께서는 자녀들의 영적인 병, 마음의 병, 육체의 병을 고쳐 주시는 분입니다. 이렇게 우리가 치료하시는 하나님의 이름으로 기도할 때 질병이 떠나가고 아버지의 이름이 만방에 전파되는 것입니다.

세 번째 하나님의 이름은 '야훼 닛시', 승리의 깃발 되시는 하나님입니다. 하나님께서 우리에게 승리를 주시면 우리는 이깁니다. 우리를 위해서 닛시의 하나님으로 친히 싸워 주시기 때문입니다. 르비딤에서 여호수아가 전쟁에 나가 싸울 때 모세와 아론과 훌이 기도하자 하나님께서 이스라엘과 함께 싸워 주셔서 아말렉을 물리치고 가나안으로 향할 수 있게 하셨습니다. 이처럼 우리도 기도할 때 "하나님 아버지, 우리에게 다가오는 모든 아말렉을 쳐서 멸하여 주시옵소서. 야훼 닛시, 우리의 승리의 깃발 되시는 하나님, 죄악의 아말렉을 치소서. 거룩하지 못한 아말렉을 치소서. 질병의 아말렉, 가난과 저주의 아말렉, 사망의 아말렉을 쳐서 멸하여 주시옵소서."라고 기도해야 합니다. 그럴 때 하나님께서 우리에게 성령을 주시고 하나님의 이름인 야훼 닛시, 승리의 깃발로 영광을 받으시는 것입니다.

네 번째 하나님의 이름은 '야훼 샬롬', 평화의 하나님입니다. 샬롬 하나님이신 예수님은 십자가에서 피를 흘리심으로 우리의 벌거벗은 수치와 죄악을 다 씻어 주시고, 의의 옷을 주심으로 우리가 하나님 앞에 담대하게 설 수 있도록 하셨습니다. 하나님과 우리 사이의 막힌 담을 헐어 버리시고 의와 용서를 넘치게 주심으로 하나님과 화평하게 하신 것입니다. 그러므로 우리는 가정의 평화, 교회의 평화, 이웃과 나라의 평화, 그리고 세계의 평화를 위해 기도해야 합니다. 하나님의 평안이 없는 삶은 의미가 없습니다. 우리의 삶은 반드시 야훼 샬롬으로 채워져야 합니다.

다섯 번째 하나님의 이름은 '야훼 로이', 목자 되시는 하나님입니다. 우리는 하나님의 양이요, 하나님은 우리의 목자가 되십니다. 하나님께서는 우리를 언제나 푸른 풀밭과 쉴 만한 물가로 인도하셔서 부족함이 없게 하십니다. 여기서 푸른 풀밭은 십자가 밑의 오중복음과 삼중축복의 풀밭을, 쉴 만한 물가는 성령 충만의 쉼을 의미합니다. 그러므로 우리는 주님께서 우리의 영혼을 계속해서 말씀과 성령으로 소생시켜 주시고, 하나님의 거룩한 이름을 위하여 매일같이 성령의 능력으로 의롭게 살게 해 달라고 기도해야 합니다. 이럴 때 하나님은 사망의 음침한 골짜기를 다닐지라도 나와 같이 계셔서 주의 인도하심과 주의 능력으로 해를 받지 않고 시험을 통해 새사람이 되도록 도와주십니다.

여섯 번째 하나님의 이름은 '야훼 찌드케누', 의로우신 하나님입니다. 의롭게 된다는 것이 얼마나 귀하고 좋은지 아십니까? 우리가 죄인 되었을 때에는 의로움이 없고 양심은 벌거벗은 상태였습니다. 아담과 하와를 보십시오. 그들은 에덴동산에서 하나님께 범죄하자 수치와 곤욕을 견딜 수 없어 도망하여 나무 뒤에 숨었습니다. 그들은 불안하고 초조했습니다. 오늘날 하나님 앞에 죄지은 사람도 하나님 앞에 벌거벗은 것과 같은 상태이므로 늘 수치와 불안과 공포 속에 삽니다. 이런 모습으로는 절대로 하나님 앞에 설 수 없습니다. 하나님 앞에 벌거벗고 어떻게 서겠습니까? 교회에서, 예배드리는 사람들 앞에서 벌거벗고 앉아 있을 사람이 어디 있겠습니까?

그런데 야훼 찌드케누 하나님께서는 우리의 의로움이 되셔서 예수의 피로 우리의 죄를 씻으시고 의로운 옷을 입혀 주셨습니다. 우리 예수 믿는 사람은 예수 그리스도로 말미암아 하나님께서 주시는 의의 옷을 받아 입은 것입니다. 예수 믿는 사람들은 눈에는 보이지 않지만 전부 다 의의 옷을 입어서 양심이 부끄럽지 않습니다. 지금 하나님 앞에 선다 해도 부끄러움 없이 담대하게 설 수 있습니다. 마음에 당당함이 있고, 떳떳함이 있고, 훈훈함이 있고, 기쁨이 있습니다.

그러나 의를 잃어버린 삶은 아무 의미가 없습니다. 도둑질한 음식은 먹어도 행복하지 않습니다. 의를 잃어버리고 지위를 얻으면 그 지위는 불의의 지위가 됩니다. 의를 잃어버린 명예와 권세는 다 폭력입니다. 그곳엔 행복이 없습니다. 의를 잃어버린 재산은 마음의 고통과 불안, 초조를 가져오고 결국엔 다 날아가 버립니다. 인간 관계도 그렇습니다. 의가 없는 관계는 서로 속이고, 거짓말하고, 사기 치는 관계가 됩니다. 부부간에도 의가 없으면 절대로 행복이 없습니다. 오히려 의가 없는 관계는 서로 의로운 체하는 위선죄를 하나 더 짓게 할 뿐입니다. 이처럼 의가 바탕이 되지 않은 곳에는 절대로 행복이 있을 수 없습니다. 의는 왕성한 행복을 일으키나, 죄악과 부정과 부패는 모든 것을 썩혀 버리고 마는 것입니다. 나라나 개인이 왕성해지려면 의가 바탕이 되어야 하는데 그 의의 근본은 바로 우리 하나님이십니다.

야훼 찌드케누 하나님께서는 세상에 의를 가져오시기 위해 우리의 죄를 대신 짊어지시고 몸을 찢고 피를 흘리셨습니다. 이러므로 우리가 예수님을 통해 의롭게 될 수 있는 것입니다. 우리는 기도할 때 "야훼 찌드케누, 내 의의 하나님이여, 하나님이 나의 삶 속에 의를 채워 주시고, 나의 생각과 행동과 말을 의로 채워 주시고, 우리 가정과 우리 교회와 우리 나라에 의를 채워 주옵소서."라고 기도해야 합니다.

마지막 일곱 번째 하나님의 이름은 '야훼 샴마', 야훼는 거기 성전에 계신다는 뜻입니다. 성경은 우리 몸이 하나님의 성전이라고 말씀하고 있습니다. 하나님께서는 내 몸을 성전 삼고 24시간 늘 나와 함께 계십니다. 그러니 이제 우리가 무엇을 두려워하겠습니까? 사방으로 욱여쌈을 당하여도 싸이지 아니하고, 답답한 일을 당하여도 낙심하지 아니하고, 박해를 받아도 버린 바 되지 아니하며 거꾸러뜨림을 당하여도 망하지 않습니다. 아무리 박해를 받아도 예수의 생명이 내 속에 넘쳐 나서 나로 하여금 이기게 만들어 주시는 것입니다.

10절 나라가 임하시오며 뜻이 하늘에서 이루어진 것같이 땅에서도 이루어지이다

아담과 하와가 타락한 이후에 이 세상은 마귀의 세상이 되어 불의와 거짓과 부패로 꽉 들어차고 모든 사람은 지옥의 자식이 되었습니다. 그런데 예수님께서는 2천 년 전에 오셔서 십자가에 못 박혀 피를 흘리심으로 모든 인간의 죄를 청산하고 하나님의 나라가 이 땅에 임하게 하셨습니다. 그러므로 오늘도 예수님을 믿으면 예수님의 나라가 우리 속에 들어옵니다. 임금이 있는 곳에 그 나라가 있듯이 임금인 예수님이 내 속에 들어오면 내 안에 하늘나라가 들어오는 것입니다. 예수 그리스도의 보혈로 인하여 용서와 의의 나라, 화해와 성령 충만의 나라가 우리에게 임하게 됩니다. 치료와 건강의 나라, 영생의 나라가 임하는 것입니다.

우리는 영적으로 하늘나라에 살고 육적으로는 세상 나라에 속하여 삽니다. 육으로는 대한민국이라는 나라에 살지만 영으로는 하늘나라에 이미 살고 있는 것입니다. 예수님은 "하나님의 나라는 볼 수 있게 임하는 것이 아니요 또 여기 있다 저기 있다고도 못하리니 하나님의 나라는 너희 안에 있느니라"(눅 17:20-21)고 말씀하셨습니다. 그렇기 때문에 매일 기도할 때 과연 하늘나라가 내 안에 있는지 살펴보아야 합니다.

우리는 "용서와 의의 나라가 예수 그리스도의 십자가 보혈을 통해서 넘치게 임하게 하옵소서. 성령으로 충만하게 채워 주시고, 축복과 영생의 나라가 임하게 하옵소서."라고 기도해야 합니다. 매일같이 하나님 나라가 임하여 하나님 나라 속에 살아야지, 하나님 나라를 떠나보내고 몸만 가지고 살면 어떻게 하겠습니까? 껍데기 인생을 살아서는 안 되는 것입니다. 우리가 용서도 못 받고 죄만 짓는다면 하나님의 나라는 우리에게서 떠나가고 맙니다.

우리에게 임한 이 하늘나라는 하늘나라의 지점에 해당됩니다. 예수님께서 오실 때 비로소 하늘나라 본점이 임합니다. 은행도 본점이 있고, 지점이 있듯이 예수 믿는 한 사람, 한 사람이 천국 지점입니다. 그러므로 우리는 끝까지 하늘나라 속에서 살아야 합니다. 하늘나라 특권을 누리며 살아야 합니다.

마귀는 어찌하든지 우리에게서 하늘나라를 빼앗아 가려고 온갖 궤계를 다 꾸밉니다. 천국의 진리를 깨닫지 못하게 하고, 믿지 못하게 하고, 의심나게 하고, 기도하지 못하게 해서 우리 속에 하늘나라가 임하지 못하게 방해합니다. 그럴수록 우리는 하나님의 나라가 우리 안에 충만히 임하게 해야 합니다. 우리 속에 치료의 나라가 임하면 병이 낫고, 축복의 나라가 임하면 기적적인 도움이 다가옵니다. 성령 충만의 나라가 임하면 성령 받고, 방언 받고, 은사를 받으며, 용서의 나라가 임하면 의의 의복을 입고 마음에 즐거움과 기쁨이 넘치게 됩니다. 이와 같이 하나님 나라의 역사가 나타날 때, 마귀가 물러가고 수많은 사람들이 예수를 믿고 돌아오게 되는 것입니다.

하나님의 뜻은 이미 하늘에서 이루어졌습니다. 우리가 믿는 하나님은 알파와 오메가요, 처음과 나중이요, 시작과 끝입니다. 시작부터 끝까지 이미 다 보고 계시는 분이십니다. 하나님은 벌써 이 세상 끝을 다 이루시고, 그 청사진을 요한계시록에 기록해 놓으셨습니다. 요한계시록에는 새 하늘과 새 땅과 새 예루살렘이 이미 완성되었다고 기록되어 있습니다. 현재는 하늘에서 이미 이루어진 하나님의 뜻이 진행되는 과정일 뿐입니다.

나는 기도할 때마다 내가 이미 태어나기도 전에 하늘에서 이루어진 뜻이 하나도 남김없이 나에게 다 이루어지도록 믿고 순종하게 해 달라고 기도합니다. 이 세상 원수 마귀는 아예 하늘에서 하나님의 뜻을 거역해 버렸고, 오늘날 믿지 않는 사람들 역시 불신앙과 불순종으로 하늘에서 이미 계획한 뜻을 거역하고 옆길로 갑니다. 그렇기 때문에 그들은 하나님께 버림받을 수밖에 없습니다. 예수 믿는 사람도 삶 속에서 하나님의 뜻을 거역하고 자기 뜻대로 나가면 매를 맞습니다. 설사 매를 안 맞는다 해도 하나님의 뜻을 거역하는 것은 물살을 거슬러 노를 젓는 것과 같아서 고생스럽습니다. 가시밭길을 걸어가는 것과 매한가지입니다. 이렇게 하나님이 닦아 놓으신 고속도로를 버리고 자기가 길을 닦으며 나아간다면 자신만 고생할 뿐입니다.

우리의 일생은 하나님께서 이미 다 결정해 놓으셨습니다. 성경은 "나를 위하여 정한 날이 하루도 되기 전에 주의 책에 다 기록이 되었나이다"(시 139:16)라고 말씀하고 있습니다. 그러므로 우리는 아버지의 뜻이 하늘에서 이루어진 것같이 땅에서도 이루어지게 해 달라고 늘 기도해야 합니다.

여의도순복음교회가 지금처럼 커진 것은 내가 목회를 잘해서가 아닙니다. 이미 하늘에서 창세전에 여의도에 큰 교회를 세우시겠다고 뜻을 정해 놓으셨기 때문입니다. 나는 그 청사진 속에 부름받은 주의 종일 뿐입니다. 성도님들도 마찬가지입니다. 창세전에 세우신 하나님의 뜻을 따라 각자의 교회로 부름받은 것입니다. 그러므로 일단 그 교회에 왔으면 하나님이 나가라 하시기 전에는 나가지 말고 열심히 순종해야 합니다. 내가 가고 싶다고 이 교회도 다니고, 저 교회도 다니고 하면 복이 없습니다. 하나님의 뜻 가운데 살 때 복이 내려오는 것이지, 하나님의 뜻을 벗어나면 그때부터는 축복을 받지 못합니다.

이스라엘 백성이 구름 기둥과 불기둥 밑에 있을 때 만나가 떨어졌음을 알아야 합니다. "야! 광야에 만나가 떨어지는구나. 아무거나 주워 오자." 하고 보따리를 싸서 가 보면 구름 기둥과 불기둥이 없는 곳에는 만나가 없습니다. 메추라기가 떨어지니까 '광야에는 원래부터 메추라기가 많은가 보다.' 하고 이리저리 돌아다녀 봤자 한 마리도 못 잡습니다. 구름 기둥과 불기둥이 있는 곳에만 메추라기가 오는 것입니다.

하나님의 성령이 인도하는 그곳에서 하나님의 뜻대로 살 때 우리는 축복을 받습니다. 예수 믿으니까 내 마음대로 살아도 된다고 생각하는 사람에게는 하나님의 축복이 임할 리가 만무합니다. 그러므로 우리는 늘 아버지의 뜻을 따라, 아버지의 성령을 따라 살게 해 달라고 간절히 기도해야 합니다.

11절 오늘 우리에게 일용할 양식을 주시옵고

어떤 사람은 하나님이 물질적인 문제에는 관심이 없다고 말합니다. 그러나 그렇지 않습니다. 주님은 우리에게 일용할 양식에 대해서 기도할 것을 가르쳐 주셨습니다. 하나님께서 우리의 일생을 위해서 하늘나라의 양식을 이미 다 준비해 두셨으므로 내일 일을 염려하지 말고 하루의 양식을 구하라고 말씀하신 것입니다. 우리 하나님께서는 우리의 입을 것, 먹을 것, 마실 것을 예비해 놓으셨습니다. 들의 백합화도 입히시고, 공중의 새도 먹이시는 하나님께서 자녀들을 먹이고 입히시지 않겠습니까?

우리가 일용할 양식을 구할 때는 먼저 영적인 양식을 구해야 합니다. 오늘의 만나를 구하는 것입니다. 우리는 날마다 하늘나라의 양식인 말씀을 먹어야 합니다. 육신의 양식은 매일 하루 꼬박 세 끼씩 먹으면서 하늘나라의 양식은 아예 먹지 않는다면 어떻게 되겠습니까? 우리의 영혼이 영양실조에 걸리지 않으려면 신령한 양식을 매일 먹어야 합니다. 그러면 하나님께서 그 양식을 통해 우리를 하나님의 성령으로 인도해 주십니다. 말씀은 괜히 읽는 것이 아닙니다. 하나님께서 그 말씀을 통해 우리를 인도하시고 감화 감동을 주시는 것입니다.

말씀을 읽고 잊어버리는 것은 문제가 되지 않습니다. 콩나물에 물을 주면 그 물이 다 빠져 버리지만 콩나물은 쑥쑥 잘 자라지 않습니까? 나도 어릴 적에 콩나물을 키워본 경험이 있는데 매일매일 물을 줬습니다. 저녁에 주면 다음날 점심에 또 줘야 하는데 이 물이 다 빠져 나가고 없습니다. 하루는 귀찮아서 그릇에 난 구멍을 막아 버렸다가 할머니한테 콩나물 다 썩는다고 혼이 난 적도 있습니다. 콩나물이 물을 하나도 못 먹는 것처럼 보여도 잘 크는 것처럼 성경을 읽는 것도 마찬가지입니다. 어떤 것은 읽으면 이름만 잔뜩 있고, 귀찮아 못 읽겠다 싶은 것도 있지만 무조건 '믿습니다.' 하고 읽으면 신기하게 영적인 양식이 됩니다.

신령한 양식인 창세기부터 요한계시록까지의 말씀은 우리의 영혼을 살리는 양식이므로 우리가 끊임없이 먹어야 합니다. 그래서 기도할 때 "신령한 양식을 주옵소서. 게으르지 말고 하나님 말씀을 먹을 수 있도록 신령한 양식을 주옵소서."라고 기도해야 합니다. 그다음에 육신의 양식을 구하는 것입니다. 우리가 매일매일의 필요를 구하면 하나님께서 그것을 다 채워 주십니다.

12절 우리가 우리에게 죄지은 자를 사하여 준 것같이 우리 죄를 사하여 주시옵고

세상에서 죄를 짓지 않고 사는 사람은 없습니다. 비록 우리가 믿음으로 주님 앞에 용서를 받고 의인이 되었지만 그럼에도 불구하고 우리는 매일매일 죄를 짓고 삽니다.

예수님은 제자들과 성만찬을 하신 후 대야에 물을 떠다가 제자들의 냄새나는 발을 씻어 주셨습니다. 그러자 제자들의 얼굴은 홍당무가 되어 버렸습니다. 옛날에는 샌들을 신고 다녔기 때문에 발이 쉽게 더러워져서 집에 들어가면 종이 와서 발을 씻겨 주었습니다. 그런데 종이 씻기는 발을 예수님이 씻어 주시니까 제자들은 몸둘 바를 몰랐던 것입니다. 베드로는 "주님, 내 발은 절대 씻지 못하십니다." 하며 강력하게 거부했습니다. 그러자 예수님은 "내가 너를 씻어 주지 아니하면 네가 나와 상관이 없느니라"(요 13:8)고 말씀하셨습니다. 이에 베드로는 아예 머리부터 발까지 다 씻어 달라고 부탁했습니다. 그러나 주님은 "이미 목욕한 자는 발밖에 씻을 필요가 없느니라"(요 13:10)고 말씀하셨습니다. 이 말씀은 참으로 의미심장합니다. 목욕은 몸 전체를 씻는 것이고 세족(洗足)은 부분적인 것입니다. 한번 예수를 믿으면 모든 죄를 용서받습니다. 그러므로 다시 목욕할 필요가 없습니다. 그러나 행위를 나타내는 발은 수시로 더러워지므로 자주 씻어야 합니다. 우리는 매일 죄로 더러워집니다. 욕한 죄, 남을 흉본 죄, 미워한 죄 등, 많은 죄를 짓습니다. 그러므로 우리는 날마

다 회개해야 합니다.

그런데 우리가 매일매일 주님께 죄를 씻어 달라고 기도하면서 내게 잘못한 사람의 죄를 용서해 주지 않는다면 그것은 잘못된 것입니다. 내가 예수 그리스도께 용서를 받았으므로 나는 용서의 빚을 진 사람입니다. 그 용서의 빚을 누구에게 갚습니까? 내게 죄지은 사람에게 갚아야 합니다. 가까운 남편의 죄를 용서해 주고, 아내의 죄를 용서해 주고, 자식의 죄를 용서해 줘야 합니다. 예수 믿는 사람에게 가장 중요한 것이 용서입니다. 내 죄는 자꾸 용서해 달라고 하면서 남의 죄는 인색하게 용서를 안 해 줄 때가 많습니다. 회개하는 사람을 용서해 주라는 것입니다. 베드로가 주님에게 죄지은 사람을 하루에 일곱 번 용서하면 족하냐고 여쭤보자, 주님은 죄인이 회개한다면 일곱 번씩 일흔 번이라도 용서하라고 하셨습니다(18:22).

용서에는 반드시 회개의 조건이 있어야 합니다. 우리가 우리에게 죄지은 자를 사하여 준 것같이 우리 죄를 사하여 달라고 기도하는 것은 이웃이 내게 와서 회개할 때 용서해 주는 것을 말합니다. 회개도 안 하는데 내가 "용서한다, 용서한다." 하는 것은 의미가 없습니다. 용서에는 반드시 회개의 조건이 붙어야 합니다.

13절 우리를 시험에 들게 하지 마시옵고 다만 악에서 구하시옵소서 (나라와 권세와 영광이 아버지께 영원히 있사옵나이다 아멘)

예수님은 우리에게 시험에 들지 말게 기도하라고 가르쳐 주셨습니다. 시험에는 두 가지가 있습니다. 하나는 마귀가 주는 '페이라조'(*πειράζω*)이고, 다른 하나는 하나님이 주시는 '도키마조'(*δοκιμάζω*)입니다. 하나님이 우리에게 시험을 주시는 이유는 우리의 믿음을 시험하신 후에 더 큰 축복을 주시기 위함입니다. 하나님께서는 반드시 시험을 하신 후에 복을 주십니다. 시험 없이 오는 복은 없습니다. 우리에게 다가오는 많은 시험과 환난은 도키마조의 시험이 많습니다. 시험과 환난을 만났을 때 우리가 믿음과 인내를 굳건히 하여 통과하면, 하나님은 반드시 우리에게 복을 주십니다. 하나님으로부터 오는 도키마조 시험은 결국 우리를 살리는 시험인 것입니다.

그러나 마귀가 주는 페이라조 시험은 우리의 약점을 노려서 공격합니다. 돈을 사랑하고, 도박을 좋아하고, 음란을 좋아하고, 술을 좋아하는 그런 인격적인 약점을 알고 마구 공격해 들어옵니다. 마귀가 도박친구를 보내고, 술친구를 보내고, 음란한 친구를 보내고, 도둑질하는 친구를 보내서 그 약점을 마구 파헤치면 그 사람은 흔들거리고 맙니다. 사람마다 약점이 있기 때문에 마귀는 이런 식으로 사람을 넘어뜨립니다. 이처럼 마귀의 시험은 우리를 죽이기 위한 것입니다. 우리는 이 마귀가 주는 시험에 들지 말아야 합니다. 예수님이 말씀하신 시험이 바로 이 페이라조 시험입니다. 그러므로 우리는 늘 시험에 들지 말게 해 달라고 기도해야 합니다. 내 약점으로 말미암아 마귀의 유혹을 받아 넘어지지 않게 해 달라고 하나님께 간구해야 합니다.

14-15절 너희가 사람의 잘못을 용서하면 너희 하늘 아버지께서도 너희 잘못을 용서하시려니와 너희가 사람의 잘못을 용서하지 아니하면 너희 아버지께서도 너희 잘못을 용서하지 아니하시리라

사람은 누구나 이 세상을 살아가면서 잘못을 범합니다. 그런데도 자신에게 잘못을 저지른 사람의 과실을 용서하지 않고 마음속에 꼭 가지고 있는 사람들이 많이 있습니다. 이렇게 용서하지 않는 마음을 가지고 있으면 마음이 병들고 대인 관계가 완전히 얼어붙게 됩니다. 그렇기 때문에 넓은 마음, 용서해 주는 마음이 우리의 인생에 반드시 필요합니다.

사람은 모두 완전한 존재가 아닙니다. 그러므로 저지른 잘못을 원상복구 하고 살아가게 하는 것은 용서밖에 없습니다. 가정도 그렇습니다. 완전한 남편, 완전한 아내는 이 세상에 없습니다. 남편도 잘못을 저지르고 아내도 잘못을 저지르는데 그 잘못을 자꾸 조건 삼아서 원망하고, 불평하고, 탄식하고, 공격하면 결국 함께 살 수 없는 것입니다.

잘못을 저지르면 용서해 주고 포용하는 마음이 있어야 합니다. 마음속에 늘 용서해 준다는 마음을 가지고 살아가야 하는 것입니다. 용서는 회개할 때 주어지는 것이기 때문에 회개하지 않으면 실제 용서는 되지 않습니다. 그러나 그래도 용서하겠다는 마음의 자세는 늘 가지고 살아야 합니다.

우리 하나님은 모든 인류를 용서하시겠다는 마음의 자세를 늘 가지고 계십니다. 그렇기 때문에 죄인이 하나님께 회개하기만 하면 용서해 주십니다. 회개도 안 하는데 일방적으로 용서하시고 "다 천당에 올라오너라."고 하시지는 않습니다. 성경은 "만일 우리가 우리 죄를 자백하면 그는 미쁘시고 의로우사 우리 죄를 사하시며 우리를 모든 불의에서 깨끗하게 하실 것이요"(요일 1:9)라고 말씀하고 있습니다. 그러므로 우리는 늘 회개해야 합니다.

우리에게는 용서하는 마음과 회개하는 마음을 가지는 것이 절대적으로 필요합니다. 자기의 잘못을 타당화하는 사람과는 절대로 같이 살 수 없습니다. 자기가 잘못한 것을 깨닫게 되면 곧장 잘못했다고 회개할 줄 알아야 합니다.

용서를 구하는 것은 수치스러운 일이 아닙니다. 용서를 구하는 것은 새로운 삶을 출발하는 가장 귀한 것이므로 오히려 아름다운 것입니다. 그러므로 체면이 깎이고, 자존심이 좀 상할지라도 내가 한 잘못에 대해 용서를 구할 줄 아는 사람은 훌륭한 사람이요, 큰 사람입니다. 용서를 구할 줄 모르는 사람은 마음이 좁은 사람이요, 악독한 사람입니다. 성경은 하나님이 우리를 용서해 줄 마음을 가지고 계시다가 우리가 이웃을 용서해 주면 비로소 우리 죄를 용서해 주신다고 말씀하고 있습니다. '나는 하나님께 용서받고, 이웃은 절대로 용서하지 않는다.' 와 같은 완악한 마음을 가지고 있으면 하나님께서도 우리를 용서해 주시지 않습니다.

용서는 마음에 굉장한 치료를 가져옵니다. 용서하는 사람의 마음에도 치료가 오고 용서받는 사람의 마음에도 치료가 옵니다. 이 세상에 죄를 짓지 않는 의인이 누가 있습니까? 아무도 없습니다. 내가 남을 용서하면 나도 남에게 용서받을 수 있는 기회가 다가옵니다. 그러나 내가 남을 용서하지 않으면 나도 남에게 용서받을 수 있는 기회가 없는 것입니다. 이것이 주고받는 법칙이요, 심고 거두는 법칙입니다.

용서해 줄 마음을 가지고 있으면 미운 생각이나 보복할 생각이 생기지 않습니다. 그럴 때 남편이 잘못했다고 하면 언제든지 용서해 줄 수 있고, 아내가 잘못했다고 하면 곧장 용서해 줄 수 있습니다. 자식이 잘못했다고 하면 용서해 주고, 부모라도 잘못했다고 하면 용서해 줄 수 있는 것입니다. 이웃 간에도 그렇습니다. 보복하고 거기에 대항할 마음을 버리고 이웃이 잘못했다고 회개하면 곧장 용서해 주어야 합니다. 용서해 줄 마음 없이 언제나 '저놈 두고 보자. 내가 가만두는가 보자.' 는 마음을 가지고 있는 사람은 늘 긴장이 되고, 상대방하고도 올바른 대화를 할 수 없습니다. 상대방이 나에게 잘못했다고 사과하는데도 "용서할 수 없어. 반드시 너에게 보복하겠어." 라고 한다면 아버지께서도 우리의 과실을 용서하시지 않고 우리에게 보복하실 것입니다.

이러므로 우리는 사람과의 관계가 하나님과의 관계에 굉장한 영향을 미친다는 사실을 알아야 합니다. 우리가 사람을 사랑하면 하나님도 우리를 사랑하여 주시고 사람을 미워하면 하나님과의 대화가 끊어져서 우리 기도가 막히게 됩니다. 이러므로 어찌되든지 나만 잘 믿으면 된다는 자세는 잘못된 것입니다.

어릴 적 내가 살던 동네의 시장에는 늘 예수 믿으라고 전도하는 아주머니가 한 분 계셨습니다. 그분은 한 주에 한 번씩 시장에서 구역 예배를 드렸는데 아주 말도 잘하고, 똑똑하고, 찬송도 잘 불렀습니다. 당시 나의 어머니는 시장에서 장사를 하셨기 때문에 나는 학교 갔다 와서 어머니 장사를 돕기 위해 시장에 가곤 했습니다. 그런데 그 전도 아주머니가 싸움만 했다 하면 시장이 떠나가라 싸웁니다. 그분이 말은 또 얼마나 잘 하던지, 나는 속으로 '아! 예수쟁이는 말을 잘 하는구나.' 라고 생각했습니다. 예수를 안 믿었던 나에게는 전도도 잘할 뿐 아니라, 싸움도 잘 하는 그 아주머니가 걸림돌이 되었습니다. 친구들이 학교에서 예수 믿으라고 하면 그 아주머니 생각이 나서 믿기가 싫었습니다. 만일 내가 폐병이 걸리지 않았더라면 천국에도 못 갈 뻔했습니다.

이처럼 예수 믿는 사람의 행동은 사람들에게 많은 영향을 줍니다. 믿지 않는 사람이 구원받는 데 절대적인 도움이 될 수도 있고, 절대적인 방해가 될 수도 있는 것입니다. 그러므로 우리는 하나님의 영광을 위해서 대인 관계에서 그리스도의 영광을 나타내도록 노력해야 하겠습니다.

3. 은밀한 금식(6:16-18)

16. 금식할 때에 너희는 외식하는 자들과 같이 슬픈 기색을 보이지 말라 그들은 금식하는 것을 사람에게 보이려고 얼굴을 흉하게 하느니라 내가 진실로 너희에게 이르노니 그들은 자기 상을 이미 받았느니라 17. 너는 금식할 때에 머리에 기름을 바르고 얼굴을 씻으라 18. 이는 금식하는 자로 사람에게 보이지 않고 오직 은밀한 중에 계신 네 아버지께 보이게 하려 함이라 은밀한 중에 보시는 네 아버지께서 갚으시리라

16-18절 금식할 때에 너희는 외식하는 자들과 같이 슬픈 기색을 보이지 말라 그들은 금식하는 것을 사람에게 보이려고 얼굴을 흉하게 하느니라 내가 진실로 너희에게 이르노니 그들은 자기 상을 이미 받았느니라 너는 금식할 때에 머리에 기름을 바르고 얼굴을 씻으라 이는 금식하는 자로 사람에게 보이지 않고 오직 은밀한 중에 계신 네 아버지께 보이게 하려 함이라 은밀한 중

에 보시는 네 아버지께서 갚으시리라

금식은 기도가 하나님께 상달되도록 하기 위한 것입니다. 사람은 먹어야 삽니다. 먹지 않으면 죽을 수밖에 없습니다. 그러므로 금식하며 기도한다는 것은 죽을 각오를 하고 기도를 하는 것입니다. 먹을 것 먹고, 마실 것 마셔 가면서도 기도는 할 수 있습니다. 그러나 중대한 문제를 만나고, 내 힘으로 해결할 수 없는 답답한 일을 당했을 때는 죽기 아니면 살기로 매달리게 됩니다. 그럴 때는 금식이 굉장히 효과가 있습니다. 먹지 않고 죽을 각오를 하고 매달리면 하나님께서 귀를 기울여 들으시고, 마귀는 그 힘에 질려서 떠나가는 것입니다.

사람이 잘 먹고, 잘 입고, 잘살 때 마귀는 육신의 정욕, 안목의 정욕, 이생의 자랑을 통해서 역사합니다. 그러나 금식을 하면 정욕이 끊어져 버리므로 마귀가 발 디딜 틈이 없습니다. 금식을 하면 마귀의 흉악한 줄이 끊어집니다. 우리 목에 있는 멍에가 꺾어집니다. 간절한 기도가 상달되기 때문에 하나님께서 응답하여 주시는 것입니다. 그러므로 하나님께서 금식을 명하시는 경우 외에도 삶 속에서 아주 간절한 소원이 있을 때는 금식해야 합니다.

금식할 때는 외식하는 자와 같이 슬픈 기색을 하지 말아야 합니다. 금식을 하면서 머리도 빗지 않고, 얼굴도 씻지 않고, 다 죽어 가는 얼굴을 하고, 힘없는 소리를 내는 것은 사람들에게 공증(公證)을 받기 위한 것입니다.

"야, 나 금식한다. 나 봐라. 나는 이렇게 고생을 하면서 금식을 하니 내가 얼마나 훌륭하냐?"

이처럼 사람들에게 인정받기 위해서 하는 금식은 효과가 없습니다. 하나님께서는 사람이 하나님 핑계를 대면서 사람에게 인정받고, 칭찬받고, 과시하는 것을 가장 미워하십니다. 그러므로 모든 것은 하나님 앞에서 해야 합니다. 찬송을 할 때에도 순수하게 하나님 앞에서 하지 않고 아름다운 목소리를 자랑하기 위해 하는 것은 아무 효과가 없습니다. 돼지 멱따는 소리를 해도 내가 정말 하나님을 사랑해서 하나님 앞에서 부른다면 하나님께서는 그 노래를 기쁘게 받아 주십니다.

나의 할머니는 나를 통해 전도를 받아 예수를 영접하고 찬송을 배우셨습니다. 그 뒤로 찬송가를 1장부터 끝장까지 부르시는데, 혼자 앉아서 부르고 싶은 찬송을 다 부르십니다. 애들이 듣고 웃어도 할머니는 "하나님만 들으시면 됐지, 사람들 들으라고 안 한다." 시며 열심히 찬송을 부르셨습니다. 하나님은 그런 찬송을 기쁘게 들으시는 분입니다.

하나님께서는 순수하고 진실한 마음을 찾으십니다. 성경은 "하나님은 영이시니 예배하는 자가 영과 진리로 예배할지니라"(요 4:24)고 말씀하고 있습니다. 하나님은 성령의 도우심을 받아 진실한 마음으로 하는 기도를 들으시는 것입니다. 금식도 마찬가지입니다. 사람에게 보이려고 외식하는 자와 같이 슬픈 기색을 내면 하나님께서 "그래, 이미 너는 사람에게 인정받고 동정받았으니까 나하고는 상관이 없다." 하시고는 돌아보시지 않습니다. 그러므로 금식할 때도 머리에 기름을 바르고, 세수하고, 옷을 단정히 입고, 방실방실 웃으면서 사람들이 전혀 금식하는 것을 모르게 해야 합니다. 그렇게 하나님 앞에 금식을 하면 인정을 받습니다.

체질도 금식에 많은 영향을 줍니다. 예전에 C.C.C.를 창설하신 김준곤 목사님이 40일 금식을 하면서 출근하고 기도하는 모습을 본 적이 있습니다. 그런데 나는 금식만 하면 힘이 하나도 없습니다. 무릎이 떨리고 머리가 아득해서 생각도 안 나고 도저히 일을 할 수가 없습니다. 그래서 '나는 하나님께서 은혜를 안 주시려나 보다.' 라고 걱정을 했는데 다행히도 나와 비슷한 사람을 만나게 되었습니다. 김활란 박사님이 이화여자대학교 총장으로 계실 때 초청을 받아 함께 식사를 한 적이 있었습니다. 김활란 박사님은 자신이 금식을 잘 못한다고 했습니다. 금식을 하면 머리가 텅 비어서 아무 생각도 안 나고, 기도도 못하고, 그냥 가만히 앉아만 있다는 것입니다. 오히려 밥을 먹어야 생각도 잘 나고, 기도도 잘 된다고 했습니다. 그 말을 듣고 나는 속으로 '동창생 하나 있구나.' 라고 생각했었습니다. 이처럼 체질에 따라서 금식을 잘할 수도, 못할 수도 있는 것입니다.

우리가 금식을 했다고 해서 당장 거룩해지는 것은 아닙니다. 금식은 하나님께 소원을 아뢰기 위해서 자기 자신을 죽이는 일입니다. 그러므로 금식한 공로 때문에 남보다 나은 사람이 된다는 생각은 잘못된 것입니다. '나는 금식을 많이 했고 너는 금식을 못했으니까 너 같은 것은 아무것도 아니다.' 라는 생각은 옳지 않습니다.

은혜는 하나님께서 일방적으로 주시는 것입니다. 내가 금식했기 때문에 하나님이 그 공로를 보시고 은혜를 많이 주시고 특별히 사용하시는 것이 아닙니다. 하나님은 절대주권자시기 때문에 금식을 하든 안 하든 하나님께서 택할 사람을 택하시고, 은혜 줄 사람에게 은혜를 주시고, 은사 줄 사람에게 은사를 주십니다. 나는 솔직히 하나님의 성회 교단에서 금식을 못하는 사람 중의 하나입니다. 하나님의 성회 후배들 중에는 40일 금식한 목회자도 많이 있습니다. 나는 최고로 많이 한 것이 일주일 정도밖에 되지 않습니다. 그래서 나는 금식하라는 말을 듣는 것이 가장 겁났습니다. 물론 나도 금식을 잘할 수 있으면 참 좋겠습니다. 그렇게 하고 싶은 마음이야 간절하지만 금식을 사흘 이상만 하면 아무 것도 못하고 드러누워 있어야 하니, 체질이 그런 것을 어떡합니까? 그런데도 하나님께서 나를 긍휼히 여기셔서 금식하는 사람과 똑같이 계시를 주시고, 능력을 주시고, 목회도 크게 하도록 은총을 주셨습니다. 이런 것을 볼 때 은혜는 하나님이 일방적으로 주시는 것이지 우리가 공로를 세워서 주시는 것이 아닙니다.

하나님은 은밀하게 일하기를 즐겨 하십니다. 그래서 언제나 자신을 드러내지 않고 숨어 계십니다. 우리가 지나온 인생을 뒤돌아보면서 '아, 그때 하나님이 나를 도와주셨구나!' 라고 깨닫는 이유도 바로 여기에 있습니다.

예전에 남아프리카에 사는 할머니와 아버지, 어머니가 다섯 살쯤 된 딸을 나에게 데리고 온 적이 있습니다. 그 아이는 백혈병에 걸려 있었는데 남아프리카에서 이미 사형선고를 받은 상태였습니다. 그런데 그분들이 우리 집회 때 병자가 많이 낫는다는 소식을 듣고 수만 리 떨어진 집회 장소까지 딸을 데리고 온 것입니다. 기도를 해 주려고 보니까 기가 막힙니다. 아이가 백혈병으로 열이 펄펄 끓습니다. 아이 아버지는 예수를 믿진 않지만, 장모와 부인이 기도를 받으면 산다고 하니까 데리고 왔습니다. 내가 그 아버지를 보고 "당신이 회개하고 예수를 믿지 않으면 하나님께 기도가 상달되지 않는다." 고 하자 눈물을 흘리며 예수를 영접했습니다. 나는 그 딸을 안고 간절히 예수님의 이름으로 기도해 주었습니다.

그런데 이튿날 아이의 상태가 더 나빠졌다며 아이의 부모가 나를 찾아

왔습니다. 나는 "아이가 더 아프고 덜 아프고는 나와 상관이 없다. 마가복음 16장 17절부터 18절에 '믿는 자들에게는 이런 표적이 따르리니 곧 그들이 내 이름으로 귀신을 쫓아내며 새 방언을 말하며 뱀을 집어 올리며 무슨 독을 마실지라도 해를 받지 아니하며 병든 사람에게 손을 얹은즉 나으리라' 고 기록되어 있으므로 나는 주님을 믿는다. 주님이 고치셨으니 평안히 가라." 고 말했습니다. 그 가족들은 내 말을 듣고 평안히 돌아갔습니다. 그리고 얼마 후 남아프리카에서 편지가 왔는데, 가서 검사를 받아보니까 암이 온데간데없이 깨끗이 사라졌다는 것입니다.

이렇게 하나님께서는 자신을 드러내지 않고 은밀하게 일하기를 원하십니다. 그 딸에게 손을 얹고 기도할 때는 하나님이 안 보였지만, 지나고 나서 보니 그 자리에 하나님이 함께 계셨음을 알게 되었듯이 말입니다. 그러므로 우리가 주님께 기도할 때도 마음에 골방을 만들어 주님께 일대일로 나아가 기도를 해야 합니다. 찬송을 해도 주님과 일대일로, 금식을 해도 주님과 일대일로 해야 합니다. 우리는 주님 앞에서 사는 사람들이기 때문에 모든 것을 주님 앞에서 해야 합니다. 주님만 자랑하고 주님의 영광을 위해 살아야지, 사람을 자랑하려고 하면 안 되는 것입니다.

여러분도 이처럼 금식을 하더라도 절대로 자랑하지 말고 오히려 하나님 앞에 더 낮아져서 하나님의 은혜를 간구하시기를 축원합니다. 그럴 때 은밀하게 일하시는 하나님께서 여러분의 간절한 소원에 응답하시고 모든 흉악의 결박을 다 끊어 주실 것입니다.

4. 천국의 은행 계좌(6:19-34)

19. 너희를 위하여 보물을 땅에 쌓아 두지 말라 거기는 좀과 동록이
해하며 도둑이 구멍을 뚫고 도둑질하느니라 20. 오직 너희를 위하
여 보물을 하늘에 쌓아 두라 거기는 좀이나 동록이 해하지 못하며 도
둑이 구멍을 뚫지도 못하고 도둑질도 못하느니라 21. 네 보물 있는
그곳에는 네 마음도 있느니라 22. 눈은 몸의 등불이니 그러므로 네
눈이 성하면 온몸이 밝을 것이요 23. 눈이 나쁘면 온몸이 어두울 것
이니 그러므로 네게 있는 빛이 어두우면 그 어둠이 얼마나 더하겠느
냐 24. 한 사람이 두 주인을 섬기지 못할 것이니 혹 이를 미워하고
저를 사랑하거나 혹 이를 중히 여기고 저를 경히 여김이라 너희가 하
나님과 재물을 겸하여 섬기지 못하느니라 25. 그러므로 내가 너희
에게 이르노니 목숨을 위하여 무엇을 먹을까 무엇을 마실까 몸을 위
하여 무엇을 입을까 염려하지 말라 목숨이 음식보다 중하지 아니하
며 몸이 의복보다 중하지 아니하냐 26. 공중의 새를 보라 심지도 않
고 거두지도 않고 창고에 모아들이지도 아니하되 너희 하늘 아버지
께서 기르시나니 너희는 이것들보다 귀하지 아니하냐 27. 너희 중
에 누가 염려함으로 그 키를 한 자라도 더할 수 있겠느냐 28. 또 너
희가 어찌 의복을 위하여 염려하느냐 들의 백합화가 어떻게 자라는
가 생각하여 보라 수고도 아니하고 길쌈도 아니하느니라 29. 그러
나 내가 너희에게 말하노니 솔로몬의 모든 영광으로도 입은 것이 이
꽃 하나만 같지 못하였느니라 30. 오늘 있다가 내일 아궁이에 던져
지는 들풀도 하나님이 이렇게 입히시거든 하물며 너희일까 보냐 믿
음이 작은 자들아 31. 그러므로 염려하여 이르기를 무엇을 먹을까

무엇을 마실까 무엇을 입을까 하지 말라 32. 이는 다 이방인들이 구하는 것이라 너희 하늘 아버지께서 이 모든 것이 너희에게 있어야 할 줄을 아시느니라 33. 그런즉 너희는 먼저 그의 나라와 그의 의를 구하라 그리하면 이 모든 것을 너희에게 더하시리라 34. 그러므로 내일 일을 위하여 염려하지 말라 내일 일은 내일이 염려할 것이요 한 날의 괴로움은 그날로 족하니라

19-21절 너희를 위하여 보물을 땅에 쌓아 두지 말라 거기는 좀과 동록이 해하며 도둑이 구멍을 뚫고 도둑질하느니라 오직 너희를 위하여 보물을 하늘에 쌓아 두라 거기는 좀이나 동록이 해하지 못하며 도둑이 구멍을 뚫지도 못하고 도둑질도 못하느니라 네 보물 있는 그곳에는 네 마음도 있느니라

보물을 땅에 쌓아 두는 것은 참으로 허무한 일입니다. 평생을 일해서 번 돈을 열심히 저축한다 하더라도 은행이 망하거나 국가적인 경제 위기가 닥치면 그 노력은 물거품이 되고 맙니다. 세상에 쌓아 둔 보물에는 좀이나 동록이 생기기 때문입니다. 게다가 도둑은 돈이 있는 곳을 겨냥하고 오기 때문에 돈을 땅에 쌓아 둔 사람은 늘 도둑이 오는 것을 걱정하고 염려해야 합니다. 이러한 어려움에도 불구하고 예수 믿지 않는 사람들은 보화를 땅에 쌓아 둘 수밖에 없습니다.

그러나 예수 믿는 우리들은 하늘에 예금합니다. 십일조, 건축 헌금, 감사 헌금, 선교 헌금 등을 통해 하늘 은행의 구좌에 저축합니다. 국가적인 위기나 환율의 변동은 하늘 은행과는 아무런 상관이 없습니다. 그곳엔 좀도 없고, 동록도 없습니다. 우리는 세상 사람들처럼 도둑을 걱정할 필

요도 없습니다.

하나님께서는 우리가 하늘에 예금한 대로 거두게 하십니다. 성경은 "사람이 무엇으로 심든지 그대로 거두리라"(갈 6:7)고 말씀하고 있습니다. 우리가 하늘에 심어 놓고 하나님께 부르짖으면 예금한 것을 거두게 하십니다. 하늘 문을 열고 심은 것을 따라 복을 주시며, 위기를 넉넉히 이기게 하십니다. 여러 방면에서 기적적인 방법으로 우리를 도우시며 환난에서 우리를 붙드시고, 일으켜 세워 주십니다.

인간은 연약한 존재이기 때문에 자꾸 무언가에 의존하려 합니다. 미래에 대한 불안감을 해소하기 위해 정초가 되면 토정비결을 보거나 점을 치기도 합니다. 그러나 인간의 모든 생사화복을 주관하시는 분은 오직 하나님뿐입니다. 하나님은 알파와 오메가요, 처음과 나중이며, 시작과 끝이 되십니다. 그러므로 우리가 평소에 하나님께 보물을 쌓아 놓으면, 세상 사람들처럼 토정비결이나 점치는 데 미혹되지 않습니다. 모든 것을 하나님께 맡겼으므로 하나님의 도우심을 믿기 때문입니다.

우리가 하나님께 간절히 기도할 때도 하늘나라에 심어 놓고 난 다음에 기도해야 합니다. 심지도 않고 기도하는 것은 효과가 없습니다. 성경에 나오는 고넬료는 평소에 기도와 구제에 힘썼던 사람이었습니다. 그러자 하나님께서는 천사를 보내서서 구원받는 복음을 듣게 하셨습니다. 도르가 또한 평소에 과부들을 위해 많은 애를 쓰고, 옷을 만들어 주고, 도움도 베풀었던 사람입니다. 그러한 도르가가 죽자 하나님께서는 베드로를 통해 다시 살려 주셨습니다. 이처럼 우리가 하나님께 예금해 놓으면 하나님은 구원으로, 돈으로, 치료로, 사업의 형통함 등으로 다양하게 거두게 하십니다.

하나님은 절대로 공짜를 거두게 하시지 않습니다. 오병이어를 드린 소년에게는 열두 바구니의 떡과 물고기를 거두게 하셨고, 배를 잠시 빌려 드린 베드로에게는 배 두 척에 물고기를 가득 채워 주셨습니다. 사렙다 과부가 물 한 그릇과 떡 한 조각을 엘리사에게 대접하자 가뭄이 끝날 때까지 밀가루 통에 밀가루가 떨어지지 아니하고 기름병에 기름이 마르지 않게 하셨습니다. 이렇게 하나님은 우리가 하나님을 위해 한 일을 다 기억하고 계셨다가 우리가 어려울 때 도움을 청하면 그것을 기억하고 도와주십니다. 이러므로 우리는 보물을 하늘에 쌓아 두어야 합니다. 어려울 때일수록 더 많이 주님께 헌금하고 십일조를 드려야 합니다. 좋을 때는 도움이 많이 필요하지 않지만 어려울 때는 도움이 많이 필요하기 때문입니다. 그러면 하나님께서 우리에게 은총의 단비를 내려 주십니다.

우리가 아무리 입술로 "믿습니다!"를 외치고 부르짖어도 진짜 믿음은 보물이 있는 곳에 있습니다. 십일조도 하지 않고 주일 헌물도 드리지 않으면서 그냥 "믿습니다"만 연발하는 자에게 하나님은 "너는 가짜다. 왜냐하면 네 보물 있는 곳에 네 마음도 있기 때문이다."라고 말씀하십니다. 남편이 아내를 사랑하면 아내에게 월급 봉투를 통째로 줍니다. 조금 사랑하면 월급 봉투는 자기가 가지고 있고 아내에게 생활비만 조금씩 줍니다. 아내를 전혀 사랑하지 않으면 한 푼도 주지 않습니다. 이처럼 마음이 가는 곳에 물질이 따라갑니다. 그렇기 때문에 예수님은 네 물질 있는 곳에 네 마음도 있다고 말씀하신 것입니다.

부모를 사랑하는 것도 마찬가지입니다. 입술로는 부모를 사랑한다고 하면서 아무 것도 해 드리지 않는 것은 효도가 아닙니다. 작은 선물이라도 가지고 가야 그것이 효도입니다. 생활비는 한 푼도 주지 않으면서 부모에게 효도한다는 것은 거짓입니다. 하나님께서도 물질을 가지고 오는 자를 진실하다고 하십니다. 예수님도 연보궤 옆에 서서 한 과부가 자기의 전 재산을 넣는 것을 보시고 "이 여자가 하나님을 가장 많이 사랑한다."고 하셨습니다. 비록 금액은 얼마 되지 않지만 그 여자는 자기가 가진 것 전부를 넣었습니다. 예수님은 그 마음의 중심을 보셨던 것입니다.

눈에 보이지 않는 사랑은 눈에 보이는 물질로 측정할 수 있습니다. 그러므로 하나님을 사랑한다고 헛되이 말해도 소용이 없습니다. 단지 말만으로는 인정받을 수 없습니다. 하나님께 마음이 있고 사랑하는 사람은 형편이 어렵더라도 하나님을 가장 먼저 섬기고 대접합니다. 성경은 "그가 나를 사랑한즉 내가 그를 건지리라"(시 91:14)고 말씀하고 있습니다. 하나님께서는 하나님을 사랑하는 자를 건지시고 하나님의 이름을 아는 자를 높여 주십니다. 아무나 돌봐 주시지 않습니다.

내가 하나님을 사랑하는가를 알아보려면 내가 십일조를 드리는지, 성경이 말하는 물질을 얼마나 드리는지를 보면 됩니다. 사람들은 사랑하는 사람에게는 물질을 아끼지 않습니다. 하나님을 사랑하는 자 또한 하나님께 많이 드립니다. 하나님이 물질이 없어서 우리에게 달라고 하시는 것이 아닙니다. 하나님을 향한 우리의 사랑을 알아보기 위해 그러시는 것입니다.

22-23절 눈은 몸의 등불이니 그러므로 네 눈이 성하면 온몸이 밝을 것이요 눈이 나쁘면 온몸이 어두울 것이니 그러므로 네게 있는 빛이 어두우면 그 어둠이 얼마나 더하겠느냐

만일 우리에게 눈이 없다면 몸을 마음대로 움직일 수 없을 것입니다.

눈이 보고 지시를 하니까 손발이 움직이는 것입니다. 눈이 어두우면 몸에 어둠이 꽉 차서 마음대로 행동할 수 없습니다. 이러므로 눈은 몸의 등불입니다.

눈이 밝으면 온몸이 밝습니다. 그러나 눈이 어두우면 참 괴롭습니다. 예전에 우리 교회에 눈이 굉장히 어두운 성도가 한 분 계셨는데 그분은 시력이 아주 나빠서 간신히 사람의 형태만 볼 수 있을 정도였습니다. 하루는 그분 집으로 심방을 갔다가 불고기를 대접받게 되었습니다. 상 위에서 고기를 계속 구워주니까 불고기판 위에는 구워진 고기와, 아직 구워지지 않은 고기가 같이 있었습니다. 그런데 이분이 자꾸 날고기를 집어 먹는 것입니다. 나하고 겸상으로 앉아 있었는데, 나에게도 날고기를 집어 줍니다. 나는 "그것은 날고기니 주지 마십시오." 라고 말하고 싶었지만, 혹시 자존심이라도 다칠까 봐 말도 못하고, 입에 넣은 날고기를 뱉지도 못해서 아주 고생한 적이 있습니다. 그러니 우리가 이 세상에서 눈을 밝히 떠서 볼 수 있다는 것이 얼마나 감사한 일입니까?

우리에게 예수님이 오셔서 조명해 주시면 우리가 어디에서 와서, 무엇을 위해 살며, 어디로 가는지 알게 됩니다. 예수님은 우리 영혼의 빛과 눈이 되십니다. 예수님을 모시고 사물을 보면 모든 것이 다 보입니다. 하나님이 어떻게 인간을 지으셨고, 첫 사람 아담이 어떻게 하나님을 배반하고 타락했는가를 알 수 있습니다. 또 예수님이 오셔서 우리를 구원해 주신 것도 알게 됩니다. 예수님의 빛으로 세상을 보면 옳고 그른 것도 분별할 수 있습니다. 죽음 저 건너편도 보입니다. 요단 강 건너편에 영생의 나라가 환히 보이는 것입니다. 그러나 예수님이 없으면 캄캄하고 답답한 삶을 살 수밖에 없습니다. 육신의 정욕, 안목의 정욕, 이생의 자랑을 좇아서 삽니다. 세상의 부귀공명만 따라 살다가 순식간에 이 세상을 떠나 영원한 지옥으로 떨어질 수밖에 없습니다. 그러므로 우리는 예수님을 통하여 눈을 뜨게 된 것에 감사해야 합니다.

> **24-28절** 한 사람이 두 주인을 섬기지 못할 것이니 혹 이를 미워하고 저를 사랑하거나 혹 이를 중히 여기고 저를 경히 여김이라 너희가 하나님과 재물을 겸하여 섬기지 못하느니라 그러므로 내가 너희에게 이르노니 목숨을 위하여 무엇을 먹을까 무엇을 마실까 몸을 위하여 무엇을 입을까 염려하지 말라 목숨이 음식보다 중하지 아니하며 몸이 의복보다 중하지 아니하냐 공중의 새를 보라 심지도 않고 거두지도 않고 창고에 모아들이지도 아니하되 너희 하늘 아버지께서 기르시나니 너희는 이것들보다 귀하지 아니하냐 너희 중에 누가 염려함으로 그 키를 한 자라도 더할 수 있겠느냐 또 너희가 어찌 의복을 위하여 염려하느냐 들의 백합화가 어떻게 자라는가 생각하여 보라 수고도 아니하고 길쌈도 아니하느니라

우리는 한 주인만을 섬기며 살아야 합니다. 성경은 우리가 두 주인을 섬길 수 없다고 말씀하고 있습니다. 생전에 최자실 목사님도 이 주제와 관련해서 나에게 다음과 같은 이야기를 해 주신 적이 있습니다.

황해도에 한 처녀가 살았는데 한꺼번에 두 군데에서 청혼을 받게 되었습니다. 한 사람은 아주 부잣집 아들인데 정신이 비정상이고, 다른 한 사람은 집은 가난한데 일류대를 나와서 관리로 임명된 미래가 보장되는 사람이었습니다. 이 처녀는 어느 편을 택할 것인가를 놓고 한참을 고심한

끝에 마음을 정했습니다. 그리고 자신의 생각을 어머니에게 말씀드렸습니다.

"엄마, 나 양쪽 다하고 결혼할래요. 살기는 교육 많이 받은 사람하고 살고, 밥은 부잣집에서 먹겠어요."

이 얼마나 얼토당토않은 대답입니까? 한 사람이 절대로 두 남편을 섬길 수 없습니다. 반드시 한 사람을 선택해야 합니다. 이와 마찬가지로 한 사람이 두 주인을 섬길 수 없습니다. 사람은 마음이 하나밖에 없기 때문에 사랑도 둘, 셋을 동시에 하지 못합니다. 그러나 몰몬교도들은 아내를 많이 둡니다. 그들의 신앙에 따르면 부활의 날에 남자가 여자의 이름을 부르지 않으면 구원을 받지 못한다고 합니다. 그래서 여자가 구원받으려면 반드시 시집을 가야 합니다. 이슬람교도들도 여러 명의 아내를 가질 수 있습니다. 단, 그 아내들을 공평하게 사랑해야 한다고 합니다. 그러나 마음이 하나밖에 없는 사람이 어떻게 여러 명을 공평하게 사랑할 수 있겠습니까? 그것은 불가능합니다. 사람은 오직 일대일로만 사랑할 수 있습니다. 두 주인을 섬길 수 없습니다. 교회를 섬기는 것도 마찬가지입니다. 한 교회에 마음을 두지 않고 여러 교회를 다니는 사람은 올바른 신앙생활을 할 수 없습니다. 우리가 하나님을 사랑하는 것도 이와 마찬가지입니다. 하나님과 물질을 동시에 사랑할 수 없습니다. 물질을 좋아하는 것이 무조건 나쁜 것은 아닙니다. 물질은 우리 삶에서 혈액과 같은 역할을 합니다. 피가 활발히 돌아서 몸을 건강하게 하듯, 물질도 우리의 삶을 윤택하게 하는 중요한 도구입니다. 그러나 하나님도 사랑하고, 물질도 사랑한다는 것은 거짓말입니다. 사람은 마음이 하나밖에 없기 때문입니다.

하나님께서는 우리에게 "네 마음을 다하고 목숨을 다하고 뜻을 다하고 힘을 다하여 주 너의 하나님을 사랑하라"(막 12:30)고 하셨습니다. 그러므로 우리는 물질보다 하나님을 더 사랑한다는 믿음을 보여야 합니다. 이 믿음의 증거로 하나님께서 제시하신 것이 바로 십일조입니다. 하나님이 주신 열 가지 중에서 하나를 하나님께 바치는 것입니다. 그래서 하나님께서는 십일조 문제를 중요하게 다루십니다. 하나님은 우리가 당신을 정말로 사랑하는지를 알고 싶어 하십니다. 하지만 무리하게 우리의 것을 다 달라고 하시지는 않습니다. 십분의 일을 통해서 우리가 하나님을 주인으로 섬기는가를 판단하시는 것입니다.

오늘날 많은 사람들이 천국에 가고 싶어 교회를 다니면서도 물질이 아까운 나머지 십일조를 드리지 않는 경우가 많습니다. 그런 사람은 하나님을 주인으로 섬기지 않는 사람입니다. 언젠가는 환난이나 박해나 시험이 닥쳐오면 하나님을 헌신짝처럼 버릴 사람입니다. 하나님을 이용하려고만 했지, 진실로 주인으로 믿고 섬기려 하지 않습니다.

모든 피조물은 하나님이 지으셨습니다. 땅도, 하늘도, 물질도 하나님의 작품입니다. 그러므로 물질 그 자체는 나쁜 것이 아닙니다. 돈도 그 자체가 악하거나 나쁜 것은 아닙니다. 바로 돈을 사랑하는 것이 일만 악의 뿌리가 되는 것입니다. 중요한 것은 우리가 무엇을 우선으로 생각하느냐입니다. 우리가 먼저 하나님의 나라와 의를 구하면 하나님께서 우리의 필요를 채우시고 우리를 책임져 주십니다. 우리가 하나님께 십일조를 드리고 주인으로 섬기면 그다음 우리 삶의 문제는 하나님께서 돌봐 주시는 것입니다.

그런데 이 세상 사람들은 생명의 주인이 자기 자신이라고 생각합니다. 그래서 그들은 먹고 마시고 입을 것을 스스로 준비합니다. 그러나 예수님은 우리의 생명이 하나님께 속한 것이라고 말씀하셨습니다. 우리의 인생은 하나님께서 준비하십니다. 예수님은 "수고하고 무거운 짐 진 자들아 다 내게로 오라 내가 너희를 쉬게 하리라"(11:28)고 말씀하셨습니다. 하늘과 땅의 모든 권세를 가지신 분이 우리의 짐을 대신 져 주신다고 하셨으니 이 얼마나 좋은 일입니까? 생명의 주인 되시는 하나님께 우리의 삶을 맡기면 나머지 문제는 자연적으로 해결되는 것입니다.

사실 우리의 삶에 어려움이 닥칠 때가 하나님에 대한 우리의 믿음을 증명할 좋은 기회가 되는 것입니다. 어두울 때 빛이 필요한 것처럼 우리는 더욱더 하나님의 나라와 의를 구하고 살아야 합니다. 그럴 때 "동남풍아 불어라, 서북풍아 불어라, 가시밭에 백합화 예수 향기 날리니 나는 하늘에 예금하고 하나님을 먼저 섬기고 살기 때문에 염려할 것 없다." 고 당당하게 선포할 수 있는 것입니다.

고아의 아버지 조지 뮬러는 3천 명의 고아를 순전히 기도로 먹이고, 입히고, 시집 장가보낸 참으로 위대한 믿음의 사람입니다. 그는 믿음으로 영국의 애쉬리 타운에 고아원을 지었습니다. 단지 하나님께 엎드려 기도해서 응답을 받은 것입니다. 그런데 하루는 고아원 총무가 오더니 뮬러 목사님에게 내일 아침 아이들을 먹일 음식이 없다고 했습니다. 그러자 뮬러 목사님은 양식을 놓고 걱정하는 총무에게 이렇게 말했습니다.

"이보게, 왜 그것을 걱정하는가? 이 고아들의 아버지가 누구인가? 하늘 아버지가 고아들의 아버지가 아닌가? 자네는 자식 못 먹이는 아버지 보았는가? 하늘에 계신 아버지는 고아들의 아버지라네. 그러므로 오늘 밤 당신과 나 둘이 밤새도록 철야하며 기도하세."

그날 밤 뮬러 목사님과 고아원 총무는 밤새 아이들의 양식을 놓고 하나님께 간구했습니다. 아침이 되었는데도 여전히 먹을 것은 오지 않았습니다. 그러나 뮬러 목사님은 아이들의 식탁에 나이프, 스푼 등을 준비하게 하고 식사 기도를 했습니다. 기도를 하는데 자꾸 밖에서 자동차 소리가 들렸습니다. 식사 기도를 마치고 나자 놀랍게도 주방에서 음식이 나오기 시작했습니다. 그것도 일류 음식들만 나오는 것이었습니다. 알고 보니 시내에 있는 고급 호텔에서 시장이 주최하는 대형 조찬 모임이 있었는데, 그 모임이 갑자기 취소가 된 것입니다. 아침 일찍 모임을 위해 미리 음식을 만들어 놓았던 호텔 측에서는 그 음식을 버릴 수가 없어서 고심하다가, 그것을 뮬러 목사님이 운영하는 고아원에 가져다 주기로 결정한 것입니다. 하나님은 이렇게 먹을 것을 예비해 주시는 분입니다.

또 한번은 추운 겨울에 보일러가 고장나서 보모들이 걱정한 적이 있었습니다. 이 사실을 듣자 뮬러 목사님은 말씀을 붙잡고 기도했습니다.

"고아들의 아버지 되시는 하나님, 갓난아이들은 이런 추운 날 한 시간만 보일러를 틀지 않아도 죽습니다. 도와주십시오."

그러자 갑자기 엘리뇨 현상이 일어나서 런던 전역이 봄처럼 따뜻해졌습니다. 사람들은 겨울옷을 벗고 봄옷을 꺼내 입었습니다. 일주일이 지나 보일러 수리가 끝나자 런던은 다시 추운 겨울이 되었습니다. 사람들은 영문도 모르는 채 날씨가 미쳤다고 투덜대며 봄옷을 부리나케 벗고 다시 겨울옷으로 갈아입었습니다. 하나님이 역사하셨던 것입니다.

이처럼 하나님이 손을 내미시는데 무엇을 두려워하며, 하나님이 우리와 함께 하시는데 누가 우리에게 해를 입히겠습니까? 중요한 것은 하나님을 섬기는 우리의 태도입니다. 하나님을 먼저 섬기면 하나님이 우리를 돌봐 주십니다.

예수님은 하나님께서 들의 백합화를 입히시고 공중의 새를 먹이신다고 말씀하셨습니다. 하나님은 처음 사람 아담이 범죄하여 에덴동산에서 쫓겨날 때에도 아담과 하와에게 짐승의 가죽 옷을 입혀 주셨습니다. 그러므로 우리는 하나님의 뜻대로 하는 근심 외에는 하지 말아야 합니다. '죄지으면 어떻게 하나, 예수님을 올바로 섬기지 못하면 어떻게 하나?' 하는 생각은 구원을 이루는 걱정입니다. 하지만 쓸데없는 세상 근심은 인간을 파멸시킬 뿐입니다. '무엇을 먹을까, 무엇을 마실까, 무엇을 입을까?' 하는 걱정은 아무 소용이 없습니다. 이 모든 것은 다 아버지가 예비하시기 때문입니다. 성경은 "하나님이 자기를 사랑하는 자들을 위하여 예비하신 모든 것은 눈으로 보지 못하고 귀로 듣지 못하고 사람의 마음으로 생각하지도 못하였다 함과 같으니라"(고전 2:9)고 말씀하고 있습니다. 우리가 깨닫지 못하는 순간에도 하나님께서는 우리의 인생을 예비하고 계신 것입니다.

29-30절 그러나 내가 너희에게 말하노니 솔로몬의 모든 영광으로도 입은 것이 이 꽃 하나만 같지 못하였느니라 오늘 있다가 내일 아궁이에 던져지는 들풀도 하나님이 이렇게 입히시거든 하물며 너희일까 보냐 믿음이 작은 자들아

이스라엘의 역대 왕 중에 가장 영화로운 왕은 솔로몬입니다. 그는 아주 지혜로웠으며, 아름답고 화려한 궁전에서 살았는데 얼마나 명성이 자자했던지 스바의 여왕이 직접 찾아오기까지 했습니다. 스바 여왕은 솔로몬을 만나 보고 자신이 듣던 것보다 훨씬 지혜롭고 영화롭다고 감탄을 금치 못했습니다. 그런데 예수님께서는 이런 솔로몬의 모든 영화가 백합화보

다 못하다고 말씀하셨습니다. 하나님이 직접 키우시고 돌보시는 것은 인간의 모든 노력과 비교할 수 없는 것입니다. 오늘 있다가 내일 베어져서 아궁이에 던져지는 들풀이라 할지라도 그것이 하나님의 돌보심을 받는 것이라면 인간의 모든 노력으로 이룬 영화보다도 아름다운 것입니다.

예수님은 "하물며 너희일까 보냐 믿음이 작은 자들아"라며 탄식하셨습니다. 하나님께서 우리의 삶을 예비하시지 않음도 아니요, 우리가 기도를 하지 않기 때문도 아닙니다. 예수님은 우리의 믿지 않음을 탄식하신 것입니다.

물은 H_2O라고 해서 수소와 산소가 결합되어 만들어진 화합물입니다. 그러나 단순히 수소와 산소를 결합한다고 물이 되진 않습니다. 수소와 산소에 불을 붙인 다음 은을 넣어야 물이 만들어집니다. 은이 촉매로 들어가지 않으면 아무리 합쳐 놓아도 물이 만들어지지 않습니다. 신앙생활도 마찬가지입니다. 하나님의 말씀과 기도가 있어도 그 가운데 믿음이 들어가야 비로소 기적이 나타납니다. 하나님이 주신 약속의 말씀을 가지고 부르짖고 기도한다고 해도 믿음이 합쳐지지 않으면 아무런 역사도 일어나지 않습니다. 병도 낫지 않고, 귀신도 쫓겨나지 않고, 문제 해답도 다가오지 않고, 하늘나라 역사도 나타나지 않습니다. 믿음의 촉매를 사용하지 않았기 때문입니다.

예수님은 "기도를 적게 하는 자들아!"라고 말씀하시지 않았습니다. "믿음이 작은 자들아"라고 말씀하셨습니다. 이 믿음은 우리가 거듭날 때 하나님께서 각 사람의 분량대로 주시는 것입니다. 우리가 믿음을 만들 수는 없습니다. 문제는 믿음의 분량이 크고 작은 것이 아닙니다. 하나님이 주신 믿음을 우리가 사용하느냐, 사용하지 않느냐인 것입니다. 사람은 태어날 때부터 팔을 가지고 태어나지만 팔을 쓰고 안 쓰고는 개인의 선택에 달려 있습니다. 식탁 앞에서 팔을 안 쓰겠다고 고집을 부리면 결국 밥을 먹을 수 없습니다. 그러나 팔을 내밀어서 사용하면 밥을 먹을 수 있습니다. 믿음도 이와 같습니다. 우리 스스로 '나는 믿음이 없다.' 고 생각하면 있는 믿음도 사용할 수 없습니다. 그러나 저 하늘이 무너지고 이 땅이 꺼져도 일점일획도 변함없는 하나님 말씀을 믿겠다고 결심하면 하나님의 역사를 체험할 수 있습니다. 그러므로 믿음이 없다고 생각하시는 분들은 오늘부터 믿기로 작정하시기를 축원합니다.

우리는 믿음을 가지고 기도해야 합니다. 그러면 말씀과 기도가 기적을 만들어 냅니다. 예수 안 믿는 사람들은 거듭나지 않았기 때문에 오감을 의지해서 삽니다. 그러나 예수 믿는 사람들은 영감(靈感)을 가지고 삽니다. 성경은 "나의 의인은 믿음으로 말미암아 살리라 또한 뒤로 물러가면 내 마음이 그를 기뻐하지 아니하리라"(히 10:38)고 말씀하고 있습니다. 우리의 환경이 아무리 절망적으로 보인다 할지라도 하나님을 믿고 의지할 때, 우리는 어려운 환경 속에서도 천국을 누리며 살 수 있습니다. 세상 사람들은 인력(人力)으로 살지만, 믿는 사람들은 믿음으로 삽니다. 이것이 믿음의 사람들이 믿지 않는 사람들과 다른 점입니다.

예수를 구주로 모신 사람들은 한 사람 한 사람이 작은 천국입니다. 임금 되신 예수님이 왕으로 계시고 우리는 백성이 되므로 천국이 이루어집니다. 천국에서는 하나님께서 역사하시고 다스리시고 돌봐 주십니다. 우리가 믿음을 가지고 예수의 이름으로 담대히 기도하면 천국의 역사가 나타납니다. 세상 사람들은 체험하지 못하지만 믿는 사람들에게는 천국의 역사가 나타납니다. 우리 자신이 작은 천국이기 때문에 이런 역사가 나타나는 것입니다.

믿음은 선택입니다. 감정이 아닙니다. 믿음은 마음의 결단이며 선택입니다. 온 세상이 뒤집어지고 산이 무너져도 나는 믿겠다고 결단하면 천국의 왕 되시는 예수님께서 그 믿음을 보시고 역사하시는 것입니다.

결국 주님이 지적하시는 것은 믿음입니다. 새들도 먹이시고, 들풀들도 입히시는 하나님께서 미물보다 귀한 우리를 먹이시고 입히실 것에 대한 믿음의 요구입니다. 그러므로 우리는 하나님께서 모든 것을 책임져 주실 것을 믿고 염려하지 말아야 합니다.

31-34절 그러므로 염려하여 이르기를 무엇을 먹을까 무엇을 마실까 무엇을 입을까 하지 말라 이는 다 이방인들이 구하는 것이라 너희 하늘 아버지께서 이 모든 것이 너희에게 있어야 할 줄을 아시느니라 그런즉 너희는 먼저 그의 나라와 그의 의를 구하라 그리하면 이 모든 것을 너희에게 더하시리라 그러므로 내일 일을 위하여 염려하지 말라 내일 일은 내일이 염려할 것이요 한날의 괴로움은 그날로 족하니라

하나님께서는 우리의 아버지가 되십니다. 부모가 없는 사람들은 먹고 마시고 입을 것을 걱정합니다. 나는 어머니 덕분에 어린 시절을 굶지 않고 살 수 있었습니다. 6·25 전쟁 시절, 이른 새벽이면 어머니는 장사하러 시장에 나가셔서 멸치, 미역 등을 파셨습니다. 그런데 하루는 어머니가 들어오시더니 훌쩍훌쩍 우시는 것입니다. 나는 어머니께 피곤해서 그러시냐고 여쭤 보았는데, 어머니는 부모 잃은 고아들이 불쌍해서 운다고 하셨습니다. 어머니는 아침 일찍 장사하러 나가시다가 어느 여관 부엌

에 빨간 것 세 개가 있기에 무엇인가 해서 유심히 살펴보셨답니다. 그것은 추위에 언 아이들의 엉덩이였습니다. 피난 내려온 아이 셋이 밖이 추우니까 부엌에 들어갔는데 아래옷을 못 입어서 엉덩이가 빨갛게 얼어 있었던 것입니다. 어머니는 대여섯 살밖에 안된 아이들이 옷도 못 입고 떨고 있는 것을 보시고는 마음이 아파서 우셨던 것입니다.

나도 어릴 적에 버스 정류장 옆에서 얼어 죽어 가던 사람을 본 적이 있습니다. 거친 숨을 내쉬며 죽어 가는 그 사람을 보고는 어떤 할머니가 "이 불쌍한 놈아, 너도 자식이라고 부모에게 귀여움 받았겠지. 너 낳고 네 부모가 얼마나 좋아했겠냐? 그저 따뜻한 물 한 모금 마시고 황천으로 가거라."며 숟가락에 뜨거운 물을 떠서 입에 넣어 주었습니다. 그는 눈물을 흘리며 할머니가 떠 주는 물을 받아먹고 이내 죽고 말았습니다. 이처럼 세상에서 아무도 없이 혼자 사는 인생은 참으로 불쌍합니다. 이방인들은 천부(天父)가 없기 때문에 자신의 생활고를 직접 해결합니다. 그러나 우리에겐 하나님 아버지가 계시므로 걱정할 필요가 없습니다.

러시아의 유명한 문인(文人) 고르키가 하루는 개를 데리고 산보하는데, 나무에서 새끼 새 한 마리가 떨어졌습니다. 개가 그 새끼를 보고 먹으려고 달려들자, 조그만 어미새가 맹렬한 기세로 개에게 달려들어 개를 쫓아 버렸습니다. 그러나 결국 그 어미새도 지쳐서 자신의 새끼 옆에서 퍼득거리며 죽어 갔습니다. 고르키는 이 모습을 보고 온몸을 전율케 하는 모성애의 장엄함을 느꼈다고 그의 글에 기록했습니다. 미물도 자기 새끼를 위해서는 목숨을 내놓습니다. 하물며 우리에게 독생자 아들을 주셔서 몸 찢고 피 흘려 주신 하나님께서 무엇을 더 주시지 않겠습니까?

그러므로 우리가 살면서 주의할 것은 일의 순서를 명확히 하는 것입니다. 먼저 할 일과 나중 할 일을 정확히 구별해야 합니다. 그렇지 않으면 하나님의 역사를 체험할 수 없습니다. 하늘나라를 먼저 구해야 하는데 세상 나라를 먼저 구하고, 하나님의 의인 예수 그리스도를 먼저 구해야 하는데 내 욕심을 먼저 구해서 일의 순서가 뒤바뀌면 안 됩니다. 성수주일하고 십일조를 드리는 일에 열심을 내고, 주의 나라와 의를 구하면 하나님께서 이 모든 것을 우리에게 더해 주십니다. 우리가 하나님의 나라와 의를 구하는 일에 더욱 힘쓰고 열심을 내서 하나님을 기쁘시게 할 때 하나님께서는 하늘의 신령한 복과 땅의 기름진 것으로 우리를 채워 주시는 것입니다.

제 7 장

신앙인의 바른 자세

A COMMENTARY
ON THE GOSPEL OF
MATTHEW I

본 장은 본 서의 5장부터 시작된 예수님의 유명한 설교인 산상수훈이 끝나는 장으로 산상수훈 전체의 결론에 해당됩니다. 앞 장에서 천국 백성으로서 성도들이 지녀야 할 생활의 원리를 말씀하신 주님께서는 본 장에서 그 실천적 규범에 대해 언급하고 있습니다.

우선 예수님께서는 대인 관계에 있어서 남의 허물은 비판하면서도 자신의 허물에 대해서는 관대한 이율배반적인 태도를 지적하시며 남에게 대접받고자 하는 대로 남을 대접하라는 '황금률' 을 제시하셨습니다. 또한 예수님께서는 거룩한 것을 개에게 주지 말라고 말씀하시며 영적 분별력을 가질 것에 대해 말씀하셨습니다. 이어서 응답받는 기도의 자세로 하나님의 선하심을 믿고 간절하고 끈기 있게 기도할 것을 권유하셨습니다. 그리고 예수님께서는 생명으로 인도하는 문은 좁고 협착하여 찾는 자가 적다고 말씀하신 후, 성도의 신앙은 결국 그 열매로 증명되기에 '행함' 이 있는 실천적 믿음을 가질 것을 강조하셨습니다.

1. 비판하지 말라(7:1-5)

1. 비판을 받지 아니하려거든 비판하지 말라 2. 너희가 비판하는 그 비판으로 너희가 비판을 받을 것이요 너희가 헤아리는 그 헤아림으로 너희가 헤아림을 받을 것이니라 3. 어찌하여 형제의 눈 속에 있는 티는 보고 네 눈 속에 있는 들보는 깨닫지 못하느냐 4. 보라 네 눈 속에 들보가 있는데 어찌하여 형제에게 말하기를 나로 네 눈 속에 있는 티를 빼게 하라 하겠느냐 5. 외식하는 자여 먼저 네 눈 속에서 들보를 빼어라 그 후에야 밝히 보고 형제의 눈 속에서 티를 빼리라

1절 비판을 받지 아니하려거든 비판하지 말라

하나님께서 천지의 원리로 세워 놓으신 법칙 중에 '심고 거두는 법칙'이 있습니다. 우리는 그것을 자연환경 속에서 발견할 수 있습니다. 농부가 아무리 믿음이 좋고 기도를 많이 할지라도 논밭에 앉아서 씨를 뿌리지도 아니하고 철야 기도와 금식만 한다면 아무것도 거둘 수가 없습니다. 심지 않고 거둘 수 있는 것은 없습니다. 행함이 없는 믿음이 죽은 믿음이라고 하는 까닭이 바로 여기에 있습니다(약 2:26). 행함이라는 것은 심는 것을 말합니다. 씨를 심어 놓고 난 다음에 기도를 하여야 이룰 수 있는 것입니다.

장사하는 사람도 한가지입니다. 점포를 열어 놓고 물건만 팔면 되는 것이 아닙니다. 먼저 남을 대접하는 것이 중요합니다. 물건을 사러 오는 사람에게 값싼 물건으로 오래오래 쓸 수 있도록 해 주고, 사랑과 친절과 봉사로 신뢰를 심으면 많은 사람들이 고객이 되어 물건을 사러 오고 또 다른 사람들에게도 알려 주는 것입니다. 이것이 바로 심고 거두는 법칙입니다. 사기를 쳐서 비싸게 물건을 팔고 난 다음, 나 몰라라 식으로 발뺌을 하면 신뢰와 사랑을 잃어버릴 뿐만 아니라 사업도 망합니다. 잘못 심었기 때문입니다.

일본 사람들은 친절이 몸에 배어 있습니다. 이러한 자세는 정말 그들로부터 배워야 됩니다. 실제 마음은 그렇지 않다 해도 그 행동은 굉장히 친절합니다. 그래서 전세계의 사람들이 일본에 우호적이며, 일본 상품의 품질도 인정하게 되어 결국 일본은 무역이 활성화되고 경제대국이 된 것입니다.

사업을 하는 사람도 자본을 투입하지 않고는 결실을 얻을 수 없습니다. 땅을 사고, 공장을 짓고, 기계를 설립하고, 원자재를 구입해서 물건을 만들어야 합니다. 심지 않고는 거둘 수가 없기 때문에 자본을 먼저 투자해야 하는 것입니다. 한국의 경제가 오랫동안 어려웠던 것도 투자할 돈이 없었기 때문입니다. 그러므로 외국 기업들이 자본을 심도록 해야 합니다. 외국인들이 와서 자본을 심지 않으면 우리는 거둘 열매가 없습니다. 외국인들의 자본이 우리에게 투자되면 그들의 이익은 10-20%밖에 되지 않고, 70-80%가 우리의 것이 됩니다. 그러므로 그들이 투자하도록 해야 합니다.

신앙생활도 마찬가지입니다. 말라기 3장 9절에는 "너희 곧 온 나라가 나의 것을 도둑질하였으므로 너희가 저주를 받았느니라" 고 기록되어 있습니다. 우리가 무엇을 도둑질했습니까? 바로 십일조와 헌물입니다. 그러므로 하나님께 종자 씨앗인 십일조와 헌물을 심어야 합니다. 하나님께서는 그것을 가지고 풍성한 열매를 맺게 해 주시는 것입니다. 말로만 "믿습니다! 믿습니다!" 해 봤자 빈털터리밖에 되지 않습니다. 그러나 먼저 '오병이어' 를 내어놓고 믿으면 기적을 베풀어 주시는 것입니다.

우리 한국이 IMF의 자금을 갚자고 금, 은, 귀걸이, 장신구 등을 내어놓은 것은 참 잘한 일입니다. 그것이 얼마나 되겠습니까만 그 심은 대로 하나님은 거두게 해 주시는 것입니다. 심어 놓고 난 다음에는 물을 주어야 싹이 나듯이, 기도를 많이 하고 주님을 믿어야 합니다. 심고 거두는 법칙은 좋은 면뿐만 아니라 나쁜 면에서도 열매를 맺는다는 것을 본문을 통해 말씀해 주고 있습니다. 우리가 비판을 심어 놓으면 그 비판을 되돌려 받습니다.

비판은 '산울림의 법칙' 과 같습니다. 어린아이가 산에서 "나쁜 사람!" 이라고 흉을 보게 되면 산에서 돌아올 때도 "나쁜 사람!" 이라는 흉의 말이 되돌아옵니다. 그러나 산에서 "너는 좋은 애야! 너를 사랑한다!" 고 하면 산울림의 법칙에 의해 그 말이 그대로 돌아오는 것입니다. 물론 이것은 우리가 다 아는 법칙입니다. 그러나 우리는 타락한 인간인지라 부정적인 마음을 가지고 있어서 타인이 좋은 말을 들으면 배가 아프고, 비판을 받으면 고소하게 생각하며, 더 나아가 그 말을 듣고 나면 다른 사람에게 전달하고 싶은 충동까지 느낍니다.

내가 예전에 순복음신학원이 불광동에 있을 때, 강의를 하러 간 적이 있습니다. 강의실이 추운지라 장작불을 지핀 따뜻한 난로 주변에 사람들이 옹기종기 앉아 있었습니다.

내가 "너 소문 들었어? 그 목사님이 말이야, 중대한 잘못을 저질렀대. 그래서 굉장한 어려움을 겪고 있대!" 그랬더니 갑자기 한 사람이 밖으로 나가 버리는 것입니다. 그래서 내가 상당히 모욕감을 느껴, "이봐요. 내가 얘기하고 있는데 왜 나가세요? 사람을 어떻게 보는 겁니까?" 그랬더니, 그 사람이 "미안합니다, 미안합니다. 나는 남의 말을 들으면 그 사람에게 그대로 전달해야지 그렇지 않으면 못 견뎌요. 차라리 안 듣는 게 낫지 듣고 나면 그 사람에게 내가 반드시 연락을 하게 됩니다. 그래서 나는 누구를 비판하는 이야기는 절대로 듣지 말자고 결심했습니다. 조 목사님이 이야기하는 것을 조금만 들었으니 망정이지 다 들었으면 내가 가서 또 다 이야기합니다."라고 대답했습니다.

거기에서 내가 굉장히 충격을 받았습니다. '말은 반드시 전달되는 것이구나!' 라는 큰 깨달음을 얻게 된 것입니다.

미국의 한 기도 모임에서 있었던 일입니다. 몇몇 리더들이 월요일마다 모여 회개하고 자복하는 기도회를 하자고 해서 한 리더가 먼저 회개의 고백을 했습니다.

"내가 물질에 탐욕이 생겨 교회 헌금하라는 돈을 내 주머니 속에 조금 집어넣었습니다. 그것이 자꾸 마음에 가책이 됩니다. 그것을 회개합니다."

그러자 다른 리더가 고백했습니다.

"나는 음란한 행위를 했습니다. 그것 때문에 마음이 아픈데, 마침 이런 좋은 자리를 마련해 주어서 내가 회개를 할 수 있게 되어 참 좋습니다."

세 번째로 다른 리더가 고백했습니다.

"나는 남의 말을 전달하는 죄가 있습니다. 나는 듣기만 하면 남의 말을 그대로 전하는 죄가 있는데 지금 이 이야기를 들으니까 더 이상은 못 견디겠습니다. 안녕히 계십시오."

그런 후에 이 사람이 그 자리에서 나가 회개하러 모인 리더들의 교회로 찾아가 들은 얘기를 전부 다 전달하는 바람에 전 교인이 알게 되어 그 교회가 풍비박산이 났다는 얘기를 들었습니다.

남의 말을 전달하는 사람은 좋은 말로 전하지 않습니다. 그것은 산울림과 한가지입니다. 우리가 평론은 할 수 있어도 비판은 하지 말아야 합니다. 평론은 정확하게 일의 잘되고 못된 것을 결정하여 발전을 도모하는 것이기 때문에 건설적입니다. 그러나 비판은 남을 해치기 위해 모함하는 것을 말합니다. 모함이 서로 오고 가면 결국 파탄에 이르고 맙니다. 그러므로 가정에서도 부부간이나 고부간, 부모 자식 간에 비판하지 말아야 합니다.

나 자신부터 세 가지를 정해서 살고자 합니다. '정의롭게 살자! 거짓말을 하지 말자! 거룩하게 살자!'

2-5절 너희가 비판하는 그 비판으로 너희가 비판을 받을 것이요 너희가 헤아리는 그 헤아림으로 너희가 헤아림을 받을 것이니라 어

찌하여 형제의 눈 속에 있는 티는 보고 네 눈 속에 있는 들보는 깨닫지 못하느냐 보라 네 눈 속에 들보가 있는데 어찌하여 형제에게 말하기를 나로 네 눈 속에 있는 티를 빼게 하라 하겠느냐 외식하는 자여 먼저 네 눈 속에서 들보를 빼어라 그 후에야 밝히 보고 형제의 눈 속에서 티를 빼리라

갈라디아서 6장 7절을 보면 "스스로 속이지 말라 하나님은 업신여김을 받지 아니하시나니 사람이 무엇으로 심든지 그대로 거두리라" 라고 기록되어 있습니다. 우리는 늘 '내가 이렇게 심었다고 하여 설마 그대로 거두겠는가!' 라고 생각하는데, 우주의 법칙이 그렇지 않습니다. 사랑으로 심으면 사랑으로 거두고, 미움으로 심으면 미움으로 거두며, 죄를 심으면 파멸로 거둡니다.

우리 인생들은 모두 다 죄를 짓고, 불의하고, 추악하고, 저주를 받았기 때문에 그 심은 대로 파멸을 거두어야 하는 운명이었습니다. 우리가 파멸당할 수밖에 없기 때문에 우리를 구원하시려고 하나님의 아들이 오셨습니다. 그리고 우리 대신 죄를 짊어지고 심판을 당하셨던 것입니다. 그러나 하나님이 그 아들을 사망에서 건지셨습니다. 예수님이 죽음의 음부에 내려갔다가 다시 사신 것은 그가 하나님의 아들이시기 때문입니다. 그러므로 우리는 오직 예수 그리스도를 의지해야만 구원을 받습니다. 예수님으로 심으면 예수님으로 거둡니다. 예수님을 믿는 믿음으로 심었으니 예수님의 부활의 생명으로 거두게 되는 것입니다.

우리는 남을 비판하지 말아야 합니다. 사람들은 자기 망태는 목 뒤로 걸치고, 남의 망태는 목 앞으로 걸칩니다. 그러고는 항상 남의 것만 들춰

보면서 "이것은 더럽구나, 나쁘구나!" 하는 것입니다. 자기 잘못은 전혀 안중에도 없고, 항상 남의 잘못만 봅니다.

우리가 다른 사람을 비판하지 말아야 할 이유는 우리가 남을 비판할 수 있을 만큼 온전하거나 선하지 못하기 때문입니다. 그러므로 우리는 내 잘못을 먼저 겸허하게 회개해야 합니다. 내 망태는 앞으로 걸고 남의 망태는 뒤로 걸어야 합니다. 이러한 자세로 타인의 잘못을 지적해 준다면 그에게도 변화가 있을 것입니다. 자신은 변화되지 않은 채 타인의 잘못만 탓한다면 아무 소용이 없습니다. 오히려 위선자가 되는 것입니다.

2. 거룩한 것을 개에게 주지 말라(7:6)

6. 거룩한 것을 개에게 주지 말며 너희 진주를 돼지 앞에 던지지 말라 그들이 그것을 발로 밟고 돌이켜 너희를 찢어 상하게 할까 염려하라

6절 거룩한 것을 개에게 주지 말며 너희 진주를 돼지 앞에 던지지 말라 그들이 그것을 발로 밟고 돌이켜 너희를 찢어 상하게 할까 염려하라

본문에서 '개'라고 지칭된 존재는 하나님에 대해 무조건 반대하는 사

람들을 의미합니다. 이들은 거룩한 것을 아무리 주어도 그 가치를 모르기 때문에 무익한 자들입니다. 그러므로 이들에게 무조건 예수 그리스도의 거룩한 복음을 전하는 것은 지혜롭지 못한 일입니다. 복음을 받아들이는 사람들에게 전도를 해야지 무조건 반대하는 사람들에게는 아무리 전해도 소용이 없습니다. 그것은 시간 낭비일 뿐입니다. 돼지는 구정물 같은 더러운 것을 좋아하지 진주의 가치를 모릅니다. 그들은 신앙의 진주를 알지 못하기 때문에 예배드리러 가는 사람을 보고 미쳤다고 말합니다.

예수님은 가는 곳마다 전도를 하셨지만 말씀을 전하시지 않은 곳이 있었습니다. 예수님께서 붙잡혀 대제사장의 뜰에 계셨을 때, "네가 예언하라, 네가 하나님의 아들이냐?" 라고 협박하였지만 예수님은 가만히 침묵하셨습니다. 왜냐하면 이들은 예수님을 보배로 알지 못하는 개, 돼지와 다를 바 없었기 때문입니다. 뿐만 아니라 예수님께서 하시는 말씀에 해를 입히고 상처를 입힐 뿐이었습니다. 그래서 주님은 안나스와 가야바, 사두개인과 교법사들에게는 신앙의 진주를 던지지 않으셨습니다. 오히려 주님은 그들에게 심판의 말씀을 던지시고 회칠한 무덤이라고 책망하셨습니다.

그러므로 개나 돼지와 같은 복음 반대자들에게 줄 수 있는 것은 기도밖에 없습니다. 중보 기도를 통해서 마음의 변화를 가져오게 한 다음 복음의 진주를 던져 주어야 그들이 성령님의 역사를 통해 신앙을 받아들일 수 있는 것입니다.

3. 기도 응답의 비결(7:7-12)

7. 구하라 그리하면 너희에게 주실 것이요 찾으라 그리하면 찾아낼 것이요 문을 두드리라 그리하면 너희에게 열릴 것이니 8. 구하는 이마다 받을 것이요 찾는 이는 찾아낼 것이요 두드리는 이에게는 열릴 것이니라 9. 너희 중에 누가 아들이 떡을 달라 하는데 돌을 주며 10. 생선을 달라 하는데 뱀을 줄 사람이 있겠느냐 11. 너희가 악한 자라도 좋은 것으로 자식에게 줄 줄 알거든 하물며 하늘에 계신 너희 아버지께서 구하는 자에게 좋은 것으로 주시지 않겠느냐 12. 그러므로 무엇이든지 남에게 대접을 받고자 하는 대로 너희도 남을 대접하라 이것이 율법이요 선지자니라

7-8절 구하라 그리하면 너희에게 주실 것이요 찾으라 그리하면 찾아낼 것이요 문을 두드리라 그리하면 너희에게 열릴 것이니 구하는 이마다 받을 것이요 찾는 이는 찾아낼 것이요 두드리는 이에게는 열릴 것이니라

본문에서 주목할 만한 사실은 우리가 구할 때에 하나님의 뜻대로 구하는 대신 오히려 우리에게 필요한 것을 놓고 구하라고 기록되어 있다는 것입니다. '빵을 먹을까요? 밥을 먹을까요?' 하는 기도는 할 필요가 없습니다. 하나님은 우리에게 무엇을 먹고 마시든지, 무엇을 입든지 선택의 자유를 주셨기 때문입니다. 그러나 성경에 분명히 하나님이 하지 말라고

하신 것은 하지 말아야 합니다. 에덴동산에서 일반 실과는 다 먹으라고 하셨지만 선악과는 금지하셨습니다. 하나님은 우리에게 특별한 것을 제외하고는 무엇이든 상관없이 "구하라" 고 하셨습니다. 구하면 주시겠다는 것입니다. 그다음에는 "찾으라" 고 하셨습니다. 아내를 달라고 하나님께 구했으면 그다음에는 좋은 아내를 찾으러 나가야 합니다. 엎드려 기도만 해서 되는 것이 아닙니다. 믿음으로 간절히 구했으면 찾는 행위가 요구됩니다. 그런 다음에 "문을 두드리라" 는 것입니다. 좋은 아내를 찾았으면 마음 문을 두드려야 합니다. 열심히 두드리면 열리게 해 주시는 것입니다.

우리가 기도로 구했음에도 불구하고 얻지 못하는 이유에 대해 성경은 "너희가 얻지 못함은 구하지 아니하기 때문이요 구하여도 받지 못함은 정욕으로 쓰려고 잘못 구하기 때문이라"(약 4:2-3)고 말씀하고 있습니다. 그러므로 탐욕과 정욕과 분수에 넘치는 것만 아니면 하나님은 무엇이든 우리가 구하고, 찾고, 문을 두드리면 허락해 주시는 것입니다. 기쁘게 살려면 기쁨을 구할 뿐 아니라 그것을 찾아야 합니다. 마찬가지로 건강을 구했으면 건강하기 위해 운동을 지속적으로 해야 합니다. 무엇이든지 열심히 지속적으로 행해야 그 문제가 해결됩니다.

9-11절 너희 중에 누가 아들이 떡을 달라 하는데 돌을 주며 생선을 달라 하는데 뱀을 줄 사람이 있겠느냐 너희가 악한 자라도 좋은 것으로 자식에게 줄 줄 알거든 하물며 하늘에 계신 너희 아버지께서 구하는 자에게 좋은 것으로 주시지 않겠느냐

자식이 부모에게 필요한 것을 구하면 부모는 자식에게 주되, 좋은 것

으로 줍니다. 줄 수 없는 부모라면 오히려 탄식하며 아픈 마음을 가질지언정 악한 것을 주지는 않습니다. 이 부모를 만드신 분은 하나님이십니다. 하나님은 사랑으로 충만하시고 좋은 분이십니다. 그러니 좋으신 아버지 하나님이 그의 자녀 된 우리들에게 좋은 것으로 채워 주실 것은 당연한 이치입니다.

나의 경우에는 하나님이 불광동에서 '삼중축복' 을 주셨습니다. 내가 불광동에서 목회할 당시 거의 거지나 다를 바 없는 사람들에게 3년 동안 '삼중축복' 을 외쳤더니 그들이 달라진 것을 볼 수 있었습니다. 요한삼서 1장 2절 말씀에 "사랑하는 자여 네 영혼이 잘됨같이 네가 범사에 잘되고 강건하기를 내가 간구하노라" 고 하셨습니다. 바로 그 역사가 나타난 것입니다. 그러므로 회개하고 자복하고 좋은 일이 일어날 것을 기대하고 있으면 우리의 삶이 좋아지게 됩니다.

"모든 것이 합력하여 선을 이루느니라"(롬 8:28)고 하신 말씀과 같이 좋은 것은 좋아서 좋고, 나쁜 것은 하나님이 좋게 만들어 주실 것이기 때문에 다 좋은 것입니다. 우리는 좋으신 하나님을 끝까지 붙잡고 바라봄의 법칙을 사용하여 기도해야 합니다. 그다음, 우리의 필요와 소원을 간구하고 그것이 이루어진 것을 믿음의 눈으로 바라보아야 합니다. 그러면 점점 더 좋은 일만 남게 되는 것입니다.

12절 그러므로 무엇이든지 남에게 대접을 받고자 하는 대로 너희도 남을 대접하라 이것이 율법이요 선지자니라

구약은 율법서와 선지서로 구성되어 있습니다. 율법이 가르치는 것과 선지자들이 예언한 것을 다 합치면 결론이 하나로 귀착됩니다. 남에게 대접을 받고자 하면 먼저 남을 대접하라는 것입니다.

하나님께 대접을 받고자 하면 먼저 하나님을 대접해야 합니다. 시편 91편 14절부터 15절까지 보면 "그가 나를 사랑한즉 내가 그를 건지리라 그가 내 이름을 안즉 내가 그를 높이리라 그가 내게 간구하리니 내가 그에게 응답하리라 그들이 환난당할 때에 내가 그와 함께하여 그를 건지고 영화롭게 하리라"고 말씀하셨습니다. 내가 먼저 하나님을 찬미하고 주님의 이름을 높이면 주님이 나를 높여 주시고, 내가 먼저 기도를 하면 주님이 내 기도에 응답해 주시는 것입니다. 먼저 성수주일하고 십일조로 주님을 섬기면 주님이 우리를 섬겨 주십니다.

대통령도 마찬가지입니다. 자신의 권력을 남용하지 않고 백성들이 잘 살 수 있도록 정치를 하면 국민들이 대통령을 지지합니다. 장사꾼도 물건을 사러 오는 사람들에게 좋은 물건을 싼값으로 구입할 수 있도록 하면 손님들이 그 가게로 몰려옵니다. 목회자는 설교의 말씀을 성도들이 다 알아들을 수 있도록 쉽게 전해야 합니다.

논어에 보면, 공자는 "기소불욕(己所不欲) 물시어인(勿施於人)"이라고 했습니다. 네가 하기 싫은 것을 남에게 시키지 말라는 가르침입니다. 이러한 공자의 가르침은 소극적입니다. 그러나 예수님은 "네가 남에게 대접받고자 하는 대로 먼저 남을 대접하라."고 가르치셨습니다. 예수님의 가르침은 매우 적극적입니다. 부부지간에도 서로 사랑을 받고자 할 때에 먼저 대접하면 따라오게 됩니다. 사람은 자기가 하는 대로 상대방으로부터 돌려받게 됩니다. 내가 바뀌면 상대방도 바뀝니다. 내가 먼저 남을 대접하면 나도 어느 곳에 가든지 대접을 받게 됩니다. 내가 하는 일을 다른 사람들이 알아주지 않아도 우리는 하나님의 손에 심는 것이기에 은밀하게 보시는 하나님께서 심은 것을 거두게 해 주시는 것입니다.

4. 좁은 문이 생명문이다(7:13-14)

13. 좁은 문으로 들어가라 멸망으로 인도하는 문은 크고 그 길이 넓어 그리로 들어가는 자가 많고 14. 생명으로 인도하는 문은 좁고 길이 협착하여 찾는 자가 적음이라

13절 좁은 문으로 들어가라 멸망으로 인도하는 문은 크고 그 길이 넓어 그리로 들어가는 자가 많고

우리의 인생은 문을 찾는 것으로 시작하고 종결합니다. 우리는 유치원의 문을 두드리기 시작하여 초, 중, 고, 대학교의 문을 두드려 직장의 문을 찾고, 취직하여 출세의 문을 두드리고, 결혼의 문을 두드립니다. 우리는 항상 인생의 문을 찾고 두드리는데 언제나 두 종류의 문 앞에 서게 됩니다. 하나는 좁은 문이고 다른 하나는 넓은 문입니다. 좁은 문은 들어가는 것이 힘이 들기 때문에 사람들이 많이 찾지 않습니다. 반면 넓은 문은 쉽고 편하기 때문에 사람들이 많이 찾습니다.

자녀들이 대학에 들어가는 것을 보십시오. 소위 일류 대학에 들어가려

면 많은 애를 쓰고, 더 노력하여야 경쟁자들과 상대할 수 있으므로 힘이 듭니다. 그러므로 좁은 문으로 들어가려는 학생들이 많지 않습니다. 그러나 일류 대학이 아닌 대학의 문은 그리 좁지가 않아 어지간히 노력하면 들어갈 수가 있습니다. 사업도 마찬가지입니다. 사업에 성공하려면 끊임없이 새로운 아이디어를 연구하고 개발해야 됩니다. 또 더불어 자본도 모으고, 마케팅도 해야 하므로 불철주야 노력해야 합니다.

그러나 사실 이런 것은 그렇게 크게 중요하지 않습니다. 왜냐하면 이 세상에서 좁은 문으로 들어가 크게 성공해도 일평생을 사는 것이요, 넓은 문으로 들어가 일해도 일평생을 살기 때문입니다. 짧은 한 평생을 산다는 점에서는 별로 차이날 것이 없습니다.

보다 중요한 것은 죽음 이후의 삶입니다. 이 죽음 이후의 삶으로 가는 길목에도 좁은 문과 넓은 문이 있습니다. 생명으로 가는 문은 좁은 문이며 멸망으로 가는 문은 넓은 문입니다. 천국 문으로 들어간다는 것은 예수님을 믿고 하나님을 섬기면서 이 세상과 타협하지 않고 살아야 하는 것이기 때문에 쉽지 않습니다. 세상 신(神)인 마귀가 끊임없이 사람들의 마음속에서 예수님과 하나님을 내쫓으려고 하기 때문입니다. 마귀는 예수님 대신 다른 것을 생각하게 하려고 세상의 부귀공명, 쾌락을 마음에 자꾸 쏟아 붓습니다. 그러므로 세상 사람들은 공중의 권세 잡은 자를 따르고 이 세상 풍속을 좇아 삽니다. 부귀공명과 쾌락을 좇아 자제함 없이 사는 것입니다. 그러나 예수 그리스도를 믿고 하나님을 섬기려면 생활에 제재가 들어옵니다. 성수주일을 하기 위해서는 등산, 골프, 놀러 가는 일을 마음대로 할 수 없습니다. 여러 가지 재미있는 일을 하는 데 제약을 받습니다. 쉬운 길이 아닙니다.

또한 정의롭게 살아야 하므로 제약을 받습니다. 이 세상의 부정과 부패와 타협하지 아니하고 손해를 감수하더라도 이 길을 선택하기 때문에 좁은 길입니다. 나아가 정직하게 살아야 합니다. 지금까지 전 세계가 우리 한국에 등을 돌린 이유는 우리의 거짓말 때문입니다. 정부도 금융도 기업인들도 거짓말 때문에 외면을 당합니다. 거짓말은 당장은 쉽습니다. 그러나 그것은 곧 들통 나기 마련이고, 들통이 나면 사람들에게 불신을 받게 됩니다. 아무도 믿어주지 않습니다. 그러니 거래가 되지 않습니다. 개인이나 국가나 신용을 가지고 살아야지, 신용이 없으면 거래가 끊깁니다. 남편과 아내 사이도 속이는 일이 없어야 합니다. 속이는 일이 들통 나면 상대방의 애정이 식어집니다. 애정은 상호간의 신뢰 속에서만 생겨날 수 있으므로 부부간에도 거짓말을 하지 말아야 됩니다. 진실로 참된 말만 하며 사는 것은 좁은 길입니다. 그것이 바로 거룩하게 사는 것입니다.

넓은 길은 음란하고 방탕하고 술 취하고 세속과 쾌락을 즐기며 사는 세계입니다. 마귀는 끊임없이 예수 그리스도와 하나님을 섬기는 우리의 마음을 빼앗으려고 이 세속의 유혹을 퍼붓습니다. 그리고 이 무시무시한 유혹을 여러분의 가정과 이웃들이 받고 있습니다. 육신의 정욕, 안목의 정욕, 이생의 자랑이 폭포수같이 밀려오고 있다고 생각하면 될 것입니다. 윤리나 도덕적 훈련으로는 이 세상의 유혹의 물결을 피할 수 없습니다. 그 가운데 예수님이 들어오셔야만 이길 수 있습니다. 우리가 주님 중심으로 살고, 정의롭게 살고, 참되게 살고, 거룩하게 살고자 한다면 고난받을 것을 각오해야 합니다. 때로는 친구들에게 '못난 놈' 이라는 소리를 듣게 되기도 하고, 회사에서도 조롱당하며 외로운 길을 걸어야 할지도 모릅니다. 그 길은 좁고 힘든 길입니다.

일본에서는 예수를 믿으면 처녀 총각이 결혼을 할 수가 없습니다. 일본의 인구 1억 2천만 명 중 교회에 나가는 사람은 5만 명도 되지 않습니다. 예수 믿는 청년이 예수 믿는 처녀를 찾을래야 찾을 수가 없고, 예수 믿는 처녀가 총각들을 찾는다 해도 별 볼일 없는 사람만 있지 똑똑한 남자들은 거의 없습니다. 일본은 기독교 문화가 자리 잡고 있지 못하기 때문에 한국처럼 기독교가 큰 힘을 행사할 수 없습니다. 한국에서는 예수 믿는 직장인, 사업가, 교육인 등이 있지만 일본에서는 크리스천과 결혼하는 것도 굉장히 좁은 문입니다. 우리가 예수를 믿고 하늘나라에 들어가려면 이 좁은 문으로 들어가야 됩니다.

구원은 예수를 믿음으로 값없이 받습니다. 구원은 완전한 공짜입니다. 아무 조건도 없습니다. 누구든지 예수를 믿기만 하면 됩니다. 예수님이 너무나 큰 대가를 지불하셨기 때문에 우리가 그 은혜를 값으로 계산할 수도 지불할 수도 없습니다. 오직 은혜로 믿음으로 받아들이면 됩니다. 그러나 구원을 받고 난 다음에 계명과 율법을 지켜야 구원이 유지됩니다. 개망나니처럼 살아도 구원받는다고 생각하는 것은 잘못된 생각입니다.

예수님을 믿으면 주님이 성령으로 우리 안에 들어오십니다. 진리이신 예수님이 들어와 계시는데 어떻게 부정부패와 타협할 수 있습니까? 또한 예수님은 정의의 주님이십니다. 그러므로 예수님을 마음속에 모시면 정의롭게 살아야 합니다. 정말로 중생하였으면 하나님의 법과 계명을 지키며 살아야 되는 것입니다. 그렇기 때문에 성경은 다음과 같이 말씀하고 있습니다.

"하나님을 따라 의와 진리의 거룩함으로 지으심을 받은 새사람을 입으라"(엡 4:24).

거듭난 성도는 하나님께서 주신 계명을 지켜야 합니다. '네 앞에 다른 신을 두지 말라, 우상에게 절하지 말라, 하나님의 이름을 망령되이 부르지 말라, 안식일을 거룩히 지키라, 네 부모를 공경하라, 살인하지 말라, 간음하지 말라, 도둑질하지 말라, 네 이웃에 대하여 거짓 증거하지 말라, 네 이웃의 소유를 탐내지 말라.' 는 이 계명을 늘 마음속에 생각하고 준행하며 살아야 하는 것입니다.

구원은 은혜로 받지만, 하나님의 사랑을 받으려면 계명을 지켜야 하는 것입니다. 하나님과 예수님 없이 살지 않기 위해서 우리는 의와 진리의 거룩함으로 지음받은 새사람으로 살아야 합니다. 그러므로 우리는 매일같이 좁은 문으로 들어가기를 힘써야 하는 것입니다.

14절 생명으로 인도하는 문은 좁고 길이 협착하여 찾는 자가 적음이라

사람들은 이 세상에 참자유가 있는 줄 알지만 실제로 인간이 마음대로 할 수 있는 자유는 없습니다. 하나님 없이 자유롭게 산다면 그 사람은 죄의 종이고, 육신의 종인 것입니다. 참으로 자유가 있는 체 하지만 마귀의 종인 것입니다. 그러나 예수님의 종이 되면 육신의 정욕과 안목의 정욕에서 해방을 받습니다. 그러므로 우리가 참자유를 얻기 위해서는 예수 그리스도의 종이 되어야 하는 것입니다.

미국의 노예 시장에 한 흑인 노예 부부가 끌려와서 경매 처분을 당하게 되었습니다. 그때 두 부부가 서로 두 손을 꼭 잡고 자신들을 함께 사 달라고 간청했습니다. 그럼에도 불구하고 경매인이 강제로 떼어 놓았습니

다. 북부의 한 부자가 이것을 보면서 분개하였습니다. 그래서 그들을 최고의 값을 주고 샀습니다. 그 노예 부부는 너무나 고맙고 감사해서 그 주인을 잘 따랐습니다. 그러나 이 주인에게는 농장이 없었기 때문에 노예 부부가 필요하지 않았습니다. 그래서 이 부자는 종 문서를 그 부부에게 내어 주면서 당신들은 이제 자유인이니 자유롭게 살라고 하였습니다. 그러자 그 노예 부부는 눈물을 흘리며 간청했습니다.

"우리를 이대로 풀어 주지 마세요. 오늘 주인님의 손에서 벗어나면 우리는 언제 또 다시 잡혀서 노예가 될지 모릅니다. 오히려 우리는 주인님처럼 좋으신 분 밑에 있는 것이 훨씬 더 안전하고 좋습니다. 제발 우리 부부가 헤어지지 않고 함께 행복하게 살 수 있도록 해 주세요."

이들의 간청에 이 사업가는 마음을 돌이켜 그들과 함께 지내기로 했습니다. 그 덕분에 노예 부부는 부자 사업가를 섬기며 행복한 삶을 살게 되었습니다.

우리는 예수님의 종이 되어 예수님이 주시는 참자유와 평강을 누려야 합니다. 예수님을 떠나면 자유를 얻는 것 같아도 결국은 버림받은 종이 됩니다. 반면에 예수님을 믿으면 속박받는 종이 되는 것 같아도 참다운 자유를 누리며 살 수 있게 되는 것입니다. 여하간 다 종이 될 수밖에 없습니다. 진정한 자유자는 없습니다. 마귀를 따라가다가 멸망을 당할 것이냐, 예수님의 종이 되어 영원한 자유와 해방을 얻고 살 것이냐, 그것을 우리가 선택해야 하는 것입니다.

생명으로 인도하는 문은 좁다고 하지만 실제로는 좁지 않습니다. 예수님을 믿는 즐거움과 재미가 있습니다. 예수님을 믿고 정직하고 거룩하게 살면 젖과 꿀이 흐르는 삶과 행복이 있습니다. 생명으로 인도하는 문은 좁고 길이 협착하여 고통스러운 것 같으나 일단 들어가면 큰 행복이 있는 것입니다. 이 세상에서 가장 멋있게 사는 삶이 예수님을 믿고 하나님을 섬기며 의롭고 정직하고 거룩하게 사는 것이라는 사실을 알고 좁은 길로 행하여 하나님의 나라에 들어가시기를 바랍니다.

5. 열매로 안다(7:15-23)

15. 거짓 선지자들을 삼가라 양의 옷을 입고 너희에게 나아오나 속에
는 노략질하는 이리라 16. 그들의 열매로 그들을 알지니 가시나무에
서 포도를, 또는 엉겅퀴에서 무화과를 따겠느냐 17. 이와 같이 좋은
나무마다 아름다운 열매를 맺고 못된 나무가 나쁜 열매를 맺나니
18. 좋은 나무가 나쁜 열매를 맺을 수 없고 못된 나무가 아름다운 열
매를 맺을 수 없느니라 19. 아름다운 열매를 맺지 아니하는 나무마
다 찍혀 불에 던져지느니라 20. 이러므로 그들의 열매로 그들을 알
리라 21. 나더러 주여 주여 하는 자마다 다 천국에 들어갈 것이 아니
요 다만 하늘에 계신 내 아버지의 뜻대로 행하는 자라야 들어가리라
22. 그날에 많은 사람이 나더러 이르되 주여 주여 우리가 주의 이름
으로 선지자 노릇 하며 주의 이름으로 귀신을 쫓아내며 주의 이름으
로 많은 권능을 행하지 아니하였나이까 하리니 23. 그때에 내가 그
들에게 밝히 말하되 내가 너희를 도무지 알지 못하니 불법을 행하는
자들아 내게서 떠나가라 하리라

15-20절 거짓 선지자들을 삼가라 양의 옷을 입고 너희에게 나아오
나 속에는 노략질하는 이리라 그들의 열매로 그들을 알지니
가시나무에서 포도를, 또는 엉겅퀴에서 무화과를 따겠느냐 이
와 같이 좋은 나무마다 아름다운 열매를 맺고 못된 나무가 나
쁜 열매를 맺나니 좋은 나무가 나쁜 열매를 맺을 수 없고 못된
나무가 아름다운 열매를 맺을 수 없느니라 아름다운 열매를
맺지 아니하는 나무마다 찍혀 불에 던져지느니라 이러므로 그
들의 열매로 그들을 알리라

거짓 선지자는 마음속에 탐심이 있어서 사람들을 노략질하기 위해 속이는 일을 합니다. 거짓 선지자들은 양의 탈을 쓰고 순수한 모습으로 다가오지만 언제나 그 속에는 탐욕이 들어 있습니다. 그래서 얼마 있지 않아 "하나님이 내게 특별 계시를 주셨다. 그러므로 내게 오지 않으면 구원이 없다."며 자기를 높여 특별한 의인인 양 자처합니다.

하나님의 성령이 함께 하는 주의 종은 예수님을 높이지, 자신을 높이지 않습니다. 보혈로 구원받은 주의 종은 머슴입니다. 훌륭한 목사요, 선생이라도 그 정도로 존경을 받으면 되는 것이지, 그 이상 신격화해서는 안 됩니다. 예수님만이 길이요, 진리요, 생명이 되심을 알아야 합니다. 자신을 통해서 받은 하나님의 특별한 계시만이 구원을 받게 한다고 주장하는 사람은 잘못된 것입니다. 하나님의 예언과 계시는 창세기부터 요한계시록에까지 이미 다 기록되어 있습니다. 주의 종은 이 예언과 계시의 말씀을 설명하는 것뿐이며 예수님을 소개할 따름입니다. 밝은 달을 가리키는 손가락만을 보고 어디냐고 자꾸 물으면 안 됩니다. 손가락이

지시하는 달을 바라보아야 합니다. 주의 종은 단지 예수님을 가리키는 손가락일 따름입니다. 그러므로 사람을 우상 삼지 말고, 예수님만 바라보아야 합니다.

영 분별은 성령의 계시가 없어도 알 수 있습니다. 성경에서 말씀하는 것과 같이 열매로 그들을 알 수 있기 때문입니다. 하나님의 성령으로 말미암아 인도함을 받는 자들은 자나 깨나 예수님께만 영광을 돌리고, 예수님을 위해서만 헌신하는 성령의 열매입니다. 그러나 가짜는 그 열매로 반드시 나타납니다. 처음에는 예수님에 대해 전도하는 것 같지만 결국은 자기 자랑을 하기 시작합니다. "하나님이 나를 사랑하셔서 내가 특별 계시를 받았고, 하나님이 나를 통해서 영혼들을 구원하신다."라고 하는데 벌써 그 열매가 다릅니다. 그것은 사탄의 열매입니다. 그러므로 주의 종이라고 해서 무턱대고 안수받지 말고 그 삶의 열매를 보아야 합니다. 그가 정말로 하나님 아버지와 예수님을 섬기는 종인지, 아니면 예수 그리스도의 이름을 팔아 자기의 이익을 도모하는 거짓 선지자인지를 분별해야 합니다.

좋은 감나무는 맛있고 좋은 열매를 맺는데 반해 돌감나무는 허우대는 좋으나 그 열매는 조그맣고 형편이 없습니다. 똑같은 살구나무라도 좋은 열매를 맺는 살구나무가 있는가 하면 돌살구나무처럼 적고 맛이 신 나쁜 열매를 맺는 것도 있습니다. 과수원에서 돌감나무나 돌살구나무는 주인에게 모두 찍혀 버려질 뿐입니다. 하나님께서도 결코 오래 두시지 않고 거두어 버리십니다. 그러므로 영 분별할 때 열매를 보고 시비(是非)를 가려야지 나무만 보고 판별하면 안 됩니다.

21-23절 나더러 주여 주여 하는 자마다 다 천국에 들어갈 것이 아니요 다만 하늘에 계신 내 아버지의 뜻대로 행하는 자라야 들어가리라 그날에 많은 사람이 나더러 이르되 주여 주여 우리가 주의 이름으로 선지자 노릇 하며 주의 이름으로 귀신을 쫓아내며 주의 이름으로 많은 권능을 행하지 아니하였나이까 하리니 그때에 내가 그들에게 밝히 말하되 내가 너희를 도무지 알지 못하니 불법을 행하는 자들아 내게서 떠나가라 하리라

예수를 믿는다고 해도 실제 삶에 있어서는 믿지 않는 사람과 똑같은 삶을 산다면 아무리 예수님을 영접하였다고 하더라도 구원을 보존하지 못한 사람입니다. 입술로 "주여! 주여!" 하더라도 믿음의 행위가 따르지 않고 하나님의 계명과 율법대로 살지 않는 사람은 하나님 나라에 들어가지 못합니다.

유태인들을 6백만 명이나 학살한 히틀러는 신학생이었습니다. 사람을 많이 죽인 스탈린은 티플리스의 그루지야 정교회 신학교에서 추방당한 신학생이었습니다. 입술로 "주여! 주여!"는 많이 했지만, 타락한 후에는 더 악한 자가 되어 수많은 사람들을 죽인 것입니다. 김일성도 신앙생활을 주일학교 때부터 시작했습니다. 그도 입술로는 "주여! 주여!"를 불렀지만 결국 공산주의에 물들어 많은 동족을 죽였습니다.

우리가 예수를 구주로 믿고 난 다음에 우리의 삶이 하나님의 뜻과 법과 계명을 다 지킬 수는 없다 하더라도 구원을 유지하기 위해 회개하며 발버둥 치고 노력하며 살아야 합니다. 조금도 애쓰고 노력하지 않는 사람은 구원을 유지하지 못하는 것입니다. 본문의 말씀은 올바르게 시작

했다가 타락한 사람들에 관한 말씀입니다.

옛날 북한에서 굉장히 설교도 잘하고, 소위 말하는 '재림주' 라고까지 칭해진 자가 있었습니다. 수많은 사람들이 그를 따라다녔습니다. 그러나 후에는 이 사람이 타락해서 알코올 중독자가 되고 말았습니다. 돈이 없으니까 술집 앞에 서 있다가 술꾼들이 "설교를 하면 술 한 잔 살께!" 라고 제안하면 "좋구나!" 맞장구치며 열심히 설교를 했습니다. 사람들이 잘한다고 돈을 주면 그는 그 돈으로 다시 술을 마시고 다녔습니다. 완전히 서커스입니다. 한때는 수많은 사람들을 감동시키는 설교자였는데 나중에는 알코올 중독자로 서커스 연기자가 되고 말았습니다. 그런 사람들을 주님께서 안다고 하시겠습니까?

우리나라에도 자신을 '천부(天父)' 라고 하며 기적을 많이 행한 자가 있었습니다. 못 걷는 사람도 일어나고, 못 듣는 자가 듣게 되고, 맹인이 눈을 뜨는 기적이 많이 나타났습니다. 그러나 나중에 그가 타락하자 자신을 천부라고 칭함과 동시에 천부교를 만들었습니다. 그러면서 예수님을 99.9%의 죄인이라고 말했습니다. 아무리 처음에 올바르게 시작했다고 하더라도 끝까지 지키지 못하고 도중에 타락해 버리면 전에 했던 것들조차도 아무 소용이 없어집니다. 뿐만 아니라 하나님께 버림을 받게 되는 것입니다.

가룟 유다를 보십시오. 주님의 제자로 주님을 따라다니면서 귀신도 쫓아내고 병도 고치는 기사와 이적을 많이 행했음에도 나중에는 주님을 은 삼십 냥에 팔아 버리고 말았습니다. 그리고는 그 죄책감에 못 이겨 목매어 죽었습니다. 이러한 가룟 유다를 보고 예수님이 "내가 너를 아노라, 사랑하는 제자야." 라고 하시겠습니까? 처음에는 예수님이 그를 아끼고 사랑해서 돈궤를 맡길 정도였습니다. 그러나 그가 과거에 선지자 노릇을 하고 귀신을 쫓아내고 병든 자를 고친 일이 무슨 소용이 있습니까? 끝까지 잘해야 합니다. 하나님은 구원을 우리에게 값없이 주셨습니다. 그러므로 이 귀한 구원이라는 보배를 잘 간직하도록 노력하고 애를 써야 되는 것입니다. 아담과 하와에게 주님은 에덴동산을 잘 지키고 가꾸라고 선물로 주셨습니다. 그런데 그들이 잘 지키지 못해 사탄이 들어오는 것을 허용하고 말았습니다. 우리는 이것을 기억해야 합니다.

나도 요즘은 건강에 각별히 신경을 씁니다. 오전에 일을 모아서 하고, 오후에는 운동하면서 쉬곤 합니다. 한 동료 목회자가 집회 좀 인도해 달라고 했는데 제가 건강상의 이유로 거절했습니다. 그랬더니 그는 "주의 종이 하나님이 능력 주시면 할 수 있지, 왜 거절하냐?"며 비웃었습니다. 그러나 하나님은 아담과 하와에게 에덴동산을 주시며 직접 관리하라고 하셨지, 하나님이 다스려 주신다고 하시지 않으셨습니다. 건강은 하나님이 우리에게 주신 에덴동산입니다. 그러므로 건강을 잘 관리해야 합니다. 술, 담배와 과로를 삼가 하여야 합니다. '나는 먹지 않아도 하나님이 다 관리해 주신다.' 라는 안일한 생각을 해서도 안 됩니다. 그렇다면 하나님이 왜 우리에게 음식을 주셨겠습니까? 우리 스스로 잘 선택하여 섭취해야 건강이 유지될 수 있습니다. 그 대신 과식은 하지 말아야 합니다.

우리가 하나님께로부터 받은 선물이 무엇이든지 간에 잘 지키고 가꾸어 나가는 것이 하나님의 뜻입니다. 그러면 이 땅에서도 건강하고 행복하게 살다가 마침내 천국에 들어가게 되는 것입니다.

6. 집을 반석 위에 지으려면(7:24-29)

24. 그러므로 누구든지 나의 이 말을 듣고 행하는 자는 그 집을 반석 위에 지은 지혜로운 사람 같으리니 25. 비가 내리고 창수가 나고 바람이 불어 그 집에 부딪치되 무너지지 아니하나니 이는 주추를 반석 위에 놓은 까닭이요 26. 나의 이 말을 듣고 행하지 아니하는 자는 그 집을 모래 위에 지은 어리석은 사람 같으리니 27. 비가 내리고 창수가 나고 바람이 불어 그 집에 부딪치매 무너져 그 무너짐이 심하니라
28. 예수께서 이 말씀을 마치시매 무리들이 그의 가르치심에 놀라니
29. 이는 그 가르치시는 것이 권위 있는 자와 같고 그들의 서기관들과 같지 아니함일러라

24-27절 그러므로 누구든지 나의 이 말을 듣고 행하는 자는 그 집을 반석 위에 지은 지혜로운 사람 같으리니 비가 내리고 창수가 나고 바람이 불어 그 집에 부딪치되 무너지지 아니하나니 이는 주추를 반석 위에 놓은 까닭이요 나의 이 말을 듣고 행하지 아니하는 자는 그 집을 모래 위에 지은 어리석은 사람 같으리니 비가 내리고 창수가 나고 바람이 불어 그 집에 부딪치매 무너져 그 무너짐이 심하니라

지혜는 문제를 해결하는 능력입니다. 인간이 곰이나 코끼리를 힘으로 상대하면 도저히 이길 수 없습니다. 지혜를 가져야 정복해서 다스릴 수

있습니다. 잠언 17장 12절은 "차라리 새끼 빼앗긴 암곰을 만날지언정 미련한 일을 행하는 미련한 자를 만나지 말 것이니라" 고 말씀합니다. 지혜가 중요함을 말하고 있는 것입니다.

옛날 함경북도 지역에서는 곰을 많이 잡았습니다. 사람들은 곰을 잡기 위해 기묘한 방법을 사용합니다. 곰이 겨울에 열매를 따 먹으려고 나오면 사람이 이 곰을 잡으려고 스키를 타고 쏜살같이 곰을 향해 달려갑니다. 그리고는 손에 들고 있던 창을 곰에게 줍니다. 그리고 그것을 빼앗으려는 듯 당깁니다. 그러면 곰은 그 창을 빼앗기지 않으려고 잡아당긴다는 것이 결국 자기의 배를 찌르게 됩니다. 이렇게 미련한 것이 곰입니다.

또한 우리에게는 지혜와 함께 도덕성이 있어야 합니다. 신앙은 있으나 행위가 없으면 시련과 환난이 다가올 때 무너지고 맙니다. 그러나 탄탄하게 의와 진리와 거룩함으로 집을 지었으면 어떠한 풍랑이 와도 무너지지 않습니다. 반석 위에 세워졌기 때문입니다.

우리가 예수님의 교훈을 들었으면 비록 온전히 행할 수는 없다 해도 행해야 합니다. 구원은 값없이 받지만 주님이 주신 율법과 계명을 지키는 노력은 우리가 할 일입니다. 그러기 위해선 늘 사탄과 투쟁하고 싸워야 합니다. 사탄과의 싸움에서 이기려면 회개하고 고민해야 합니다. 신앙 때문에 고민하십시오. 더 기도하고 싶은데 하지 못하는 문제로 고민하고, 더 말씀을 읽고 싶은데 못 보는 문제로 고민하고, 더 정의롭게 살고 싶은데 못 사는 문제로 고통스러워해야 합니다. 그저 되는 대로 사는 사람은 성령님의 도우심을 받을 수 없습니다. 정직하게 살고 싶은데 거짓말하게 된 것을 인하여 괴로워하고, 거룩하게 살고 싶은데 세속에 물들어 살아온 것 때문에 괴로워할 줄 알아야 합니다. 이런 괴로움 속에서 헤어 나오려고 발버둥을 칠 때 비로소 성령님이 그를 도와주시는 것입니다.

28-29절 예수께서 이 말씀을 마치시매 무리들이 그의 가르치심에 놀라니 이는 그 가르치시는 것이 권위 있는 자와 같고 그들의 서기관들과 같지 아니함일러라

왜 예수님의 말씀에 권위가 있습니까? 예수님은 하나님이시기 때문입니다. 서기관들이 왜 권위가 없었습니까? 서기관은 말씀을 해석하는 사람입니다. 그들은 말씀을 주시는 당사자가 아니고 다만 해석하는 사람이기 때문에 권위와 위엄이 없는 것입니다. 주의 종이 말씀을 전하는 경우도 마찬가지입니다. 주의 종이 성령으로 충만하여 하나님의 말씀을 레마로 받아서 전하면 권위와 위엄이 있습니다. 주의 종도 말씀을 전하면서 자기 귀로 듣기 때문에 '하나님께서 나를 통해서 말씀하시는구나.' 를 느끼게 됩니다.

많은 사람이 나에게 "목사님은 강단에서 설교하신 그 말씀대로 사십니까?" 하고 묻는데, 내가 그 말씀대로 살면 벌써 하늘에 올라갔을 것입니다. 말씀을 선포할 때 하나님이 나의 입술을 통해서 말씀하시기 때문에 나 자신이 가장 먼저 마음에 찔림을 받습니다. 그래서 '하나님이 말씀을 이렇게 하시는데, 나는 이대로 살지 못했으니 이 말은 하지 말아야겠다.' 는 유혹이 오곤 합니다. 그런데 이것을 이겨야 됩니다. 회개는 누가 가장 많이 하는 줄 아십니까? 강단에서 설교하는 사람이 제일 먼저 회개합니다. 그러나 주의 종이 회개하고 말씀을 증거할 때 레마를 받아서 선포하면 권세와 위엄이 있습니다. 그러나 주의 종이 회개하지도 않고 기

도도 하지 않으면서 성경 말씀을 해석만 해 준다면 성도들의 가슴에 와 닿는 충격이 없습니다. 텔레비전 보는 것처럼 되는 것입니다. 서기관처럼 전하게 될 뿐입니다. 그래서 나는 설교를 준비할 때 "하나님의 음성을 듣고 권세 있는 말씀을 증거하게 해 주시옵소서. 성경을 해석하는 서기관 같지 않게 하여 주옵소서."라고 기도합니다. 예레미야 23장 29절에 "야훼의 말씀이니라 내 말이 불같지 아니하냐 바위를 쳐서 부스러뜨리는 방망이 같지 아니하냐" 고 말씀하셨습니다.

주의 종이 목회할 때 제일 힘든 것은 주의 말씀을 받고 전하는 것입니다. 하나님께서 말씀을 호락호락 주시지 않습니다. 정말로 쉽게 주시지 않습니다. 레마를 달라고 부르짖고 애를 써야 주시지, 그 외의 방법으로는 주시지 않습니다. 주의 종은 한평생 레마를 듣기 위해 하나님께 매달려야 합니다. 좀 더 기도하고, 좀 더 부르짖고, 좀 더 인내하면 주의 종의 말씀이 권세 있는 말씀으로 증거됩니다. 그럴 때 성도들이 변화를 받게 되며 교회가 부흥하고 하나님께 영광을 돌리게 되는 것입니다.

성역50주년기념 신약성경강해전집

A COMMENTARY ON THE GOSPEL OF MATTHEW I